陕西社科丛书

陕甘宁革命老区旅游业与新型城镇化协调发展研究

SHAAN-GAN-NING GEMING LAOQU LVYOUYE
YU XINXING CHENGZHENHUA XIETIAO
FAZHAN YANJIU

崔琰 王静 著

西北大学出版社

·西安·

图书在版编目（CIP）数据

陕甘宁革命老区旅游业与新型城镇化协调发展研究 / 崔琰，王静著 . -- 西安：西北大学出版社，2025. 5.
ISBN 978-7-5604-5406-1

Ⅰ. F592.74；F299.274

中国国家版本馆 CIP 数据核字第 20249TZ300 号

陕甘宁革命老区旅游业与新型城镇化协调发展研究

作　　者	崔琰　王静
出版发行	西北大学出版社
地　　址	西安市太白北路 229 号
邮　　编	710069
电　　话	029-88303404
经　　销	全国新华书店
印　　装	陕西日报印务有限公司
开　　本	710mm×1000mm　1/16
印　　张	15.5
字　　数	239 千字
版　　次	2025 年 5 月第 1 版　2025 年 5 月第 1 次印刷
书　　号	ISBN 978-7-5604-5406-1
定　　价	58.00 元

本版图书如有印装质量问题，请拨打电话 029-88302966 予以调换。

《陕西社科丛书》编委会

主　　任　甘　晖　郭建树
副 主 任　高红霞　张　雄　苗锐军
执行主任　张　雄
委　　员　(按姓氏笔画排序)
　　　　　马　来　杜　牧　张金高　张蓬勃
　　　　　陈建伟　周晓霞　赵建斌　祝志明
　　　　　桂方海　惠克明　翟金荣

目 录

第一章　导论　　　　　　　　　　　　　　　　　　　　　　　/1
　　第一节　研究背景与意义　　　　　　　　　　　　　　　　/1
　　第二节　相关概念界定　　　　　　　　　　　　　　　　　/8
　　第三节　研究框架　　　　　　　　　　　　　　　　　　　/20
第二章　研究动态　　　　　　　　　　　　　　　　　　　　　/26
　　第一节　革命老区的研究动态及趋势　　　　　　　　　　　/26
　　第二节　旅游业的研究动态及趋势　　　　　　　　　　　　/31
　　第三节　新型城镇化的研究动态及趋势　　　　　　　　　　/38
　　第四节　旅游业与新型城镇化关系的研究动态及趋势　　　　/45
　　第五节　综合述评　　　　　　　　　　　　　　　　　　　/55
第三章　理论分析　　　　　　　　　　　　　　　　　　　　　/58
　　第一节　相关基础理论　　　　　　　　　　　　　　　　　/58
　　第二节　旅游业与新型城镇化协调发展相关理论　　　　　　/80
　　第三节　旅游业与新型城镇化协调发展的基本内容与机制研究　/97
第四章　旅游业与新型城镇化协调发展的模式选择　　　　　　　/110
　　第一节　旅游资源禀赋模式　　　　　　　　　　　　　　　/110
　　第二节　城市旅游化模式　　　　　　　　　　　　　　　　/117
　　第三节　市场驱动模式　　　　　　　　　　　　　　　　　/124
　　第四节　文化依托模式　　　　　　　　　　　　　　　　　/129
　　第五节　大遗址保护发展利用模式　　　　　　　　　　　　/134
第五章　陕甘宁革命老区旅游业与新型城镇化协调发展的
　　　　现实基础分析　　　　　　　　　　　　　　　　　　　/139
　　第一节　陕甘宁革命老区概况　　　　　　　　　　　　　　/139

第二节　陕甘宁革命老区旅游业发展现状　　/154
　　第三节　陕甘宁革命老区新型城镇化发展状况　　/160

第六章　陕甘宁革命老区旅游业与新型城镇化协调发展水平测算　　/167
　　第一节　评价指标体系构建　　/167
　　第二节　综合发展水平测算　　/174
　　第三节　旅游业与新型城镇化协调水平分析　　/194
　　第四节　陕甘宁革命老区旅游业与新型城镇化协调发展
　　　　　　存在的问题及其原因分析　　/204

第七章　战略定位与路径机制　　/206
　　第一节　陕甘宁革命老区旅游业与新型城镇化协调发展的
　　　　　　战略定位　　/206
　　第二节　陕甘宁革命老区旅游业与新型城镇化协调发展的
　　　　　　实现路径　　/210
　　第三节　多视角下陕甘宁革命老区旅游业与新型城镇化协调
　　　　　　发展对策　　/226

第八章　结论与展望　　/230
　　第一节　主要结论　　/230
　　第二节　主要突破点　　/232
　　第三节　研究局限与展望　　/233

参考文献　　/234

第一章 导 论

第一节 研究背景与意义

一、研究背景

(一) 新时代赋予陕甘宁革命老区的要求

陕甘宁革命老区是党中央和红军长征的落脚点，也是党带领人民军队奔赴抗日前线、走向新中国的出发点，更是中国人民选择中国共产党的重要历史见证，在中国革命长期斗争的艰苦岁月里，为中国共产党及人民军队取得最后胜利提供了重要的人力、物力和财力，在作出极大贡献的同时，也付出了巨大牺牲，因此在中国革命史和中国近现代史上具有十分重要的历史地位。自2012年《陕甘宁革命老区振兴规划》实施以来，陕甘宁革命老区的经济社会得到健康、快速发展，同时基础设施保障有效提升，生态环境持续改善，民生福祉不断增强，综合实力跃上新台阶，脱贫攻坚也取得决定性成就，相关规划明确的目标任务基本完成，发展成绩显著。

为使革命老区进入社会主义现代化建设新阶段，巩固上一阶段脱贫攻坚战的丰硕成果，让革命老区的人民生活更加富足、美满，国务院于2021年印发《关于新时代支持革命老区振兴发展的意见》，对陕甘宁革命老区的新时代振兴工作提出了重点任务与工作要求，特别是延安、庆阳等重点城市。《"十四五"支持革命老区巩固拓展脱贫攻坚成果衔接推进乡村振兴实施方案》《"十四五"特殊类型地区振兴发展规划》《中共中央关于党的百年奋斗重大成就和历史经验的决议》等一系列政策方案发布。2022年10月，党的二十大报告提出"支持革命老区、民族地区加快发展"，凸显了新时期革命老区发展的重要性，为新发展阶段陕甘宁革命老区进一步发展指明了方向。但由于陕甘宁革命老区位于三省交界的欠发达地区，受制于多种条件，老区经济、社会发展明显滞后，基本公共服务水平有待提高，现代产业体系尚未形成，与多阶段较长期的区域振兴要求和全国同步实现全面小康的整体目标的实现还存在一定距离。

（二）协调发展为革命老区高质量发展提供新动能

随着我国经济进入高质量发展阶段，协调发展成为重大战略问题，习近平同志将其喻为"制胜要诀"，"协调"也是关系国家全局的五大新发展理念之一。2017 年党的十九大报告提出实施区域协调发展战略。2020 年，《中共中央关于制定国民经济和社会发展第十四个五年规划和二〇三五年远景目标的建议》也明确提出"推动区域协调发展""支持革命老区、民族地区加快发展"。

党的十八大以来，以习近平同志为核心的党中央提出一系列新的区域协调发展战略，包括京津冀协同发展、长江经济带发展、粤港澳大湾区建设、长三角一体化发展、黄河流域生态保护和高质量发展等，兼顾西部地区、东北地区、中部地区及东部地区，与西部大开发、东北老工业基地全面振兴等战略相呼应，提出新要求，不断推动，形成优势互补、经济高质量发展的区域格局。

2021 年 1 月，为加大对革命老区发展的支持力度，国务院颁布《关于新时代支持革命老区振兴发展的意见》，明确了对陕甘宁等革命老区振兴发展的目标定位。同年 3 月，《中华人民共和国国民经济和社会发展第十四个五年规划和 2035 年远景目标纲要》又将"深入实施区域重大战略、区域协调发展战略、主体功能区战略，健全区域协调发展体制机制，构建高质量发展的区域经济布局和国土空间支撑体系"作为工作重点之一，在此基础上进一步制定推进革命老区振兴发展与建立健全区域战略的统筹机制。

2022 年，党的二十大报告指出："深入实施区域协调发展战略、区域重大战略、主体功能区战略、新型城镇化战略，优化重大生产力布局，构建优势互补、高质量发展的区域经济布局和国土空间体系。"推动新型城镇化与区域协调发展，是实现共同富裕、全面建成社会主义现代化强国的必然要求与应有之义。

陕甘宁革命老区位于三省交界地区，其发展面临着发展环境的同质性、区域联系的中介性、行政边界的断裂性、发展水平的落后性和区域关系的竞合性等多重问题，这也导致了老区内部相互竞争、区域发展不协调等情况。因此，如何选择区域性带动项目和协作模式，这一课题亟待学术界和地方政府研究和解决。

(三) 旅游业与新型城镇化协调发展是实现陕甘宁革命老区可持续发展的必然选择

我国现代旅游业虽然起步较晚，自改革开放至今仅有40余年的历史，但发展迅猛，为经济发展作出了突出贡献。旅游业作为综合性产业，具有关联作用强、带动作用大等特点，发展旅游业可以带动相关产业的发展，引导产业结构的调整，促进当地的经济发展和社会进步。自2009年《国务院关于加快发展旅游业的意见》明确指出"把旅游业培育成国民经济的战略性支柱产业和人民更满意的现代服务业"，以更好地服务社会主义现代化建设，满足人民日益增长的物质和文化需求以来，党中央、国务院对旅游业的重视程度与日俱增。

在"十三五"开局之年的2016年，《中华人民共和国国民经济和社会发展第十三个五年规划纲要》明确提出要提升生活性服务业品质，加大对旅游业发展的支持力度，深入实施旅游业增质增效工程，支持生态旅游、文化旅游、休闲旅游、山地旅游等多种发展模式。2017年，习近平总书记又强调旅游业是新兴产业，方兴未艾，要不断加强各类软硬设施建设，推动旅游业大发展。

2021年国家发布的《中华人民共和国国民经济和社会发展第十四个五年规划和2035年远景目标纲要》提出"加强区域旅游品牌和服务整合，建设一批富有文化底蕴的世界级旅游景区和度假区，打造一批文化特色鲜明的国家级旅游休闲城市和街区。推进红色旅游、文化遗产旅游、旅游演艺等创新发展""统筹推进革命老区振兴，因地制宜发展特色产业，传承弘扬红色文化，支持赣闽粤原中央苏区高质量发展示范，推进陕甘宁、大别山、左右江、川陕、沂蒙等革命老区绿色创新发展"的战略部署。2022年国务院印发《"十四五"旅游业发展规划》，指出要"以推动旅游业高质量发展为主题，以深化旅游供给侧结构性改革为主线，注重需求侧管理，以改革创新为根本动力，以满足人民日益增长的美好生活需要为根本目的"，同时明确"以文塑旅、以旅彰文""系统观念、筑牢防线""旅游为民、旅游带动""创新驱动、优质发展""生态优先、科学利用"的发展原则，提出新时期旅游业发展的主要任务。一系列政策的发布与战略的提出充分表明旅游业已全面融入国家经济体系，成为国家经济发展的重要支柱产业之一，是引领国民经济发展的重要动力。

城镇化建设是我国经济社会发展的重要任务之一。自1978年改革开放以来，我国的城镇化建设取得了巨大成就。2012年，党的十八大报告提出"坚持走中国特色新型工业化、信息化、城镇化、农业现代化道路"的发展方针，"新型城镇化"自此被正式提出。2014年3月，作为第一轮城镇化规划，《国家新型城镇化规划（2014—2020年）》正式发布。该规划是我国新型城镇化健康发展的宏观性、战略性基础规划，强调"以人为本""以人的城镇化为核心，有序推进农业转移人口市民化"。

为了全面部署深入推进新型城镇化，2016年国务院发布《关于深入推进新型城镇化建设的若干意见》，提出9个方面36条具体措施，指出新型城镇化是现代化必经之路，是内需潜力所在，是经济发展的重要动力。2019年，李克强总理在政府工作报告中强调"促进区域协调发展，提高新型城镇化质量"。同年，国家发展改革委《2019年新型城镇化建设重点任务》提出加快实施以促进人的城镇化为核心、提高质量为导向的新型城镇化战略，抓好已在城镇就业的农业转移人口落户工作等23项新型城镇化重点任务。

2021年作为"十四五"规划开局之年，新型城镇化建设继续稳步推进，国家发展改革委在《2021年新型城镇化和城乡融合发展重点任务》中指出2021年是"我国现代化建设进程中具有特殊重要性的一年"，提出六大重点任务和22项具体任务。新型城镇化的发展要突出人和城之间的互动关系，在具体工作中要转换思路，切实满足人的需求，真正实现人与城的融合，从根本上解决城市高质量发展的问题。

2022年，党的二十大报告明确提出"推进以人为核心的新型城镇化"，走以人为本、四化同步、优化布局、生态文明、文化传承的中国特色新型城镇化道路，稳步提升城镇化质量，为全面建设社会主义现代化国家提供更为坚实有力的支撑。贯彻落实《国家新型城镇化规划（2021—2035年）》《"十四五"新型城镇化实施方案》《关于推进以县城为重要载体的城镇化建设的意见》，尊重区域发展规律，立足区位条件、资源环境承载能力、产业基础、功能定位，补齐短板弱项，在产业配套设施提质增效、市政公用设施提档升级、公共服务设施提标扩面、环境基础设施提级扩能上持续发力，强化乡村与城市发展衔接配合，更好满足农民进城就业安家和县城居民生产生活需要，切实加快农业转移人口市民化。

旅游业与新型城镇化协调发展是促进区域经济社会高质量发展的新动力，也是破解我国区域发展不平衡的突破口，还是新阶段实现"双碳"目标的重要举措。从《关于加快发展旅游业的意见》到《"十四五"文化和旅游发展规划》促进大中小城市和小城镇的文化和旅游联动发展，从《国家新型城镇化规划（2014—2020年）》到《2022年新型城镇化建设和城乡融合发展重点任务》，均表明旅游业须紧跟时代需求，通过功能置换和产业转型的方式，推动区域经济的发展。旅游业的先天优势与特征，以及不断融入城镇化发展的客观实际，决定了旅游业是推进新型城镇化建设的重要力量。旅游业与新型城镇化之间不仅仅是简单的依存关系，更有相互促进、相互影响的紧密联系。一方面，发展旅游业可使信息、资金、技术、资源等要素流向城市，促使产业聚集，创造就业岗位，提高就业率，改善基础设施条件，推动新型城镇化的建设进程。另一方面，新型城镇化建设是旅游业发展的基础，为旅游业发展提供了发展条件与保障。新型城镇化的发展可使与旅游业相关的"吃、住、行、游、购、娱、商、养、学、闲、情、奇"十二要素的数量不断增加，质量不断提升。党的十八大以来，以习近平同志为核心的党中央提出协调发展的发展理念和区域协调发展的发展战略，旅游业和新型城镇化协调发展自然而然地成为推动革命老区高质量发展的切入点和最佳选择。

旅游业与新型城镇化协调发展是一个动态演变过程，二者并非一直处于协调发展状态。根据一般发展规律，大致会经历由无序向有序、由不协调向协调发展的过程。二者在不断磨合的过程中，遇到许多阻碍，如旅游业发展在人口流动管理、城镇综合承载力、就业岗位结构等方面不断为新型城镇化建设带来冲击，而新型城镇化在产业布局发展方向、公共设施建设重点、内生动力就业需求等领域又对旅游业发展造成干扰。二者的无序、失调发展会对区域土地利用结构、行业就业比例、社区管理模式等造成不同程度的消极影响，制约区域健康、快速转型。

综上所述，在新时代支持西部大开发形成新格局、黄河流域生态保护和高质量发展、"一带一路"倡议、乡村振兴大环境下，统筹推进革命老区振兴已被纳入"十四五"国家重大区域战略，并放在重要位置。陕甘宁革命老区的振兴发展也肩负着区域旅游业与新型城镇化协调发展的双重任务。本研究从旅游业与新型城镇化互动关系视角出发，以完善协调发展格局为目标，构建全面、客观、可量化的协调发展指数，从理论上探究旅游业与新型城镇化协调发展对革命老区的影响机理，从实证方向上检测旅游业与新型城镇化协调发展对陕甘宁革命老区振兴的影响程度，在实践上形成可复制、可推广的区域协调发展新模式、新路径。

二、研究意义

在旅游业不断融入乡村振兴、文化自信战略建设，作为新型城镇化的重要载体，推动区域协调发展的背景下，二者的协调发展已成为调整产业结构、解决社会民生问题的重要抓手。学术界对其相互关系的探讨及单项因果效应的定量研究也日臻成熟。但受研究对象静态性视角及综合性指标缺失的限制，对旅游业与新型城镇化关系认识的客观性与真实性仍然不足。随着区域协调发展战略及新时代支持革命老区振兴发展战略的提出，探究陕甘宁革命老区旅游业与新型城镇化协调发展的路径就显得尤为迫切与重要。

本研究以陕甘宁革命老区旅游业与新型城镇化协调发展的动力机制、状态评估、模式选择及路径建议为主题，以"理论研究—案例分析—实证研究—路径选择"为主线，试图通过大量探索性理论分析与实证研究，对陕甘宁革命老区旅游业与新型城镇化协调发展论题展开系统而全面的研究。同时，通过引入复合系统理论和协同理论，尝试构建较为完善的旅游业与新型城镇化协调发展的哈肯模型；通过对陕甘宁革命老区旅游业与新型城镇化协调演变过程及驱动二者协调发展的主要因素的实证分析，提出促进二者协调发展的对策建议，使研究成果具有重要的理论价值和现实意义。

（一）理论价值

陕甘宁革命老区既是五千多年中华文明的发祥地，又是中国共产党领导人民反侵略、反压迫、反剥削的博物馆，在我国和我党历史上都具有举足轻重的地位。基于协同、复合等理论，深度解析陕甘宁革命老区旅游业与新型城镇化协调发展过程中对革命老区振兴的影响，一方面从时空动态视角扩展了旅游业与新型城镇化协调发展的研究维度，弥补了现有研究框架的单一性；另一方面充实了陕甘宁革命老区协调发展的路径机制，为未来革命老区协调发展提供了翔实、可靠的理论依据，体现了较高的学术价值。具体而言，本研究具有以下理论价值：

第一，基于党的十八大以来陕甘宁革命老区旅游业与新型城镇化的综合发展状态，分析陕甘宁革命老区旅游业与新型城镇化协调发展序参量的变化情况，构建较为完善的旅游业与新型城镇化协调水平评价指标体系，为旅游业与新型城镇化协调发展的后续研究提供基础性支持。

第二，借鉴和运用多学科交叉研究的具体方法。在相关研究的基础上，综合地理学、系统学、统计学等多学科理论，为旅游业与新型城镇化协调发展的具体实施提供理论基础，对于完善我国区域经济学、经济地理学等相关学科理论体系具有重要意义。

第三，基于旅游业不断融入国家巩固拓展脱贫攻坚成果、乡村振兴、文化自信战略建设和新型城镇化对推动区域协调发展的重要作用，为新时代支持革命老区振兴发展背景下陕甘宁革命老区区域协调发展提供路径机制参考，为未来革命老区协调发展提供理论依据。

（二）现实意义

"我们要实现第一个百年奋斗目标，全面建成小康社会，没有老区的全面小康，没有老区贫困人口脱贫致富，那是不完整的。"陕甘宁革命老区的振兴发展是党和老区人民共同的愿景。在新时代支持革命老区振兴发展背景下，要实现陕甘宁革命老区振兴发展，就要在充分了解和把握老区现实条件的情况下，通过探究影响旅游业与新型城镇化协调发展的主导因素，提出促进陕甘宁革命老区旅游业与新型城镇化协调演进的对策建议，契合新时代革命老区振兴发展"1+N+X"政策体系，最终实现陕甘宁革命老区的振兴发展。

第一，在充分把握党的十八大以来陕甘宁革命老区旅游业与新型城镇化的综合发展水平的基础上，测算党的十八大以来陕甘宁革命老区旅游业与新型城镇化协调发展的动态演化特征及凸显问题，可为陕甘宁革命老区旅游业与新型城镇化的良性发展提供互补性和可能性意见。

第二，全面把握陕甘宁革命老区旅游业与新型城镇化协调发展的时空差异情况，有利于协调老区资源和产业发展优势，为区域协调发展提供新思路。根据陕甘宁革命老区旅游业与新型城镇化协调发展的不同等级和不同阶段，可为陕甘宁革命老区各级政府制定区域协调发展战略提供重要的决策参考。

第三，研究陕甘宁革命老区旅游业与新型城镇化协调演进对革命老区振兴发展的影响，有助于陕甘宁革命老区振兴发展的路径选择。

第二节　相关概念界定

一、革命老区及相关概念界定

（一）革命老区的内涵

1. 相关研究的主要观点

我国的革命老根据地，简称革命老区或老区，是指土地革命战争时期和抗日战争时期，在中国共产党领导下创建的革命根据地，分布于中国大陆除新疆、青海、西藏以外的 28 个省、自治区、直辖市的 1300 多个县（市、区）。（表 1-1）

表 1-1　我国革命老区分布状况与分布面积

名称	全国	革命老区	占比
省级/县级行政区数量（个）	34/2853	28/1599	82%/56%
面积（万平方公里）	960	272.7	33%

土地革命战争时期（1927—1937年），以毛泽东同志为主要代表的中国共产党人，从大革命失败的惨痛教训中，深刻认识到独立领导武装斗争和组织革命军队的重要性，开创性地提出"农村包围城市、武装夺取政权"的中国革命斗争新道路，并先后在井冈山、湘鄂西、海陆丰、鄂豫皖、琼崖、闽浙赣、湘鄂赣、湘赣、左右江、川陕、陕甘、湘鄂川黔、东江等当时国民党统治较为薄弱、远离中心城市的农村地区建立了革命根据地，在南通、如（皋）、泰（兴）和鄂豫陕等地建立游击根据地，在当地建立苏维埃革命政权，简称"苏区"，土地面积30余万平方公里，人口约3000万。农村革命根据地的创建为积蓄和壮大革命力量、坚持土地革命战争提供了战略基地。

全面抗战时期（1937—1945年），中国共产党正确分析判断民族战争形势，立足新阶段革命斗争实际，先后在陕甘宁、晋察冀、晋冀豫、晋绥、冀鲁豫、豫鄂边、山东、皖东北、皖东、皖中、皖南、苏南、苏中、苏北、豫皖苏、东江、琼崖、河南建立抗日民主根据地及东北抗日游击区等革命根据地。彼时将革命根据地称为"边区"，是因为中国共产党当时所领导的革命根据地大部分都是分布在国民党统治势力相对薄弱的多省份接壤的农村区域，如陕甘宁、晋察冀等。游击区则是在革命战争时期，游击队经常活动但并未完全占领或控制的地区，它既可能存在于革命根据地与敌占区之间，又可能存在于敌占区和敌人统治力量较为薄弱的地区，如东北抗日游击区。抗战时期，革命根据地占地面积100余万平方公里，人口近1亿。抗日民主根据地是中国共产党坚持抗战和夺取胜利的战略基地。

中华人民共和国成立以后，为了便于地方发展与管理，对行政区域和行政机构进行了重新划分，这造成现行行政管辖范围与过去老区划分范围的冲突。在现行行政管辖层面，各省市老区所占的比例各不相同，有些省市作为革命的主要阵地、革命斗争的主战场，大部分地区都符合革命老区的定义，如山东、江西等地的革命老区；而有一些省市可能由于在革命斗争时期大部分属于"敌占区"，或我党在当地活动较少，符合革命老区要求的只有极少部分乡镇。所以为了更完善、合理地制定革命老区帮扶政策，真正实现革命老区的振兴发展，1995年由中国老区建设促进会主导，制定了更为完善、标准的革命老区帮扶政策。为实现革命老区的振兴发展，将革命老区划分成四类：90%以上的乡镇为革命老区的县是一类老区，在全国共有409个；50%~89%的乡镇为革命老区的县是二类老区，在全国共有486个；10%~49%的乡镇为革命老区的县是三类老区，在全国共有419个；9%以下的乡镇为革命老区的县是四类老区，在全国共有75个。（图1-1）

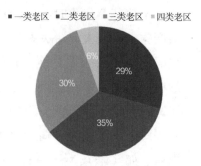

图1-1　四类革命老区划分图

自1978年改革开放以来，革命老区得到较大发展，要求更加细致地对革命老区进行界定和划分。1979年，中华人民共和国民政部、财政部发布《关于免征革命老根据地社队企业工商所得税问题的通知》，其中对革命老区进行了如下界定："革命老根据地包括第二次国内革命战争根据地和抗日根据地。第二次国内革命战争根据地的划定标准：曾经有党的组织，有革命武装，发动了群众，进行了打土豪、分田地、分粮食、牲畜等运动，主要是建立了工农政权并进行了武装斗争，坚持半年以上时间的。抗日根据地的划定标准：曾经有党的组织、有革命武装，发动了群众，进行了减租减息运动，主要是建立了抗日民主政权并进行了武装斗争，坚持一年以上时间的。划定革命老根据地应以生产大队为单位。如果一个公社内，属于革命老根据地的生产大队超过半数，这个公社可算作革命老根据地公社。"这一对革命老区的界定标准沿用至今。

根据2013年全国革命老区统计工作报告，全国革命老区县新增210个，总数1599个，约占全国县数的56%，其中一类、二类老区县1170个，老区乡镇21714个，约占全国乡镇数量的61%。这显示出我国现有行政区划中一半以上都是革命老区县和革命老区乡镇，也说明革命老区在整体建设发展中占据举足轻重的地位。

2. 本书的界定

革命老区作为一个特定的政治历史概念，是中国共产党播撒革命种子的地方，是中国共产党茁壮成长的沃土，是中国共产党的根，深深扎根群众，密切联系群众，充分发动群众。革命老区也是中华人民共和国的发源地和摇篮，社会主义大厦的牢固基石。本书采用以下定义：革命老区首先是在共产党的领导下；其次是要具有一定的革命武装力量，要曾经进行过战斗或战胜过敌人,要曾经发动过群众,进行了土地分配或者改革,建立过人民政权,并且坚持了半年以上时间,还要有一定的战略纵深,有一定的经济实力等。

(二) 相关概念辨析

为了准确把握革命老区的内涵与特征,必须对以下几个相关概念进行辨析。

1. 革命老区与特殊类型地区

特殊类型地区是发展相对滞后的地区,集中表现为区域内各地存在严重的不协调、不充分发展。在相关研究中,普遍认为特殊类型地区存在着地理位置偏远、社会经济发展滞后、发展条件欠佳等共性特征。2016 年,"十三五"规划纲要提出"扶持特殊类型地区发展"的重要举措,特殊类型地区首次为官方所认可。随着《"十四五"特殊类型地区振兴发展规划》的发布,特殊类型地区作为"十四五"期间推动高质量发展的重点区域,承担特殊功能,是解决发展不平衡不充分突出问题的"主战场"。该文件第一次对我国特殊类型地区的规划范围进行了界定:在我国,特殊类型区域包括以脱贫地区为重点的欠发达地区和革命老区、边境地区、生态退化地区、资源型地区、老工业城市等。革命老区是特殊类型地区之一,但特殊类型地区并不都是革命老区。(图 1-2)

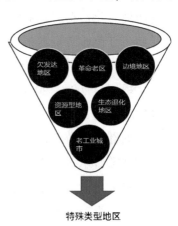

图 1-2 特殊类型地区与革命老区的关系

2. 红色旅游与红色旅游资源

红色旅游诞生于 20 世纪 90 年代。随着瞻仰革命遗址和革命纪念馆等一系列主题活动的开展,革命传统和爱国主义的教育形式进一步丰富,红色旅游如雨后春笋般越来越频繁地进入大众视野,走入人民生活。2004 年中共中央办公厅、国务院办公厅印发《2004—2010 年全国红色旅游发展规划纲要》,正式对"红色旅游"进行了概念认定:红色旅游主要是指以中国共产党领导人民在革命和战争时期建立丰功伟绩所形成的纪念地、标志物为载体，以其所承载的革命历史、革命事迹和革命精神为内涵，组织接待旅游者开展缅怀学习、参观游览的主题性旅游活动。

不同时期对红色旅游资源的界定不同，对红色旅游资源也有不同的理解。以2011年为分界点，2011年以前，红色旅游资源特指从中国共产党成立到中华人民共和国成立以前的28年，包括第二次国内革命战争、抗日战争、解放战争期间所形成的重要革命纪念地、纪念物等历史遗迹和精神瑰宝，即只有在革命老区范围内特定时期的历史遗迹和体现革命精神的瑰宝才能被视作红色旅游资源。2011年，从更好地发挥爱国主义教育基地的实际作用出发，《2011—2015年全国红色旅游发展规划纲要》对红色旅游资源的范围进行了扩展，即以1840年为起点，涵盖整个中国近现代历史时期，在中国大地上发生的所有涉及反对外来侵略、奋勇抗争、自强不息、艰苦奋斗，充分展示中华民族伟大精神的重大事件、重大活动和重要人物事迹的历史文化遗存，均有机会被纳入红色旅游资源范畴。可以说，从2011年开始，红色旅游资源的内容更加广泛，意义也更加鲜明。

3. 红色旅游经典景区与重点红色旅游区

根据《2004—2010年全国红色旅游发展规划纲要》，"红色旅游经典景区"是指内涵丰富、品牌突出、特色鲜明、具有一定规模和较高管理服务水准的红色旅游景区。在具体认定中须满足以下基本要求：（1）以全国爱国主义教育示范基地为重点，包括对广大群众具有典型教育意义的重要革命历史文化遗址，革命领袖故居、旧居、活动地以及重大战役、战斗遗址，具有重大影响的革命烈士事迹发生地等；（2）景区已基本具备外部通达条件或其外部交通建设可以列入近期建设规划；（3）通过建设和完善，景区年接待规模应在10万人次以上；（4）景区拥有丰富的自然、人文旅游资源，可形成有较强吸引力的综合旅游景区。

作为《2004—2010年全国红色旅游发展规划纲要》的另一大发展目标，"重点红色旅游区"是指主题鲜明、交通便利、服务配套、吸引力强，在国内外有较大影响的旅游目的地。

通过规划中对二者定义的划分及后续发展展望，可以发现，红色旅游经典景区多以一个景区的体量为主，相较于重点红色旅游区，范围较小。从规划的具体目标来看，红色旅游经典景区重点打造数量为"100个左右",其重点放在红色旅游区建设上;而重点红色旅游区初步规划了"陕甘宁红色旅游区""湘赣闽红色旅游区""左右江红色旅游区""大别山红色旅游区"等12个,并针对各重点红色旅游区制定了相应的主题形象。

二、旅游业及相关概念界定

(一)旅游业的内涵

1. 相关研究的主要观点

旅游业又称旅游产业,英文为"the Tourism Industry"。国内外学者对旅游业的定义各不相同。日本学者土井厚认为,旅游业就是中间服务商为旅游消费者提供联络与服务并以此获得利润的行业。美国学者伦德伯格主张,旅游业不仅仅是旅游供应商向消费者提供旅游产品的行业,还包含消费者在游览过程中的出行、食宿等消费活动,是一个关联性行业。我国学者魏小安认为:旅游业是一种综合性产业,在服务游客的过程中,为游客提供多方面的服务,如满足交通、吃住等方面的需求。张辉对旅游业的界定是:旅游业是一个配置行业,各项活动的产生均是以旅游为核心进行的串联。世界旅游理事会对旅游业的定义是包含"食、住、行、游、购、娱"六大部门的综合性服务性产业。对于旅游业的构成,专家学者也持不同看法。根据联合国《国际标准产业分类》,旅游业主要由旅行社部门、交通客运部门和以饭店为代表的住宿业部门所构成。国内学者罗明义依据各行各业在旅游产业中的不同地位,将旅游产业进一步细分为三个主要部门,分别是旅游核心部门、旅游依托部门和旅游相关部门。还有学者认为,旅游业除了包括前面所说的三大部门,还应包括以旅游景点为代表的游览场所经营部门及由各级旅游管理组织构成的旅游管理部门。在《旅游学概论》中,李天元提出在我国除了五大部门外,还应将为游客提供旅游服务的旅行社、相关旅游行政机构和旅游行业组织纳入旅游业中。

2. 本书的界定

对学界关于旅游业的定义进行梳理后可以发现,在旅游活动中,不论是直接还是间接,只要为旅游者在旅游活动过程中提供了旅游产品或服务,使其得到精神享受的行业,均可称旅游业。传统意义上的旅游业由"吃、住、行、游、购、娱"六大要素构成，但是在经济持续发展、人民精神生活需求不断提高的今天，人们对旅游业的需求呈现出多元化、个性化特征，对旅游业的定义也需重新审视。

综合上述观点，基于研究内容，在此将旅游业定义为：为满足旅游者的需求而产生的各项旅游活动、旅游产品及相关服务的一种综合性产业。

3. 旅游业的特征

通过系统、全面地分析旅游业的基本特征，可以把握旅游业的发展规律，促进旅游业的健康发展。基于产业视角，旅游业既有与一般经济产业相同的特征，又存在不同于其他产业的个性特点。

（1）极强的综合性。旅游业的综合性是最为学术界所认可的特性之一。从最简单的"吃、住、行、游、购、娱"六大基本要素，衍生出以"商、养、学、闲、情、奇"为代表的新六要素。随着旅游活动在深度和广度上的进一步发展，旅游业的综合性特点也越来越凸显。一个地区旅游业的发展，不仅能创造一大批就业岗位，还能带动区域内商业、住宿、餐饮、交通、娱乐等众多相关行业的发展，具有极高的综合效益。

（2）极强的带动性。旅游业所带来的经济效益不仅仅体现在门票、餐饮、住宿和交通等方面的消费上，还能促进旅游目的地在旅游资源开发、基础设施建设、形象宣传等方面的进步。2024年，国内出游人次56.15亿，较上年同期增加7.24亿，同比增长14.8%。其中，城镇居民国内出游人次43.70亿，同比增长16.3%；农村居民国内出游人次12.45亿，同比增长9.9%。2024年，国内游客出游总花费5.75万亿元，较上年增加0.84万亿元，同比增长17.1%。其中，城镇居民出游花费4.93万亿元，同比增长18.0%；农村居民出游花费0.83万亿元，同比增长12.2%。相关研究表明，中国旅游业在推动国家经济增长方面的作用远大于其受经济变化的影响，且这种效应还在持续增强。①

（3）极强的依赖性。根据旅游生命周期理论，一个地区旅游业的萌芽和进一步发展都离不开三个要素。一是旅游资源。自古以来，"游山玩水"

---

① 贺佳，屈新英. 中国旅游业经济波及效应研究［J］. 宝鸡文理学院学报（社会科学版），2024，44（3）：96-107.

就是文人墨客的最爱。从侧面讲，我国旅游业的启蒙比西方发生得更早。这一切都离不开我国秀美的自然资源和丰富的人文资源，这些就是我们今天所说的旅游资源。二是经济支持。从传统意义上讲，旅游资源极度匮乏的地区，其旅游业发展必定是缓慢而落后的。但在今天，旅游资源不再是限制旅游业发展的唯一要素，即使在旅游资源相对贫乏的地区，如果经济发展水平较高，当地居民在满足日常生产生活需求的同时，也必然会产生一定的旅游消费意愿。在这些地区发展旅游业既可满足居民的出游需求，又能使外来人员在商贸、会展、体育赛事等活动过程中对当地产生好奇。香港、深圳和上海等现代都市的商贸旅游、主题乐园、会展旅游等特色旅游逐渐兴起，印证了经济发展水平对区域旅游业的重要性。三是各部门的协调与配合。从旅游业的构成部门来看，旅游活动的顺利开展有赖于各行各业及相关部门的通力合作，"吃、住、行、游、购、娱"任何一个环节的缺失，都将影响旅游产业体系的正常运转。

（4）极强的敏感性。旅游业的敏感性与其综合性息息相关，正因为旅游业是综合性极强的产业，所以其发展也受到各种社会因素的影响，最具代表性的是自然灾害、国际形势和政治情况。如在夏季汛期，会对山岳型景区和水利型景区提出更高的安全要求，甚至要求临时关闭景区。

（5）极强的社会性。发展旅游业可为当地提供众多就业岗位，缓解就业压力。统计数据显示，旅游经济是国民经济的重要组成部分，2016—2019年我国旅游业总收入在GDP中的比重均超过6%，且保持着稳定增长态势，旅游业对我国国民经济和社会就业的综合贡献率在10%以上，已成为解决我国农村剩余劳动力问题和巩固拓展脱贫攻坚成果的重要抓手。

（6）极强的文化性。文化是旅游活动的灵魂。古人云"读万卷书，行万里路"，不管是传统意义上的"游山玩水"，还是如今兴起的夜间游、美食游、研学游、购物游，其本质都是在旅游过程中得到更多精神和文化上的享受，可以说文化性是旅游业的核心竞争力。

（7）极好的可持续性。旅游业是世界公认的具有可持续发展性的朝阳产业，它对生态环境、地域文化的依赖性很强，与农业、工业等产业最大的不同就是资源消耗相对较少，对环境的破坏也相对较轻。在世界范围内，将废弃矿山改造成地质公园，将乡村荒田改造成田园游览地，类似的成功案例充分体现了"绿水青山就是金山银山"的生态理念。旅游业是生态文明建设和经济可持续发展的重要抓手,对实现资源和生态环境的永续利用具有重要作用。

(二) 相关概念辨析

旅游业、旅游事业、旅游产业,针对这三个概念,可从时间线出发进行辨析与定义(图1-3)。

改革开放之前,游览和参观服务主要为国外相关人员来华的接待活动而设立,属于政务接待行为,是非经济性接待事业,因此在这段时期被称作"旅游事业"。改革开放以后,人们生活条件得到较大改善,收入和空闲时间增加,旅游开始成为人们追求休闲娱乐体验的重要途径。"七五"时期,我国首次提出大力发展旅游业,这标志着我国的"旅游事业"开始正式向"旅游业"转变。21世纪以来,旅游业快速发展,政府对其也愈发重

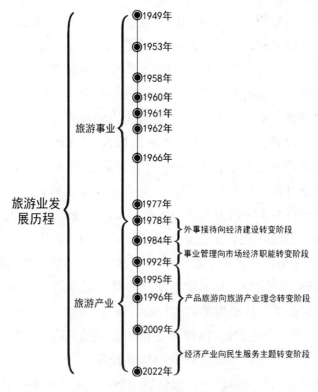

图1-3 我国旅游业发展历程图

视。旅游业在国民经济中的地位不断攀升，已经成为我国经济增长的新型战略性支柱产业，彼时旅游产业也应运而生。可见，旅游事业、旅游产业是旅游业在我国不同发展阶段的称呼。虽然也有学者主张将从事各种旅游活动的人员纳入旅游事业的概念，但在旅游业经济属性的带动下，可以说，旅游事业的历史使命在改革开放伊始便结束了。目前的主流提法也以旅游业或旅游产业为主。

三、新型城镇化及相关概念界定

（一）新型城镇化的内涵

1. 相关研究的主要观点

自"新型城镇化"首次被提出以来，就成为国内学者研究的热点。最早对新型城镇化进行概念归纳的学者是张荣寰，他主张人是新型城镇化的根本，新型工业化是发展新型城镇化的动力。在新型城镇化发展过程中，要坚持统筹兼顾的原则，以"科学发展、集约高效、功能完善、环境友好、社会和谐、个性鲜明、城乡一体、大中小城市和小城镇协调发展"为理念，实现城市现代化、集群化、生态化发展和农村城镇化发展。国家发展改革委在《2019年新型城镇化建设重点任务》中这样诠释新型城镇化："加快实施以促进人的城镇化为核心、提高质量为导向的新型城镇化战略……加快推动城乡融合发展……为全面建成小康社会提供有力保障。"

国内学者在新型城镇化整体发展上的认识较为统一，但在具体内涵理解层面，仇保兴主张新型城镇化是让城市从高能耗、高环境冲击型，放任式、数量增长型，"少数人先富"的传统工业城镇化向低能耗、质量提高型，低环境冲击型，集约式、社会和谐的城乡协调发展型转型升级。王发曾从新型城镇化进程出发，认为新型城镇化由外延扩张和内涵优化两个进程构成，并提出新型城镇化的本质是外延扩张与内涵优化的和谐统一。倪鹏飞认为，城乡一体化的可持续发展道路是实现新型城镇化的根本，除了新型工业化，信息化、农业产业化也是新型城镇化的动力，实现新型城镇化需要政府引导和市场运作。牛文元认为新型城镇化应有"三注重"：一是注重城乡一体化，二是注重集约发展，三是注重和谐发展。陈明星认为，新型城镇化是由简单的"人口城镇化"向"人的城镇化"转变,由数据上的城镇化转为非农人口真正融入城镇生活的城镇化,坚持人本性、协同性、包容性和可持续发展性。董晓峰认为,新型城镇化是面对城市问题全面深化改革、高质量协调发展、产业结构升级转型的新时期城镇化,坚持以人为核心,以新型产业化为发展动力,实现城乡统筹、社会和谐、生态宜居、集约化发展。在文化资本理论视域和人本视角,也有学者开始关注新型城镇化的内涵及特征,对安徽、河南、江苏等地特色新型城镇化区域的研究也愈发丰富。

2. 本书的界定

关于新型城镇化的内涵,学者从不同角度加以论述,提出不同见解。在综合前人研究的基础上,本书认为,新型城镇化是基于城镇化基础的重新解释,其"新"主要体现在以坚持以人为本为前提,结合各方面实际,与传统城镇化最大的区别在于既强调城镇化过程的协调发展,又追求城镇化与人和产业的互促共进。

3. 新型城镇化的特征

新型城镇化是我党在审视我国城镇化进程中的困境,结合国情首创的城镇化发展道路。与传统的由工业推进的城镇化相比,新型城镇化具有以下特征:

(1) 服务均等化。在长期城镇化发展过程中所形成的城乡二元结构往往会带来城镇居民与农村居民在医疗、教育等公共服务上的差距,而新型城镇化与传统城镇化相比,不是追求人口或经济等片面指标的进步,而是以人民利益为根本,使农村居民在身份转变的同时,也能均等地享受到城镇居民所拥有的公共服务保障。

(2) 城乡一体化。新型城镇化的主要目标之一就是解决区域发展不平衡的矛盾,既鼓励大中小城市建设,又支持城镇发展与乡村振兴,是城乡统筹、城乡一体化发展的有机结合。

(3) 产业高效化。城镇发展不能没有产业的支撑。在传统城镇化中,得益于以工业化为动力的城镇化进程,乡村在基础设施和社会经济等方面得到快速发展,但又因工业化的粗放、过度开发,使得城镇面临产业结构转型的挑战。在新型城镇化过程中,要避免重蹈覆辙,发挥区域自身优势,主动规避高排放高能耗的粗放型产业，选择符合绿色发展精神的低碳型产业。

(4) 环境生态化。新型城镇化要求坚持走高效、集约、低碳、绿色的发展道路。从生态角度讲，新型城镇化建设要与生态环境治理相结合，不能在开发、建设过程中加重环境污染，不能破坏当地的生态环境，在创造经济效益的同时也要保证生态效益。

(5) 发展集约化。传统的工业型城镇化是在粗放的工业发展下快速形成的城镇化，城镇建设主要服务于产业发展，人只是因产业发展需要而聚集的生产力。在此背景下，城镇的生态环境遭到严重破坏，城镇规模的无序扩张又造成了资源浪费。粗放式的发展使得传统城镇化过于重视速度而忽视质量。所以在新型城镇化发展过程中，要严格控制建设规模，以建设高质量城镇为目标，提高土地、水利资源和基础设施的综合利用率。

(二) 相关概念辨析

城镇化这一概念始于20世纪50年代。不同领域的学者从不同角度对城镇化进行了界定。人口学认为，城镇化是"人口从农业转为非农业的发展过程"。经济学对城镇化的认识是以要素为依托点的，认为城镇化是经济要素在生产力发展背景下从农业部门转移到非农业部门的一个过程。社会学对城镇化的界定以社会存在状态为着力点，认为城镇化是由农村生活状态转变为城市生活状态的过程。地理学认为城镇化是在生产力发展过程中农业人口转变为城镇人口、居住地点由农村转移到城镇的过程，从经济、人口、空间等多个角度对城镇化进行定义。结合现有研究成果，本书认为城镇化是社会经济发展到一定程度的必然结果，会使农业人口向非农人口转变。受到城市规模、形象、居民素质等因素的影响，城镇化产业结构和城镇质量也会发生相应变化。

城镇化研究过程中，不断出现"传统城镇化""特色城镇化""新型城镇化"等不同概念。通过对相关概念进行辨析，可以更加清晰地掌握新型城镇化的特征，为本书研究提供理论基础。从发展阶段来看，新型城镇化与传统城镇化是城镇化发展不同阶段的具体体现。传统城镇化是城镇化的初级阶段，发展主要靠工业的带动；而新型城镇化是新的发展阶段，是中国特色城镇化适应国际国内复杂形势的体现，以工业化、服务化、农业现代化为发展动力。新型城镇化是在传统城镇化的基础上对城镇的产业结构、发展环境等进行不断优化的结果，是对粗放、落后的城镇化道路的反思与创新，是注重生态、可持续、高效集约、城乡统筹的城镇化（表1-2）。

表1-2 传统城镇化与新型城镇化对比

项目	传统城镇化	新型城镇化
发展重点	扩大城镇规模	发展速度与质量
发展方式	以"自上而下"的发展方式为主，优先发展大城市或中心城市	强调大中小城市与小城镇协调发展
发展目标	单一地强调城镇与社会发展	综合推进经济、社会、环境与文明建设
发展主体	各级政府	政府、企业、居民
发展动力	工业化	工业化、服务化、农业现代化

第三节 研究框架

一、研究目的

2015年2月，在延安召开的陕甘宁革命老区脱贫致富座谈会上，习近平同志指出，老区和老区人民，为我们党领导的中国革命作出了重大牺牲和贡献，我们要永远珍惜、永远铭记。"我们要实现第一个百年奋斗目标、全面建成小康社会，没有老区的全面小康，特别是没有老区贫困人口脱贫致富，那是不完整的。"

当前，我国正处于向全面建成社会主义现代化强国的第二个百年奋斗目标迈进的关键时期，党的十八大以来出台的一系列国家发展战略和脱贫攻坚政策意见均将革命老区的振兴发展作为下一步工作的重点。在此背景下，如何发挥自身优势，加强"以人为本"的绿色创新型老区建设，在全国率先走出一条革命老区协调发展的道路，实现革命老区的振兴发展，是摆在陕甘宁革命老区面前的一项重大而紧迫的政治任务。整体而言，目前对陕甘宁革命老区协调发展的相关研究尚处于初级阶段，现有研究成果在研究理论、研究视角等方面还存在进一步拓展的空间。旅游业与新型城镇化协调发展作为调整区域产业结构、解决社会民生问题的一种有效方式，学术界对其相互关系的探讨及单项因果效应的定量研究日臻成熟，这为本课题深入研究陕甘宁革命老区的协调发展奠定了扎实的前期理论基础。

本书紧扣新时代战略部署，植根政策文件、产业事实和典型案例，聚焦陕甘宁革命老区振兴发展体制机制的相关问题，从旅游业与新型城镇化的互动关系出发，以协调发展模型视角作为研究切入点，尝试通过大量探索性理论分析与实证研究，达到以下研究目标：一是尝试从旅游业和新型城镇化两个复合系统出发，构建一个适用的评价指标体系，深入研究二者发展过程中的协调水平与等级划分；二是探索影响旅游业与新型城镇化协调演变的主要因素，探索二者在发展过程中不同阶段、不同水平对革命老区发展的具体影响；三是因时、因地提出促进二者协调发展的优化路径与建议，解决区域发展不协调的难题。

二、主要内容

本书梳理了旅游业与新型城镇化协调发展的复合、耦合、共生、协同理论，阐述了旅游业与新型城镇化协调演进的基础条件、演变过程、动力与作用机制，分析了旅游业与新型城镇化协调发展的模式选择，论证了陕甘宁革命老区旅游业与新型城镇化协调发展的现实基础。基于复合系统理论和协同理论，建立了旅游业与新型城镇化协调评价指标体系，测算了陕甘宁革命老区旅游业与新型城镇化发展的综合水平，构建了旅游业与新型城镇化协调发展的哈肯模型，对陕甘宁革命老区旅游业与新型城镇化的协调度进行了时间和空间维度的测算，深度分析陕甘宁革命老区旅游业与新型城镇化协调演变过程和发展瓶颈，总结出适合陕甘宁革命老区旅游业与新型城镇化协调演进的路径。基于革命老区振兴发展的实际和多层次政策分析，从协调发展的视角提出促进陕甘宁革命老区旅游业与新型城镇化协调演进的对策建议。

根据以上内容，本书共分为八章，可归纳为四大部分：第一部分，包括第一章"导论"、第二章"研究动态"和第三章"理论分析"，为研究奠定了理论基础；第二部分为第四章"旅游业与新型城镇化协调发展的模式选择"；第三部分为本书的实证研究，也是重点研究内容之一，基于"时间—空间"双重维度的陕甘宁革命老区旅游业与新型城镇化协调发展的测度与演化特征分析，包括第五章"陕甘宁革命老区旅游业与新型城镇化协调发展的现实基础分析"和第六章"陕甘宁革命老区旅游业与新型城镇化协调发展水平测算"；第四部分包括第七章"战略定位与路径机制"和第八章"结论与展望"。具体内容如下：

第一章"导论"，简要介绍研究背景与意义，对相关概念进行梳理与界定，介绍研究的主要目的、内容、方法、思路及主要创新点。

第二章为相关研究动态，系统、全面地梳理相关研究动态，分析现有研究成果的优缺点，明确本书的研究重点。

第三章为旅游业与新型城镇化协调发展的理论研究，深度分析旅游业与新型城镇化协调发展的相关理论，重点从协同学理论、复合理论、共生理论、耦合理论等视角出发，阐释旅游业与新型城镇化协调发展的理论机理。

第四章阐释了旅游业与新型城镇化协调发展的五种模式，即旅游资源禀赋模式、城市旅游化模式、市场驱动模式、文化依托模式和大遗址保护发展利用模式，系统分析了每种模式的理论基础、基本条件、实施途径及具体的实施策略，每一种模式都附有案例分析。

第五章分析了陕甘宁革命老区旅游业与新型城镇化协调发展的现实条件。具体分析陕甘宁革命老区的发展概况，并从历史文化地缘、发展机遇与挑战、自然资源与交通区位、经济基础与生态治理、产业结构与旅游资源等角度探究陕甘宁革命老区旅游业与新型城镇化协调发展的现实基础。

第六章为陕甘宁革命老区旅游业与新型城镇化协调发展水平的测算。构建旅游业与新型城镇化协调发展水平评价指标体系，运用熵权法和专业化指数等方法，动静结合，分析陕甘宁革命老区2012—2020年旅游业及新型城镇化的综合发展水平。同时运用区位熵进行多空间、多尺度的比较分析，探究二者协调程度的动态演变情况，揭示陕甘宁革命老区旅游业与新型城镇化协调发展的演化特征，分析陕甘宁革命老区旅游业与新型城镇化协调发展的一般模式及影响二者协调发展的主要因素。

第七章为陕甘宁革命老区旅游业与新型城镇化协调发展的战略定位与

路径机制分析。基于旅游业与新型城镇化协调发展的主要驱动因素及各驱动因素之间的协同运作机制，探析陕甘宁革命老区旅游业与新型城镇化协调发展的驱动机制。基于陕甘宁革命老区旅游业与新型城镇化协调发展的现状与时空演变特征，揭示陕甘宁革命老区旅游业与新型城镇化协调发展的总体方向、策略和路径。

第八章为结论与展望，总结全书研究内容，阐述本研究的突破点与不足，并提出未来研究的课题。

三、研究方法

本书根据研究对象特征及研究内容，综合采用文献阅读法、实证分析法、跨学科研究法、动态分析法、图解分析法和实地调研法等方法，开展对陕甘宁革命老区旅游业与新型城镇化协调发展的系统研究。

第一，文献分析法。围绕"旅游业与新型城镇化协调发展的路径机制"这一课题，学术界已有较多研究成果，形成一定的研究体系，关于革命老区振兴发展的经验总结也比较丰富，通过对这些成果进行整理与分析，提取本研究所需相关信息，对旅游业与新型城镇化协调发展的模式进行全面、系统的研究，对国内外相关领域的成功案例进行调研，总结经验，准确把握相关研究动态，发现其不足，为本研究的顺利开展奠定坚实的理论基础。

第二，实证分析法。本书尝试创造性地运用修正的哈肯模式，对陕甘宁革命老区2012—2020年旅游业和新型城镇化的综合发展水平及协调水平进行动态评估与比较分析，揭示陕甘宁革命老区旅游业与新型城镇化协调发展的动态演变特征和空间分异特征，并基于序参量识别结果，辩证地分析影响二者协调发展的主导因素。

第三，跨学科研究法。本书将复合理论和协同学理论运用到经济学分析，充分挖掘陕甘宁革命老区旅游业与新型城镇化协调发展过程的内涵与动力作用机制，并采用协同学理论中的哈肯模型对陕甘宁革命老区旅游业与新型城镇化协调发展的驱动因素进行分阶段序参量识别。在此基础上，还对传统哈肯模型的指标数量及系统状态评价等方面进行扩展与完善，深化在旅游业与新型城镇化领域的多学科研究。

第四，动态分析法。从时间和空间双重维度的研究视角，对党的十八大以来陕甘宁革命老区的旅游业与新型城镇化进行测度及动态比较分析,揭示陕甘宁革命老区旅游业与新型城镇化的动态演化特征及凸显问题。

第五,图解分析法。在分析陕甘宁革命老区旅游业与新型城镇化协调发展水平时,运用图解分析法,选取有代表性的特征,并将其绘制成图,使陕甘宁革命老区旅游业与新型城镇化协调发展各驱动因素的演变特征及其作用机制更加简洁、有条理。

第六,实地调研法。在分析陕甘宁革命老区旅游业与新型城镇化协调发展的模式选择及运行机制时,实际深入陕甘宁革命老区各地市,选取延安、庆阳、神木、府谷、宜川等典型市县,收集第一手资料,并进行系统分析,使研究结论更具针对性和可操作性。

四、研究思路

本书基于党的十八大以来党和国家对陕甘宁革命老区振兴发展的重视和新时代对陕甘宁革命老区和延安、庆阳等重点城市的战略定位,以及旅游业与新型城镇化协调发展融入区域协调发展战略的客观实际,围绕"陕甘宁革命老区旅游业与新型城镇化协调发展的动力机制、状态评估、模式选择及路径建议"展开探索性研究。遵循"状态—压力—响应"思路,建立本课题研究框架。首先,对旅游业与新型城镇化协调发展的已有理论研究进行梳理与总结,为本书奠定了坚实的理论基础。其次,对旅游业与新型城镇化协调发展的模式进行归纳总结,并对每一种模式结合案例进行分析,为未来陕甘宁革命老区旅游业与新型城镇化协调发展提供模式选择。再次,通过梳理陕甘宁革命老区旅游业与新型城镇化的现实条件,为本书提供现实数据支撑。然后,通过对陕甘宁革命老区旅游业与新型城镇化协调发展水平的测算,探究二者协调程度的动态演变特征,简要分析陕甘宁革命老区旅游业与新型城镇化协调发展的一般模式及影响二者协调发展的主导因素。最后,在综合分析相关问题的基础上,基于革命老区振兴发展的实际和多层次政策分析,从协调发展的视角,推导出适合陕甘宁革命老区旅游业与新型城镇化协调演进的路径,进而提出有针对性、操作性强的对策建议。具体研究思路见图1-4。

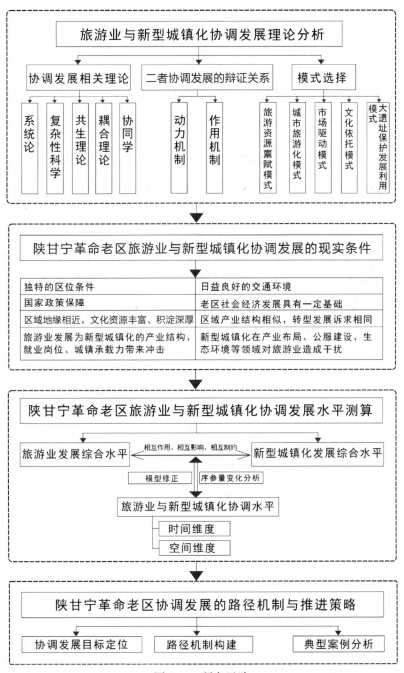

图 1-4 研究思路

第二章　研究动态

在对研究动态进行分析时，首先采用标题词共词分析的方法，对研究趋势进行分析，然后运用归纳总结的方法对中文和外文文献进行研究综述。旅游业与新型城镇化协调发展作为一个较新的研究内容，针对性研究相对较少，相较而言，中文文献更具代表性，所以在进行研究趋势可视化分析时仅选取中文文献作为研究样本。本书的文献数据来源于中国知网数据库，通过对数据库中的学术期刊进行检索，分别以"篇名＝革命老区""篇名＝旅游业""篇名＝新型城镇化""篇名＝旅游业＋新型城镇化"进行检索，以检索出的文献作为研究样本，分别对不同关键词的总体趋势和研究主题进行可视化分析和研究。

第一节　革命老区的研究动态及趋势

一、革命老区研究趋势分析

截至 2024 年年底，在中国知网以"革命老区"为关键词进行检索，共检索出相关中文文献 5460 篇。下面对总体研究趋势和研究主题分布进行统计、分析。

（一）总体研究趋势分析

知网中文文献数量变化及变化速度在一定程度上可以反映相关研究的学术发展水平和发展程度。基于中国知网文献数据库，对革命老区相关研究文献发表年度进行可视化导出（图 2-1）。图中的曲线总体呈不断上升的趋势，部分年度稍有回落。我国学者对革命老区的研究起源于 1980 年，到 2024 年已有 40 余年的历史。从文献数量和发表年份来看，国内对革命老区的研究主要分为四个阶段：

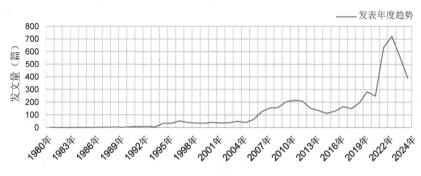

图 2-1　1980—2024 年革命老区相关文献发文量折线图

1. 缓慢起步阶段（1980—2003 年）

这一阶段我国处于改革开放的攻坚时期，全国经济发展水平整体较低，革命老区还没有得到较多关注，发文量处于较低水平。

2. 逐渐兴起阶段（2004—2010 年）

2004 年中共中央办公厅、国务院办公厅印发《2004—2010 年全国红色旅游发展规划纲要》，正式提出"红色旅游"概念，革命老区开始受到广泛关注。"各项建设"是这一时期学者聚焦的话题，年发文量也由 2004 年的 40 篇增加至 2010 年的 248 篇。

3. 短暂回落阶段（2011—2014 年）

这一时期学术界对革命老区的关注有所回落，年发文量有所减少。

4. 快速上升阶段（2015 年至今）

这一时期，《关于新时代支持革命老区振兴发展的意见》《"十四五"特殊类型地区振兴发展规划》等一系列政策文件发布，顺应热点发展趋势。学者的目光也开始重新聚焦革命老区，文献数量激增。预计未来 5 到 10 年，关于革命老区的研究依然可以保持较高的热度。

（二）研究主题分布分析

对样本研究文献的主题及其出现频率进行提取，有助于更好地把控相关研究领域的研究热点。提取并总结 1980—2024 年研究文献的主题，所得出的主题高频关键词见表 2-1 及图 2-2。关于革命老区的研究主要集中在以下几个方面：革命老区的历史及现状描述；革命老区建设的经验总结；革命老区发展建设的策略性研究；革命老区的综合性研究；对革命老区振兴发展存在的障碍性问题的分析。

表2-1　1980—2024年革命老区相关文献研究主题分布排序表

序号	主题分布	文献数量（篇）
1	革命老区	3347
2	红色旅游	221
3	乡村振兴	210
4	红色文化	149
5	高质量发展	113
6	振兴发展	91
7	精准扶贫	79
8	红色资源	64
9	红色基因	57
10	扶贫开发	47
11	大别山	45
12	江西省	45
13	老促会	44
14	习近平总书记	42
15	红色文化资源	41
16	人民政府	38
17	共同富裕	37
18	示范区建设	35
19	福建省	34
20	湖北省	33

第二章 研究动态

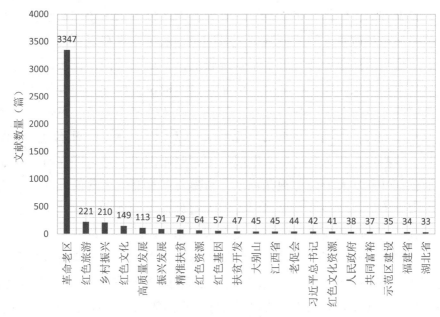

图 2-2　1980—2024 年革命老区相关文献研究主题分布柱状图

二、国内研究进展

（一）革命老区相关研究的主要内容

革命老区特殊的政治地位决定了学者的相关研究主要集中在时事阐述与宣传、教育方面。目前国内对于革命老区的研究从形式上看主要包括专著和论文两种。

专著方面，部分研究侧重于对革命老区的现状进行阐述，主要对其形成、历史沿革、战略地位和现今风采进行描述。如讲述湖北革命老区发展史的专著《殷红的沃土——湖北革命老区概览》，在结尾处对湖北革命老区的发展道路进行了展望；《老区治穷致富之路》系统介绍了江西省内各个革命老区，并总结了江西省革命老区的发展经验；《反贫困行为研究——湘赣老区开发式扶贫的理性思考》从精准扶贫、反贫困视角出发，深入研究革命老区的贫困问题，并提出未来发展的方向及建议等；《中国革命老区》是全面研究革命老区的综合类著作，涵盖历史沿革、发展现状、发展困境、经验对策和建议等课题，对未来革命老区的深入研究具有借鉴意义。

论文方面，蔡翼飞和赵新一在对革命老区进行系统研究后认为，经济发展滞后是革命老区当前面临的主要问题，具体体现在以下三个方面：首先，革命老区社会经济发展水平普遍较低，且增长缓慢，较东部经济发达地区还存在着较大差距；其次，革命老区一般位置偏远，与发达地区差距过大，部分革命老区市县还处在中等偏下收入水平；最后，革命老区的产业结构层次低，以第一、第二产业为主，第三产业占比严重不足，且发展较慢。这些也是革命老区振兴发展的主要限制因素。甘乐平在研究革命老区时创新性地从人力资源视角出发，指出我国革命老区普遍存在人口负荷大、劳动力就业与经济发展不匹配、人口外流、发展动力不足、人才缺乏等问题，这些问题与落后的经济发展水平相互影响，使革命老区的经济社会发展陷入恶性循环。他还在另一篇文章中指出革命老区经济发展除了上述问题，还存在相关政策及标准匮乏的问题，缺乏科学完整的政策体系，政府各个部门没有形成统一的政策目标，不同部门制定的政策有较大差异，这也是革命老区振兴发展的一大阻碍。

魏后凯在对革命老区进行研究时，考虑到我国综合国力的提升及革命老区的历史因素，认为应对革命老区等特殊类型地区给予一定的政策倾斜，优先推动革命老区经济健康发展，让革命老区重新焕发昔日光彩。田文玲以改革效益作为切入点，提出改革成功的关键在于广大人民群众，人民才是改革的真正参与者、实施者和拥护者。由于诸多革命老区已经错失改革开放所带来的政策、市场红利，因此更应振兴革命老区，推动其经济发展。曹晖指出，革命老区振兴的意义不仅仅是经济方面的，还具有重大社会和政治意义，是当前政府对革命老区人民历史承诺的兑现。兰文武认为革命老区要发展，首先要从制度层面进行改革，健全法制建设。孔柠檬将目光投向资源和环境，指出在振兴革命老区时很难做到生态保护与经济发展并重，这在很大程度上限制了革命老区的可持续发展。黄小钫在研究革命老区政府行为和政治决策时，发现革命老区政府各部门之间的工作协调性较差，决策容易出现滞后、片面问题，对于政府行为，缺乏专门的监督、管理机制，容易滋生腐败。

（二）革命老区振兴发展对策研究

革命老区振兴发展对策方面，蔡翼飞提出在政策制定与实施方面，要在革命老区建立健全法治体系，严格落实相关政策措施，以保证时效性。甘乐平则从生态保护的角度指出发展的同时要建立健全生态补偿机制，将生态环境保护作为常态化重点工作，严格把控对自然资源和生态环境的利用，平衡生态环境与经济发展。魏后凯认为，基础设施是革命老区发展的保障，要加大对革命老区基础设施和公共服务设施建设的投入，将重点贫困地区作为工作重点。李志萌认为，带动革命老区脱贫致富，要改变传统的扶贫思路，而非一次性帮扶补贴，应扶持当地产业发展。邢成举认为，要加强监督管理工作，可以适时聘请第三方对革命老区的工作进行监管、审计，促使政府工作和财政支出更加透明、公开。此外，还有很多学者从扶贫角度出发，探索革命老区振兴发展之路，如陈秋华和纪金雄提出的旅游精准扶贫和王晓毅提出的易地搬迁精准扶贫理论等。

第二节　旅游业的研究动态及趋势

随着"大众消费时代"的到来，旅游业在全球经济体系中的地位不断攀升，成为全球经济发展的支柱产业之一。我国现代旅游业的发展虽然在时间上落后于国外，但由于旅游资源的多样性和旅游市场的广泛性，自从走上正轨后便发展迅猛。《中华人民共和国文化和旅游部2023年文化和旅游发展统计公报》显示，2023年国内出游人次48.9亿，同比增长93.3%。其中，城镇居民国内出游37.6亿人次，同比增长94.9%；农村居民国内出游11.3亿人次，同比增长88.5%。国内游客出游总花费4.9万亿元，同比增长140.3%。城镇居民出游花费4.2万亿元，同比增长147.5%；农村居民出游花费0.7万亿元，同比增长106.4%。我国的旅游业发展稳步向好，持续为经济增长提供源源不竭的动力。

目前我国旅游业的学术研究呈现出从初期市场化到理论化、系统化的转变，主要聚焦旅游发展的机理、类型、政策策略，以及与市场需求和政府导向紧密相关的领域，研究热点集中在生态旅游、全域旅游、乡村振兴等议题，尤其关注如何通过理论与政策，推动旅游业的可持续发展，满足大众旅游的需求。随着中国经济发展和旅游市场的成熟，研究逐渐转向智慧旅游、数字化转型等新兴领域，体现出学术界对旅游业与社会经济、文化政策深度融合的探索。

一、旅游业研究趋势分析

截至2024年年底，在中国知网以"旅游业"作为关键词对文献进行筛选，共检索出相关中文文献74318篇。下面对总体研究趋势和主题分布进行统计和分析。

（一）总体研究趋势分析

基于中国知网的文献数据库，对旅游业相关研究文献的发表年度进行可视化导出（图2-3）。从图中曲线的变化趋势可以看出，我国旅游业相关研究的趋势经历了由缓慢增长到快速增长的阶段，在2010年达到峰值后逐

图2-3　1978—2024年旅游业相关文献发文量折线图

步下降，直至稳定。学者边雯于 1978 年发表了第一篇关于旅游业的文章，开启了我国学者对旅游业的研究，到 2023 年已有 46 年的历史。结合文献数量、发表年度以及改革开放以来我国旅游业的发展历程，国内对旅游业的研究主要分为四个阶段：

1. 缓慢起步阶段（1978—1991 年）

改革开放伊始，"如何改革""如何开放"是全社会共同面临的巨大问题，旅游行业还是以接待外宾为主，以入境游为核心。到 1991 年，旅游人数与旅游收入已远超 1978 年，分别达 19.4 倍和 11.8 倍。这一时期，学术界关于旅游业的研究也开始起步，但总体发文量处于较低水平。

2. 快速发展阶段（1992—2001 年）

自 1992 年邓小平同志发表南方谈话起，我国的改革开放事业进入了一个崭新的时期，旅游业也发生了巨变，国内旅游业逐步受到重视，并逐渐成为国民经济的支柱产业之一。在这一时期，我国加强了对旅游行业的管理，制定了相关行业标准，推动旅游市场化改革，释放市场活力，鼓励国内旅游。1995 年"双休"政策和 2000 年"黄金周"政策的落实，民众假期增多，国内民众的旅游积极性也大幅提升，国内旅游迎来新的发展高潮。截至 2001 年，我国旅游人次已由 1993 年的 4.1 亿增加到 7.8 亿，国内旅游收入也提升至 3522 亿元，为 1993 年的 4.1 倍。这一时期相关研究的文献数量有了很大的提升，年发文量由 1992 年的 67 篇增至 2001 年的 949 篇。学者开始高度关注旅游业，相关研究也开始呈指数级增长。

3. 高速提升阶段（2002—2012 年）

2001 年我国加入世界贸易组织（WTO），对外开放水平进一步提高，国民收入有了显著提升，旅游需求与旅游消费能力也有了很大提升。这一时期，我国经济飞速发展，GDP 相继超过英、法，并在 2010 年超过日本，成为世界第二大经济体，综合国力不断提高，国际旅游知名度也不断提升，我国旅游行业的发展进入崭新的纪元，国内进入"大众旅游"时代。从年度发文量不难看出，国内学者对于旅游业的关注也达到峰值，相关研究文献由 2002 年的 1034 篇增至 2010 年的 2475 篇。

4. 逐渐回落阶段（2013 年至今）

国务院于 2013 年出台了多项旅游业相关政策，旅游业作为居民消费的重要内容,其发展受到高度重视。这一时期旅游业研究文献数量出现下降趋势,但仍稳定在一个较高的水平。

(二)研究主题分布分析

对1978—2024年旅游业相关文献的主题进行提取总结,得出其主题的高频关键词前20位,见表2-2和图2-4。

表2-2　1978—2024年旅游业相关文献研究主题分布排序表

序号	主题分布	文献数量(篇)
1	旅游业	24114
2	旅游资源	1078
3	旅游产业	1052
4	生态旅游	903
5	全域旅游	863
6	乡村旅游	814
7	旅游业发展	795
8	旅游开发	589
9	旅游产业开发	569
10	旅行社	522
11	对策研究	485
12	旅游经济	476
13	高质量发展	381
14	智慧旅游	379
15	文化旅游	351
16	策略研究	328
17	发展对策研究	327
18	实证研究	326
19	乡村振兴	320
20	融合发展	315

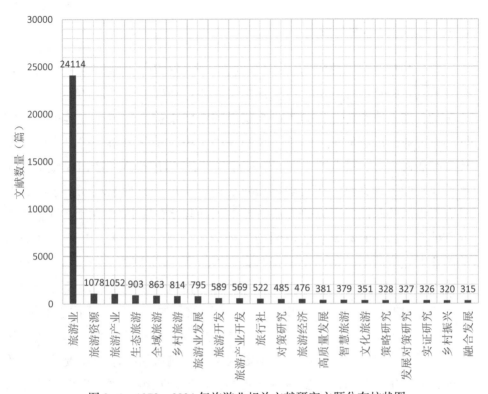

图 2-4　1978—2024 年旅游业相关文献研究主题分布柱状图

我国旅游业研究的热点可归纳为以下几个方面：旅游发展的机理研究；旅游发展的类型研究；旅游发展的政策、策略研究；旅游发展水平评价体系研究；旅游发展特征研究。

二、国外研究进展

由于旅游业发展的时间差，国外的旅游业相关学术研究早于我国。尼尔·利珀在1979年出版的《旅游管理》一书中第一次将旅游业作为一个系统来研究，他认为旅游就是人出于非商业目的，在居住地以外的地方停留一天以上或者短时间的旅行，指出旅游系统由旅游者、客源地、行动路线、目的地、相关旅游产业等五个在空间和功能上相互影响的要素组成。本研究对国外学者的相关研究进行收集整理后，分别阐述旅游业对经济、社会、生态环境的影响。

(一) 旅游业对经济的影响

沙普利在评估旅游业的经济贡献时发现，仅仅运用旅游业的经济总量来衡量其贡献是不准确的，应在评估时将旅游业对经济发展的促进作用纳入考量，如其他旅游业相关产业所获得的经济收益。Seongseop 等人在研究韩国旅游业的影响时引入投入—产出模型，进行量化分析，得出影响主要体现在居民收入、就业等方面。Khanal B. 同样运用投入—产出模型来估算旅游业对经济的影响，在对老挝旅游业进行实证研究后发现，由于旅游业具有很强的关联性，所以研究旅游业对当地经济的整体影响时要将旅游业与其他经济部门的联系和经济活动的乘数效应都考虑进去。瓦格纳在分析旅游业对经济活动的影响时创新性地使用了社会核算矩阵（SAM）模型，计算出旅游业对经济活动贡献的相关指标，指出地区经济活动受旅游业的影响是有限的，主要受到外来资本和对进口商品的需求两方面因素的影响。Durbarry 等人在分析旅游经济时，将苏格兰作为主要研究对象，对其进行实证分析后，认为价格、收入、汇率等因素是影响旅游需求的主要原因。约瑟夫在研究旅游业对经济发展的作用时，以博茨瓦纳为例，指出旅游业对GDP、就业、人均收入等具有很明显的促进作用，对农业、手工业等部分行业则无明显作用。林德贝格等人在对伯利兹城的旅游区进行走访调查后发现，当地居民通过提供住宿、餐饮、手工制品等，成为当地旅游业的最大受益者，由此他认为旅游业对区域经济发展具有一定的促进作用。

(二) 旅游业的社会影响

DIE. R. A. 在研究旅游业对省会生活的影响时，采用问卷调查及走访研究的方法，了解当地居民对旅游业的看法及旅游业对他们自身的影响，并对获取的问卷及访谈资料进行分析，总结当地居民对旅游业的认知，并进一步分析居民认知对居民与旅游者之间社会关系的影响，以此研究在社会生活方面旅游业对旅游目的地的影响。Butler R. W. 则从其他视角对这一问题进行研究，认为旅游业对旅游目的地及其社会生活的影响主要与当地的经济发展水平、游客与居民的旅游参与度、旅游的空间特征、当地的文化活力、居民的政治倾向等因素有着直接关联。保罗·布伦特对这一问题有着不同看法,他指出旅游业对旅游目的地社会生活的影响主要与游客的市场规模、旅游的类型、旅游业发展的速度与质量以及当地旅游业的发展特点这四个因素有关。Page S. J. 认为,发展旅游业有助于对当地建筑风格、民风民俗等区域特色文化的保护和弘扬。沙普利在研究旅游业与宗教活动的关系后发现游客会与当地居民进行接触,购买当地的各种文化产品,旅游目的地居民是文化传播与文化商业化的关键。

(三) 旅游业的生态影响

Sharma K. 将研究重点从眼前的发展转移到未来的可持续发展上,指出旅游业具有生态性和可持续发展性,主张尽可能以最小的生态环境牺牲换取最长久的发展,并通过生态环境友好的建设满足游客的住宿、餐饮等需求。Forster J. 发现,加勒比海岸的气候受到旅游业发展的影响,他认为在发展旅游业时应该采取一定的环境保护措施来提高旅游目的地生态系统的恢复力和抵抗力,以增强生态稳定性。Green·H 采用反馈匿名函询法研究旅游业与环境质量的关系,认为旅游业的发展可以推动对文化遗址的保护和修复,旅游业在一定程度上可以改善当地的环境质量。

三、国内研究进展

(一) 旅游业的经济影响

关于旅游业的经济作用,20 世纪末魏小安提出旅游业是未来经济发展的突破点,并提出全面的旅游业建设发展体系,涵盖产品、市场、经营、管理等各个方面。张帆等人在研究旅游业的连锁效应时以秦皇岛市为着眼点,通过指标量化,精准推算了旅游业对当地 GDP、就业、居民收入等的影响,指出旅游业对当地经济发展具有积极影响。周四军等人运用统计学方法分析旅游业与当地经济、产业发展的关系,指出我国旅游业与经济发展之间是相互促进的正向关系。陈友龙等人运用系统动力学、Granger 因果检验等一系列数学模型,对已有相关成果进行验证,证明之前学者的结论。

(二) 旅游业的社会影响

刘赵平着眼于旅游业对城市发展的作用,主要研究旅游业对人口和人才的吸引作用，发现旅游业在这些方面具有正向作用，一定程度上提升了城市化的速度和质量。李蕾蕾从传播学视角出发，对旅游目的地的影响进行研究，发现旅游业所带来的文化传播对旅游目的地的文化是一把"双刃剑"，在增强当地居民文化认同感的同时，也有可能使当地文化失去特色和个性。杨俭波通过研究区域社会文化，发现旅游者及旅游者的携带物与旅游目的地之间存在竞争与协同两种关系，可能对当地的社会文化环境造成影响，并对其中的动力机制进行了探讨。刘振礼通过实地调查，对野三坡旅游区进行研究，指出旅游业对当地社会经济发展、市场意识、审美形态、社会关系等都有积极影响。

（三）旅游业的生态影响

保继刚等人在对丹霞山植被进行研究时发现，旅游业的发展对植被群落的保护具有一定作用，可为当地生态环境的稳定性带来积极的影响。王子新发现旅游业对历史建筑、历史遗址、文化遗产的保护和修复工作具有推动作用，在一定程度上还有改善当地生态环境、提升居民生态环境保护意识的作用，得出旅游业对生态环境具有正向促进作用的结论。石强等人对张家界国家森林公园的大气质量进行了研究，发现旅游业发展所带来的废气排放破坏了公园的自然生态环境，认为旅游业发展过程中的污染对旅游业的可持续发展会产生巨大影响，要想让旅游业可持续发展就要从源头上杜绝旅游对生态环境的污染和破坏，避免走"先污染后治理"的弯路。巩劼等人以环境噪声指标为切入点，以黄山风景区为研究样本，研究旅游开发对生态环境的影响，对比分析历年监测数据后得出旅游业对生态环境有一定负面影响的结论。张舒音认为旅游业对生态环境有很大的负面影响，其研究强调旅游业所带来的噪声污染。

第三节　新型城镇化的研究动态及趋势

新型城镇化道路是解决新时代我国社会主要矛盾、推动经济高质量发展、实现现代化和解决"三农"问题的重要抓手，也是全面建成社会主义现代化强国的重要驱动力。"新型城镇化"的具体目标、内容、实现手段等都与传统城镇化有所区别，它以改善民生为前提，坚持绿色、健康、集约化的发展核心目标，是兼顾城乡统筹、区域一体化、产业结构转型升级、集约高效发展、低碳环保发展、生态文明建设、体制创新与制度改革等主要发展目标的可持续和高质量发展的全新城镇化过程。

一、新型城镇化研究趋势分析

截至2024年年底，在中国知网以"新型城镇化"作为关键词对文献进行篇名筛选，共检索出相关中文文献28869篇。下面对总体研究趋势和研究主题分布进行统计和分析。

（一）总体研究趋势分析

基于中国知网的文献数据库对新型城镇化相关研究文献的发表年度进行可视化导出（图2-5）。图中曲线呈现先上升后下降的态势，在2014、

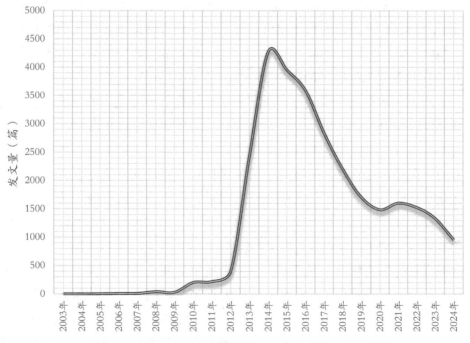

图2-5 2003—2024年新型城镇化相关文献发文量折线图

2015年达到峰值。

"新型城镇化"由来已久。早在党的十六大时期就已提出"走中国特色的城镇化道路"。2007年，学者张荣寰提出"新型城镇化"的具体定义与发展模式。2012年中央经济工作会议正式提出把生态文明理念和原则全面融入城镇化全过程，走集约、智能、绿色、低碳的新型城镇化道路，将新型城镇化作为未来经济新的增长动力和扩大内需的重要手段。结合文献数量、发表年度及我国新型城镇化发展历程，国内对新型城镇化的研究可以大致划分为三个阶段：

1. 初始起步阶段（2002—2012年）

这一阶段，新型城镇化的相关理念虽已被提出，但由于当时经济工作的重心尚为工业化，所以学界对新型城镇化的关注度整体不高。虽从2009年起关注度有所提升，但是总体来说相关研究较少，发文量也处于较低水平。

2. 爆发增长阶段（2013—2016年）

这一阶段，新型城镇化的研究关注度达到历史顶峰，特别是2012年党的十八大明确提出走中国特色新型城镇化道路及中央经济工作会议正式提出"新型城镇化"，我国的城镇化由传统的追求建设转向重视"人的城镇化"，新型城镇化开始受到学界的广泛关注，这一时期相关研究的数量达到峰值。

3. 稳步深化阶段（2017年至今）

2019年政府工作报告再次强调新型城镇化的核心是人的城镇化，在发展建设过程中，要时刻谨记以人为核心，提高新型城镇化质量。2020年政府工作报告再次提到有关新型城镇化建设的内容，强调深入推进以人为核心的新型城镇化战略，使城乡区域发展格局不断优化。这标志着我国城镇化建设从单一城市发展转向中心城市带动，都市圈、城市圈一体化发展的高质量发展新阶段。在"十四五"开局之年，国家发展改革委印发《2021年新型城镇化和城乡融合发展重点任务》，强调农业人口有效融入城市，提升城市集群的承载力，促进大、中、小城镇协调发展，加快城市现代化建设，提升城市治理水平和城乡一体化发展等主要问题。这从侧面体现出我国新型城镇化的工作重点正在向城乡统筹发展和中小城镇转移。2022年发布的《2022年新型城镇化和城乡融合发展重点任务》也延续了之前的发展基调。

(二)研究主题分布分析

对 2003—2024 年研究文献的主题进行提取、总结后,得出新型城镇化相关研究主题的高频关键词前 20 位,如表 2-3 和图 2-6 所示。据此可将我国新型城镇化的研究热点分为以下五种类型:概念、内涵、框架、机制、经验等理论研究;指标模型、评价体系研究;影响、作用及意义的研究;与其他产业耦合协调及互动关系的研究;围绕"人"的城镇化的研究,如医疗、教育、住房等公共服务问题。

表 2-3　2003—2024 年新型城镇化相关文献研究主题分布排序表

序号	主题分布	文献数量(篇)
1	新型城镇化	17441
2	城镇化背景	2394
3	城镇化	1585
4	城镇化进程	1346
5	新型城镇化建设	1304
6	城镇化发展	709
7	特色小镇	596
8	乡村振兴	546
9	农民工	429
10	河南省	377
11	协调发展	303
12	小城镇	303
13	耦合协调	301
14	市民化	293
15	发展道路	287
16	实证研究	277
17	河北省	272
18	研究因素研究	250
19	影响因素	247
20	农民工市民化	246

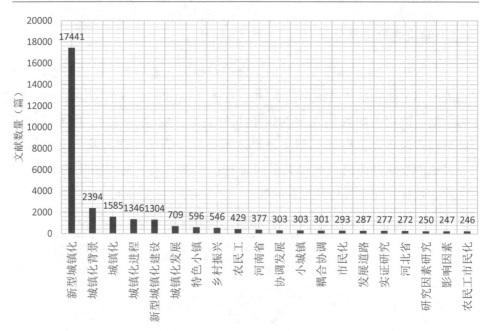

图 2-6　2003—2024 年新型城镇化相关文献研究主题分布柱状图

二、国外研究进展

由于新型城镇化是我国城镇化发展到一定程度的特色产物，故与城镇化一样，国外并没有直接涉及这一概念的相关研究，而多为城市化（Urbanization）研究，其中又以"City 型"城市化研究为主。国外的城市化及相关研究相较于我国较早，源于 18 世纪工业革命时期，至今已有 200 多年历史，积累了相当丰富的研究方法和丰硕的研究成果。通过对国外城市化相关研究的梳理可以发现，国外学者主要关注城市化的内涵理论。

（一）城市化内涵概念的研究

国外对城市化的研究源于区位理论。区位理论诞生于 1826 年，是研究人类行为活动空间的理论。从区位理论的视角看，城市产生的原因是聚集效应，由城市聚集效应所带来的社会经济效益就是城市化推进的动力。

"城市化"这一概念最早见于西班牙城市规划师 A. Serda 于 1867 年出版的《城市化概论》一书，这是学术界首次将目光投向城市化研究，书中详细阐释了城市化的内涵。随着工业化脚步的不断加快，城市不断扩张，更多学者开始关注这一领域,并从不同学科的视角对其内涵进行补充阐述。Werner Hershey 从经济学视角出发,选取农村经济这一独特切入点对城市化进行了重新定义。他认为农村经济与城市经济相互呼应,从农村经济向城市经济转变的过程就是城市化。山田浩之从城市经济学的角度对城市化概念做出阐释,认为向城市生活方式的转变就是城市化,城市生活方式代表城市经济和社会文化的转变。帕乔内对城市化内涵进行了深入探讨,认为城市化主要体现在三个方面,分别是城市人口规模和面积的增长、城市人口比重的提高和居民在城市中生活方式和行为特征的转变。戈特曼在他的著作中首次提出"大都市带"的概念,这是对城市化在空间层面的补充。此后,随着城市化的不断推进,"城市群""都市圈""卫星城"等概念不断地被提出、更新,城市化的内涵也愈加丰富。

(二) 城市化发展机制的研究

随着对城市化理论研究的不断深入,部分学者开始对城镇化的发展机制进行探究。马卜贡杰以发展中国家的城镇化作为研究样本,指出发展中国家的城镇化过程都是源于农村与城市之间的相互作用,即城市对农村剩余劳动力的吸引作用和农村对剩余劳动力的输送作用。哈维和拉斯特尔指出城镇化最直接的影响因素是工业化。提出著名的"诺瑟姆曲线"的诺瑟姆认为,城市化与经济发展之间的关系可以看作简单的线性关系。戈特曼认为,城市化进行到一定程度,多个城市在空间上聚集、扩散,从而形成大都市连绵带,这种效应主要得益于科技的进步和信息、交通运输业的发达。

随着研究的深入和发展中国家城市化的推进,部分学者将研究重点转向发展中国家,主要研究发展中国家城市和乡村"二元"结构对城市化的影响。还有部分学者将目光投向宏观层面,不单单将一个城市或一个国家作为研究对象,而是从全球化的角度对城市化的进程、演化机制和未来发展方向进行研究。

三、国内研究进展

新型城镇化是我国经济发展的强大引擎。这一概念一经提出,就受到各界的密切关注。对相关研究进行梳理、总结后发现,国内学者对新型城镇化的研究主要集中在内涵探讨、水平量化以及发展动力机制等方面。

（一）新型城镇化内涵研究

对新型城镇化内涵的研究，国内学者从经济、社会、人口等多个角度切入，极大地丰富了新型城镇化的内涵。吴友仁指出，新型城镇化就是城乡统筹发展、环境优美、规模适中、功能结构合理、经济布局集约、社会和谐、可持续发展的城镇化过程。吴江等人通过对小城镇发展困境的研究，提出新型城镇化要以科学发展观为纲领，以产业和信息化发展为动力，以实现城镇协调发展为目标。彭红碧、杨峰认为，实现城乡一体化要走以科学发展观为引领，坚持集约化、生态化发展，丰富城镇功能，平衡城乡发展要素的新型城镇化发展之路。王千、赵俊俊认为，新型城镇化与传统城镇化的区别主要在于是否注重"人的城镇化"、可持续发展的发展理念和城乡平衡发展的发展要义。周冲、吴玲在对新型城镇化的发展路径进行研究时，选取西部欠发达地区作为研究对象，指出只有实现城乡一体化、产业结构合理、资源节约、环境宜居、以人为核心的城镇化，才是正确、科学的城镇化道路。

综上所述，我国学者从不同学科视角对新型城镇化的内涵进行了不同阐述，他们对新型城镇化发展内核的认知是高度一致的。

（二）新型城镇化水平量化评价研究

对比国内诸学者在新型城镇化发展水平量化评价方面的研究成果，可知对新型城镇化水平的测度暂时没有统一标准。就相关研究而言，主要分为两种，即通过模型构建综合指标体系对发展水平进行评价和通过数据判断、研究区域的新型城镇化进程。

目前最权威的综合评价指标体系为《国家新型城镇化规划（2014—2020年）》提供的18项指标，涉及城镇化发展水平、基础设施建设、公共服务水平以及资源环境四个方面。王新越在此基础上对指标体系进行了细化，选取32个指标，从8个角度对各省的新型城镇化水平进行了测度，并对各项指标与新型城镇化水平的相关性进行了量化。赵永平在相关研究的基础上，构建了新的新型城镇化水平评价指标体系，涉及产业结构、经济发展、生活质量、就业水平、基础设施、城乡关系、城市环境和生态宜居八个方面。除了以上学者，还有一些学者将人口、土地等指标也融入新型城镇化评价体系。由此不难看出，评价指标体系计算结果的科学性与指标体系中的要素数量呈正相关，要想全面、准确地反映新型城镇化发展水平，就要在指标体系构建中选取多方位、多视角的标准。

（三）新型城镇化动力机制研究

随着新型城镇化理论与内涵研究逐渐丰富，我国学者开始涉足新型城镇化动力机制研究，并取得丰硕的成果。胡际全在对中国新型城镇化进行系统研究后，总结出新型城镇化发展的驱动力主要包括市场、政府、政策、制度四大因素。卫言对四川省新型城镇化水平评价指标体系进行构建，认为新型城镇化的产业结构转换是其发展的直接动力，生产要素的流转是间接动力，聚集经济效应则是内在动因，政府的政策支持和宏观推动是特殊动力，经济全球化是推动城市发展的加速器。除了上述学者的研究，还有部分学者从不同学科视角，运用数学、物理计算模型及方法，对影响新型城镇化发展的不同因素的权重进行量化研究。目前对新型城镇化动力机制的研究主要集中在理论和实证两个方面，未来可以尝试从不同视角和空间尺度开展相关研究。

第四节 旅游业与新型城镇化关系的研究动态及趋势

一个国家或地区的城镇发展水平在一定程度上反映了该地的经济发展水平，而其直观表述就是城镇化水平。改革开放以来，我国现代化建设和城镇化建设都取得重大进展。2021年我国常住人口的城镇化率为64.72%，城镇化发展依然道阻且长。"新型城镇化"在党的十八大报告中被正式提出以后，成为我国现代化建设最重要的内容之一。旅游业作为现代化建设的支柱产业之一，兼具绿色、低碳的特点。旅游业与新型城镇化协调发展能够很好地弥补城镇化发展过程中动力不足、能耗过高的缺点，而城镇化发展又可以完善旅游业发展所必需的基础设施和公共服务设施。旅游业与新型城镇化相互促进是发展的大势所趋。

一、旅游业与新型城镇化关系研究趋势分析

截至2024年年底,在中国知网以"旅游业+新型城镇化"为关键词对文献篇名进行筛选,共检索出相关中文文献113篇。下面对总体研究趋势和研究主题分布进行统计和分析。

(一) 总体研究趋势分析

基于中国知网的文献数据库,对旅游业与新型城镇化关系相关研究的发表年度进行可视化导出(图2-7)。图中曲线呈波浪前进趋势,首篇研究文章发表于2013年。从文献统计来看,存在研究起步较晚、相关研究内容较少、学术基础薄弱、持续关注时间短等问题,以至于发展经验和样本数据不足。国内关于旅游业与新型城镇化关系的研究尚处于起步阶段,发文量仍处于较低水平。

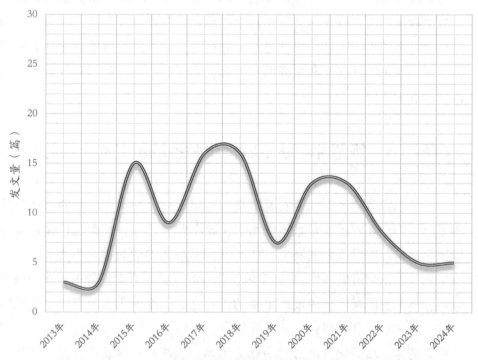

图2-7 2013—2024年旅游业与新型城镇化关系相关文献发文量折线图

（二）研究主题分布分析

对 2013—2024 年研究文献的主题进行提取、总结后，得出旅游业与新型城镇化相关研究主题的高频关键词前 20 位（表 2-4，图 2-8）。可以归纳为以下几个方面：关于旅游业与新型城镇化的相互关系研究，包括相互影响、负面影响、推动作用、结构性驱动、耦合作用等；旅游业影响新型城镇化的动力机制研究；旅游业与新型城镇化发展模式研究；旅游业与新型城镇化传导机制研究。

表 2-4　2013—2024 年旅游业与新型城镇化关系相关文献研究主题分布排序表

序号	主题分布	文献数量（篇）
1	新型城镇化	107
2	旅游业	93
3	旅游业发展	15
4	协同发展	12
5	耦合协调	10
6	耦合协调发展	8
7	城镇化背景	5
8	协调发展	5
9	新型城镇化建设	5
10	长江经济带	5
11	相关性分析	4
12	福建省	4
13	动态关系	4
14	互动关系	4
15	革命老区	4
16	经济增长	4
17	互动发展	3
18	城镇化	3
19	我国西部地区	3
20	云南省	2

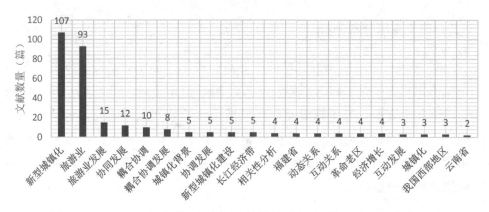

图 2-8 2013—2024 年旅游业与新型城镇化关系相关文献研究主题分布柱状图

二、国外研究进展

国外学者关于旅游业与城镇化关系的研究主要集中在相关理论，两者相互作用、关系、影响，以及机制研究。

（一）相关概念研究

Mullins（1991）在对澳大利亚的黄金海岸、阳光海岸进行研究时，首次概念性地提出"旅游城市化"（Tourism Urbanization）。这是学术界首次对旅游业与城镇化之间的关系进行理论刻画。随后，西方学者从消费社会学的视角出发，对旅游城镇化的内涵做出具体阐释，认为城镇旅游的兴起与社会时代背景密切相关。他们指出，旅游城镇化理论源于 20 世纪初倡导高工资、大众消费的福特主义时期。20 世纪 60 年代以后，西方社会由工业文明向后工业文明转变，后福特主义生产方式开始取代福特主义生产方式，社会消费需求也由被动适应向创造激发转变，现代消费进入新阶段，社会消费的物质性逐渐弱化，文化和社会象征性逐渐增强。后现代城镇和后现代消费主义相继出现，城镇在成为"消费工具"的同时，兼具"消费对象"的职责。旅游城镇化就是这一时期城镇化建设中的一匹"黑马"，旅游城镇化理论也成熟于这一时期。Mullins 认为旅游城镇化相互作用的机制体现在：旅游业引起城镇人口规模的扩大、城镇产业结构的调整以及城镇阶级的变动，现代服务业的蓬勃发展和小资产阶级的兴起是旅游业影响城镇化发展的重要标志。T. C. Chang、Simon Milne 与 Dale Fallon 等人将旅游城镇化的主要模式分为工业遗址型和人造景点型。

（二）旅游业和城镇化的互动机理研究

Blaine 和 Golan 在研究经济不景气情况下农村地区的发展时，发现发展城镇旅游对推动农村地区的经济发展有着至关重要的作用。A. Williams 和 C. Hall 等人在研究城镇旅游时将重点放在农村等欠发达地区，认为不论在城镇化发展的哪个时期，发展城镇旅游的最大得益者永远是农村等欠发达地区，城镇旅游是欠发达地区经济发展的新兴动力。Oecd、Fleischer 和 Getz 选取英国爱丁堡的历史古镇作为研究对象，指出旅游业发展对古镇经济发展的促进作用大于其他产业，有着最明显的乘数效应，当地旅游业已成为支柱产业，这表明城镇旅游对一个地区的经济发展具有极大的促进作用。Bardon 选取西班牙的城镇作为研究对象，发现城镇旅游不仅能够成为工业化城镇发展的新动力，提升城市综合实力，还可以推动区域产业结构转型升级。

根据联合国世界旅游组织（UNWTO）的相关研究，与旅游业有直接关联的行业多达 110 个。Fleicher 和 Pizam 在对以色列乡村旅游进行研究时发现，当地旅游相关企业数量增加，农村地区居民收入也随之提高。Hall 和 Jenkins 发现，城镇旅游业的发展会在一定程度上促进农村经济的发展，同时对经济多样化发展有着动力性作用。Oigenblick L 对旅游与移民的关系进行研究后，指出移民是城市发展过程中的重要环节，旅游往往在其中充当媒介。Szivas 的研究主要聚焦旅游对就业的促进，认为旅游业具有就业门槛低、自主性强等特点，可吸收大量其他行业的劳动力进入旅游业。D. Truly 在对移民和旅游业进行研究时，以查帕拉湖沿岸作为样本区域，指出大量旅游者会选择在生活环境较好的旅游地居住，并有很大可能成为"旅游移民"，在促进消费的同时推动当地城市化发展。Elyria Kemp、Carla Y. Childers 与 Kim H. Williams 对旅游业在发展过程中通过提升居民素质提升城市整体形象的机制进行研究，并做出了具体论述。

随着研究的不断深入，部分学者开始关注旅游城镇化所造成的消极影响。S. Buraka 等人通过评估土耳其城市化和旅游业对沿海地区的影响，指出在景色宜人的沿海地区往往存在着无节制开发和建筑过于密集、农业用地被侵占等问题，这使当地出现海水蓄水层盐碱化、环境污染等一系列问题。因此旅游城镇化在一定程度上对当地产生了消极影响。基于此，他们提出未来旅游城镇化的发展方向及问题解决方法，在一定程度上避免了环境问题的进一步恶化。John S. Akama、Damiannah Kieti 对肯尼亚的旅游小镇进行了研究，总结了旅游业与城镇化协调发展的作用。Lars Hein、Maer J. Metzger 和 Alvaro Moreno 认为，旅游活动会增加生态环境压力，进而降低城镇化质量。

（三）城镇化与旅游业协调发展的典型案例

K. S. Melanie 针对英国滨海小镇的复兴问题进行研究，指出旅游业与其他产业融合能极大地推动当地经济发展，吸引外部资本流入，加速经济复苏与产业发展。Clare Murphy 和 Emily Boyle 在研究后工业城市文化旅游发展概念模型时以苏格兰格拉斯哥作为主要研究对象，认为后工业城市应该以当地的特色文化作为发展依托，打造文化旅游城镇，推动城镇经济体系的转型与升级。Akama. J 和 Kieti. D 在研究旅游业与社会经济发展之间的关系时，聚焦于发展中国家，以肯尼亚蒙巴萨度假区为对象进行实证研究，提出城镇化与旅游业良性互动的前提是将当地居民的利益放在首位，建立 PPP 合作（Public-Private Partnership，政府与社会资本合作）模式，吸引投资，同时制定相应的政策和标准，促进旅游业与城镇化协调发展。Branko I. Cavric 在研究城镇化与旅游业发展时，以亚得里亚海沿岸的扎达尔地区作为研究对象，认为旅游业是衡量城市是否健康发展的重要标准。布拉卡通过对地中海沿岸地区旅游业与城镇化的发展历程进行深入研究，指出该地区旅游业与城镇化发展不甚协调，旅游业发展滞后，对城镇化仅有很小的带动作用，为了二者今后的健康发展，必须进一步发展旅游业。

（四）旅游业与城镇化协调发展对策研究

Madrigal 在探讨居民认知与政府关系后，认为政府要在全面考虑大多数人利益的基础上制定旅游业及相关产业发展的规划及策略。A. V. Seaton 认为城镇旅游要提高社区参与度，充分考虑当地社区的利益。Elyria Lemp 指出，旅游区及其他经常接触游客的居民的素质对旅游地的外在形象有很大影响，政府可以从居民素质着手，改善城市的外在形象。Baud Bovy 基于不同学科对旅游规划的认识总结其中共性，为保证规划的科学性和合理性，首要任务是制定一套完整的决策程序及决策体系。Carlos Costa 在研究城镇规划和旅游规划时发现，城镇文化旅游发展规划对旅游业和城镇化的发展都是举足轻重的。Egan John 认为，要实现旅游业的可持续发展，首先要提升旅游业在当下城市经济发展中的地位，营造良好的城市旅游环境，推动旅游业与城镇化协调发展。Tom Mordue 将旅游、城市治理和公共空间作为研究主题，认为城市公共空间要作为串联空间，与旅游业、城市治理相互配合，共同促进城市发展。

三、国内研究进展

现今我国旅游业蓬勃发展，成为国民经济支柱产业之一，国内旅游业与新型城镇化的相关研究也与日俱增。在对国内相关研究进行梳理、总结后发现，国内研究主要为相关理论研究和二者互动关系研究。前期主要对二者作用机制做定性研究，在理论研究达到一定深度后，部分学者开始对二者的互动关系做定量实证研究。

（一）相关概念研究

2000 年，黄振方等人首次指出，旅游业与城市之间互动关系的本质是旅游城市化，旅游能促使乡村人口向城镇转移，城市规模随之扩大，并产生更多旅游行为，这种互动关系就是旅游城市化。王冬萍借鉴国外旅游城市化理论，结合中国国情，指出应发展旅游业，从而带动城镇化发展。陆林等人将我国国情与旅游城镇理论研究相结合，指出旅游城镇化就是旅游业吸引人口向城镇转移，从而推动城镇化发展，进而成为城镇化主要动力的过程，这一过程将日常消费转变为娱乐消费。王红认为，旅游城镇化是一种将旅游业作为城镇发展动力的城镇化，旅游业的聚集效应可促进人口、产业聚集，从而使产业结构实现转型升级。陈鹏指出，旅游城镇化就是将旅游及相关产业作为城市经济支柱的新型城镇化类型。曾博伟在对旅游小城镇进行研究时，重新定义旅游城市，认为自然风光优美、人文资源丰富，能提供观光等休闲服务的城市可称为旅游城市。鲁勇以北京旅游业发展为例，对新型城镇化与旅游业的关系进行探讨，结合国内外相关研究，立足我国基本国情，指出未来应以旅游业带动城镇化。梁留科等人将河南省作为研究样本，对旅游业与城镇化耦合协调时空变化进行研究，指出旅游业成为城镇主导产业，推动城镇经济、文化和社会发展，这称为旅游城镇化，有景区城镇化和城镇景区化两种不同类型的外在表现形式。除了以上研究，其他大量研究也都肯定旅游业对城镇化的积极影响。

（二）城镇化与旅游业的互动机理

国内学者对城镇化与旅游业的相互关系及作用机理的研究时间虽然不长，但已积累了丰硕的研究成果。黄小斌认为，城镇旅游对服务业有着品质和效率提升的重要作用。蒙睿在研究乡村旅游和西部城镇化之间的互动关系时，发现当地经济与旅游发展水平极不匹配，旅游业对西部城镇发展有着驱动作用。邵琪伟指出，旅游业和城镇协调发展是"1+1>2"，有助于发挥旅游业与城镇化的产业联动优势，从而保障旅游业功能的发挥。汪光焘在研究旅游业与小城镇协调发展时，指出旅游小城镇的出现是我国社会主义新农村建设的一项正确尝试。赵庆海将小城镇旅游开发作为研究主题，指出发展城镇旅游有助于吸纳农村剩余劳动力，推动就业，保护历史人文资源，促进自然景观开发，从而提高居民的人均收入以及当地的文化产业发展水平。李宗利在研究旅游业在新农村建设中的作用时，从经济学视角对旅游城镇化过程进行梳理，指出旅游城镇化是旅游业与城镇化协调发展的最佳模式。张振鹏以城郊旅游业作为研究对象，探究其与新型城镇化的关系，与目前城镇旅游开发无序、需求与供给不匹配等初期发展阶段的问题相结合，指出应该发挥旅游业的集聚效应，加大特色旅游开发力度，推动旅游产品多样化。辜胜阻、方浪等人从宏观视角研究我国城镇化与旅游业互动发展的策略，指出旅游业与城镇化二者相辅相成、缺一不可，城镇化是旅游业发展的基础，旅游业是城镇化发展的支撑，在制定旅游业与城镇化发展政策时要全面考虑、科学规划，促进二者协调发展，同时不断完善相关法律法规。钟家雨在研究旅游业与新型城镇化协调发展课题时，搜集了全国各省市的发展现状，并对其进行评价，对比分析其中的差异，探寻影响二者协调发展的因素，最后针对如何实现旅游业与新型城镇化协调发展提出具体建议。张莉萍在相关研究成果的基础上，对城镇化与旅游业之间的相互作用关系做了定性分析，认为城镇化是旅游业发展的基础，为旅游业提供发展机遇，而旅游业促进当地经济发展，从而推进城镇化；在发展过程中要注重生态保护，避免追求短期利益，盲目发展。张慧粉主要关注泛旅游产业与新型城镇化之间的关系，指出以泛旅游产业为前提的新型城镇化内涵，认为泛旅游产业将成为推动城镇化发展的支柱产业，并尝试总结二者的相互作用关系和发展机制，对影响二者协调发展的因素进行推导。张广海、李晶晶从空间经济计量学的角度出发，运用莫兰指数和空间关联性分析方法，从不同视域研究旅游业、工业化与新型城镇化之间的相互关系，并对其演化历程进行分析。杨红、黄森等人从空间视角出发研究城镇化、人民生活水平、旅游业发展，指出旅游业与人民生活水平在空间环境上存在一定的联系，旅游业在不同地理环境中呈现出不同的影响。唐睿、冯学钢运用统计学方法研究我国旅游经济与新型城镇化的关系，使用格兰杰因果检验法（Granger Causality Test）等统计方法，对旅游经济与新型城镇化的协调关系与协调度进行计算，探究二者的相互作用机制，发现在旅游业与新型城镇化协调发展的初级阶段，二者的相互关系具有积极的促进作用，但发展到一定阶段，其过程会在一定程度上牺牲当地的生态环境，产生一定的消极影响。唐鸿、刘雨婧等人以张家界作为样本研究旅游业与新型城镇化协调发展的效应，对数据进行无纲量化处理后，运用小波分析（Wavelet Transform）、熵值法等数学计算方法，对1989—2014年张家界相关指标数据进行动态计算与分析，结合旅游地生命周期理论中旅游地发展的六个阶段，对张家界旅游业与新型城镇化之间的相互作用关系进行研究，指出城镇化在旅游业发展前期有着促进作用，在发展后期则会在一定程度上阻碍旅游业的发展。王新越聚焦山东省旅游城镇化的时间和空间分布特征，尝试运用城市空间社会学理论和区位集聚论对该课题进行阐述，同时运用系统聚类法、灰色预测法、耦合函数等对收集到的数据进行处理分析，对二者之间的关系进行定性描述和定量测度，在此基础上对山东省及其他省市的发展方向做出大胆预测。

（三）旅游业与新型城镇化协调发展实证分析

在理论研究达到一定深度后，部分学者开始将研究重点转向实证研究。杨建翠在进行少数民族地区旅游业和城镇化相关研究时，将目光投向川西地区，以九寨沟旅游业和城镇发展现状作为研究对象，尝试揭示二者的内在作用机制，总结旅游业带动城镇化发展的不同路径与模式。付云在全域旅游背景下以长沙市沙坪小镇作为研究对象，对新型城镇化发展进行分析，试图解决偏远地区旅游业与新型城镇化协调发展的问题，结合旅游经济学和产业关联理论，对二者的相互关系进行动态分析并总结其机制，为其他偏远地区的发展提供范例。魏恒以云南新平戛洒镇作为研究对象，分析旅游业成为经济发展支柱产业以及二者协调发展的可能性。袁静宜在研究西南地区旅游业与城镇化建设的互动关系时以重庆市武隆区为代表，分析二者的发展历程及互动关系的内在发展机理，并尝试对影响因素进行定量分析。王曙光、王靖宇在分析旅游业与新型城镇化的相关性时以黑龙江省作为研究对象，建立指标模型，通过计算和回归检验，得出旅游收入与新型城镇化水平之间存在简单的线性回归关系。葛敏、臧淑英等人从产业融合的视角出发，对城市旅游发展双路径进行研究，以苏州市作为实证研究对象，总结其发展历程，揭示旅游业与新型城镇化发展的互动演变过程，为后期城镇旅游发展的根本路径研究奠定基础。刘晓庆、斯琴、包奇志在对旅游业与新型城镇化耦合协调发展进行分析时，将内蒙古作为研究对象，以 2005—2015 年数据作为耦合函数数据分析的基础，对其耦合协调度进行评估，指出内蒙古旅游业与新型城镇化的协调状态已经由最初的失调改善至中度协调。除了上述研究，学者们还对不同空间尺度、不同地理位置的城镇进行了实证研究，并对二者的互动关系做了不同程度的探索。

（四）旅游业与城镇化协调发展对策研究

黄秋昊在对小城镇的旅游发展进行研究后，指出小城镇旅游发展的关键在于观念转变，就其具体分类、发展动力和存在问题进行了初步探讨。原中华人民共和国建设部调研组对云南省旅游与小城镇相互促进协调发展的现状和具体设施进行调研，为云南省的未来发展提供了新思路。李柏文对旅游城镇进行系统研究，提出旅游城镇的概念、分类，探讨旅游城镇的历史沿革和独特属性，指出旅游业与城镇化发展既有统一性又有矛盾性，想使二者协调统一，就要对二者所在的"社会、环境和文化"进行统合。冯学钢、吴文智提出旅游综合体的概念，认为集多种功能、业态与产品于一体的泛旅游综合体在与城市互动发展的过程中发挥的作用远大于传统景区。

结合上述研究，我们可以清晰地看出：国外学者对旅游业和城镇化的研究主要集中在具体案例的分析和总结，对系统理论和对策涉及较少；国内相关研究多是针对具体空间区域的具体问题提出对策，共性定量研究和数据较少。

第五节　综合述评

本书主要围绕旅游业与新型城镇化协调发展开展研究。从文献检索的结果来看，学界对革命老区、旅游业、新型城镇化、旅游业与新型城镇化关系等课题的研究成果颇丰，但仍存在不少亟待补充的内容和更加深入、统合的研究。旅游业与新型城镇化协调发展是二者发展到一定程度并谋求更快速发展的必然结果。目前的研究存在明显的阶段性、多维度特征，正从定性研究逐渐转变为定性与定量相结合，由单一学科转变为多学科交叉。国内外在研究方向和研究方法上存在较大差别：国外学者更注重宏观、整体特征研究；国内学者的研究更多地集中在微观层面，为不同空间尺度下的实证研究，主要探讨互动机制和相互作用的原理。

下面对相关研究进行归类总结，从研究方法、研究内容和研究对象三个角度做简单述评。

一、研究方法总结

关于旅游城镇化和旅游业对城镇化影响的研究，国外主要采用由具体案例或实际情况入手的多城市对比分析法，国内则主要采用定性分析的方法。定量分析逐渐成为相关领域的主流研究方法，主要采用面板数据、

VAR 模型等方法，引入物理学的墨盒模型对旅游业与城镇化的关系进行探讨。目前相关研究以定性论述为主，对区域城镇化和新型城镇化的研究仅在概念上做出区分，在实际研究中不能体现新型城镇化的独特之处。在实证研究中采用的模型和指标体系较为单一，不能准确反映相关对象的发展水平。多采用回归分析法、因子分析法等传统分析工具，研究方法缺乏创新性。

二、研究内容总结

国外研究主要聚焦旅游业推动城镇发展数据和形态方面的变化，而国内聚焦探究旅游业和城镇化的内涵、动力机制和协调关系等，多为定性研究。在某些方面学术界还未达成统一，尚存在争议。

研究内容方面，对旅游业与新型城镇化相互作用与影响因素的量化分析较少；在旅游业与新型城镇化发展的驱动机制方面缺乏量化研究，对策和建议的可操作性不强。

三、研究对象总结

国外研究对象聚焦于美国、澳大利亚等城镇化率较高的发达国家，很少对发展中国家进行研究，这也导致其研究结论与我国国情不符，难以应用。国内学者的研究主要分为两种类型：第一类聚焦张家界、九寨沟等旅游目的地，研究结果往往针对性较强，不具有普适性；第二类聚焦国家或者省级层面，多为旅游业和城镇化的实证研究，这类研究以大的区域为对象，研究模型或指标体系较为精简，研究结果往往适用于战略层面，对具体的区域意义不大。

研究对象方面，现有新型城镇化的研究具有局限性，在实际研究中只与普通城镇化研究有所区别；文献研究停留在一般范式的定性研究，所提出的建议具有普遍性，但针对性不强；部分学者的实证研究着眼于国家和省级层面，但关于旅游业与新型城镇化相互作用关系的阐释在宏观层面具有局限性。

综上所述，目前相关研究在研究方法、内容和对象上都存在一定不足。本研究以陕甘宁革命老区作为样本对象，采用定性和定量相结合的方法，对相关指标和空间数据进行梳理，构建多维、多角度评价体系，对旅游业和新型城镇化协调发展关系进行先定性、再定量的研究，深刻剖析二者协调发展关系的演化过程与空间分布特征，并对影响二者协调水平的因素进行定性、定量分析，力求为陕甘宁革命老区及其他地区未来的相关研究提供新的思路及参考。

第三章 理论分析

第一节 相关基础理论

一、"核心-边缘"理论

(一) "核心-边缘"理论的起源

"核心-边缘"理论又称"中心-外围"理论,由多位学者共同提出。该理论源于19世纪美国学者波尔洛夫(Perloff H.)对经济空间组织所进行的分析和研究,随后在区域经济学领域作出巨大贡献的学者Walter Christaller和August在20世纪30年代提出相似理论,即中心地理论。"核心-边缘"这一结构性概念源于著名经济学家劳尔·普雷维什(Rain Pulevision)在经济报告中对当时国际贸易体系中西方资本主义国家与发展中国家相对峙情形的描述,其后学者德莱希(Delaisi)在对欧洲空间结构的分析研究中深化了这一理论。缪尔达尔(Myrdal G.)和赫希曼(Hirshman)等人对"核心-边缘"理论进行了更加全面的阐述。1966年,美国经济学家弗里德曼(J. R. Friedman)在其出版的《区域发展政策》中系统建构了"核心-边缘"理论模型,他认为任何区域内部发展的最初状态都是互不关联、彼此孤立、不成系统的。随着工业革命的开始,社会分工逐渐完善,资源、人口、资金流向城市。城市作为发展核心,对边缘有支配、控制作用。此时,核心与边缘的发展是极不平衡的,核心的快速发展使核心与边缘出现矛盾,也促使边缘产生新的规模较小的核心,边缘被几个核心隔开,逐渐并入一个或多个核心中,边缘地区产生的次级核心逐步发展,当其发展到与最初的核心规模相当之时,区域逐渐趋于平衡,成为一个功能上相互依赖的城市体系（图3-1）。

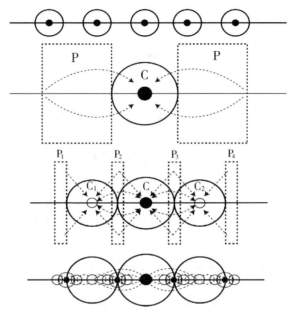

图3-1 "核心-边缘"理论模型示意图

"核心-边缘"理论认为，任何区域都是由一个或多个核心区域和边缘区域组成的，核心区域一般由城市、城市群及其周边区域组成，边缘区域则由与核心区域的关系界定。1971年，弗里德曼又在《极化增长的一般理论》一文中将理论研究对象由空间经济扩展到社会生活的各个层面。至此，"核心-边缘"理论成为区域空间结构和形态变化的解释模型。

(二) "核心-边缘"理论的核心观点

在一个区域的发展过程中，核心区域与边缘区域一直存在资源分配、资金流动、技术创新和人口转移的矛盾，资源的不平衡引起了发展不平衡的问题，也使核心区域对边缘区域产生很强的控制作用，在发展中居于统治地位，而边缘区域的发展依赖核心区域。但是核心区域和边缘区域并不是无法改变的，随着区域经济体系和空间结构的变化，核心区域和边缘区域也会不断调整，最终形成相对平衡的整体（图3-2）。

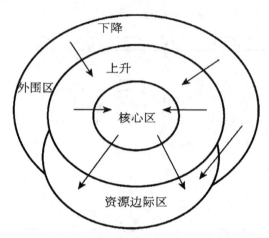

图 3-2 "核心-边缘"理论模型示意图

(三)"核心-边缘"理论在旅游业发展中的价值

"核心-边缘"理论可为旅游业的空间结构转变和意识形态变化提供理论参考和依据,并与佩鲁(Perlloux)的增长极理论、哈格斯特朗(Hagerstrand)的空间扩散理论、桑托斯(Santos)的分享空间理论与高低级循环模式等空间经济学及其他学科理论相结合,更好地对旅游业发展现状进行解读,对未来发展进行研判。

"核心-边缘"理论由迈奥斯克和戈曼森最早应用于旅游目的地演变研究,他们运用空间结构理论和物理学方法,对旅游业人员类型、行为活动特征和空间分布模型等指标进行分析,推演旅游目的地的演变过程。希尔斯等人建立"核心-边缘"理论空间模型,将边缘地区对核心地区在资金、企业、熟练劳动力、技术、利润等方面的依赖数据进行可视化,强调了这种依存关系。伟佛利用"核心-边缘"理论对加勒比海地区的部分群岛进行了实证研究。V. 史密斯运用"核心-边缘"理论对区域旅游进行研究,他创建了一个旅游区域的空间结构模型,主要包括旅游活动核心区、旅游直接支持区和旅游间接支持区。旅游活动核心区是旅游活动的主要区域,包括旅游吸引物和为游客提供餐饮、住宿等服务的区域;旅游直接支持区包括为旅游活动提供土地、人员和服务的区域;旅游间接支持区位于区域最外围,与旅游活动的直接关系较小。区域旅游理论认为,由于旅游吸引物具有无法移动的基本特征，旅游产品、旅游服务与旅游吸引物是一个有机整体，所以旅游区域是必然存在的，但是由于游客流动性强，受主观意愿支配，旅游区域的核心往往处在一个动态变化中，这也导致旅游区域的边界通常难以准确界定，在旅游吸引物密集的区域，还会出现旅游区域重合的现象。S. 史密斯通过旅游资源类型来对旅游区域进行分类，划分出都市旅游区、户外活动区、别墅康养区和郊区旅游带四种旅游区域。

旅游业是一项综合性很强的产业，可将旅游者在旅游活动中接触到的所有事物囊括进来，包括旅游目的地、出发地、交通、住宿、餐饮、娱乐及其他服务产业，这体现了旅游活动在空间结构上的复杂多样性。通过以上学者将"核心-边缘"理论运用到旅游业研究中的案例，可以看出"核心-边缘"理论可以很好地解释旅游业在发展过程中的空间结构和形态变化，对未来区域旅游发展布局研判具有重要意义。

二、旅游地生命周期理论

（一）旅游地生命周期理论的起源

旅游地生命周期理论是从产品生命周期理论演化而来的，德国学者克里斯特勒最早将其应用到旅游分析中。1980年，巴特勒又在克里斯特勒的基础上系统提出旅游地生命周期理论，该理论逐渐成为旅游业研究的主流理论之一。

（二）旅游地生命周期理论的核心观点

国外学者对旅游地生命周期理论的模型进行了大量实证研究，结果显示他们所选取研究对象的现实情况与模型之间并不完全吻合，存在一定偏差，但学界还是普遍对这一理论模型持肯定态度。他们认为旅游地实际发展过程的变化曲线还受旅游地自身的资源情况、交通通达性、政府决策、同类竞品、发展速度的影响，所以发展曲线在变化形态上略有差异很正常。旅游地发展必然会经历六个阶段（图3-3）。旅游资源发生改变、不同时期旅游者的喜好和偏好都会对旅游地的发展状况造成很大影响。

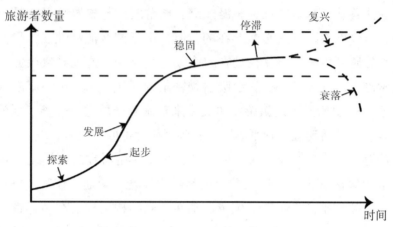

图 3-3　旅游地生命周期理论阶段图

巴特勒将旅游地的演化历程划分为探索、起步、发展、稳固、停滞及衰落或复兴六大阶段,并对每个阶段的特征进行了介绍,如表 3-1 所列。

表 3-1　旅游地生命周期阶段特征

阶段	特　征
探索阶段	只有小部分富有冒险精神、不喜欢商业化旅游地的旅游者到访,旅游地缺乏基本的基础设施和公共服务设施,旅游资源处于未开发阶段
起步阶段	本地居民为旅游者提供一些餐饮及住宿服务,旅游者人数增加,旅游活动变得有组织、有规律,政府开始注意公共服务设施和交通条件的改善
发展阶段	旅游口碑和营销扩大了旅游地的市场规模,吸引外来资本介入,当地旅游市场逐渐规范化和专业化
稳固阶段	这一时期游客不断增加,但增长趋于平缓,旅游地经济和相关产业对旅游业的依赖性增强,游客的不断增多影响本地居民的正常生活,居民开始对旅游业产生不满情绪
停滞阶段	发展到一定程度,游客数量达到峰值,旅游地承载力到达上限,旅游地自然景观逐渐消失,被各种人造景观所取代,旅游地形象和口碑逐渐下滑,市场开始有萎缩趋势
衰落或复兴阶段	旅游者被新的旅游地所吸引,旅游地产首当其冲,房价、土地价格开始下跌,公共服务设施维护不到位,开始衰败。这一时期旅游地如果采取相应措施转变模式,推陈出新,打造新的旅游吸引物,增强对游客的吸引力,可实现复兴

(三) 旅游地生命周期理论在旅游业中的应用

根据旅游地生命周期理论，参考国内外成熟旅游地案例，可知富有远见的规划和良好的管理措施对旅游地有着至关重要的作用，可以延长一个旅游地的生命周期。充分了解旅游地的演化过程，找出制约旅游业发展的因素，通过人为调整，将衰落期延后，延长旅游地的生命周期。旅游地生命周期理论对旅游地的管理和研究有以下几点启示：

1. 重视旅游地产品体系的更新

当旅游地处于停滞阶段或还未到停滞阶段时，应该借助旅游地的现有名气和影响力，开发新的旅游产品，延长旅游地的生命周期。

2. 注重对突发事件的管理（危机管理）

国内外众多旅游地生命周期曲线的转折点都与突发事件有关，一个恶性突发事件对旅游地的生命周期能产生巨大的负面影响。近年来国内旅游地逐渐开始重视危机管理，在此基础上确保危机管理的保障措施进一步完善。

3. 重视旅游地的内部结构变化

旅游地是一个复合系统，生命周期受到多方因素的影响，其内部结构就是其中之一，要注意内部子系统各要素的变化。

4. 重视旅游地所在地的政策变化

旅游产业的发展与政策息息相关，若缺乏政策科学、合理的扶持与引导，旅游开发就会举步维艰，政策可以直接决定旅游地的生命周期，故在研究旅游地的生命周期时，必须把政策纳入考量。

旅游地生命周期理论在城镇旅游业发展中具有重要意义，可以在现有旅游吸引物的基础上，帮助旅游目的地进行科学管理和营销机构开发新的旅游吸引物，并预测其吸引力，从而促进区域文化旅游的良好发展。

三、区域旅游系统

(一) 区域旅游系统的起源

区域旅游系统（Regional Tourism System，RTS）是由"核心-边缘"理论衍生出来的，是可以对旅游活动产生影响的旅游目的地要素之和。区域旅游系统具有完整的功能结构，是区域内部各要素之间相互作用的结果。

区域旅游系统是由旅游者所接触的各种要素，包括但不限于旅游目的地的空间区域、旅游区、旅游节点、旅游区内交通、出入口、旅游产品体系、旅游服务体系和客源地等。具体而言，就是旅游者在旅游活动的进行过程中所接触的所有相关产业，包括"吃、住、行、游、购、娱"六要素的各个环节，是所有要素的集合。

经过不断研究，区域旅游系统的应用内容也从起初促进系统内各个要素的协调配合向各个要素的生产关系转化，形成一套从生产到消费的全新系统。在应用领域方面，由最初的消费领域向商贸、金融、生态、环境、人才、信息等各大领域扩展。在所用机制方面，由原先以企业为主体逐渐向PPP模式发展，通过政府引导、企业施行、市场检验等方式，提高系统的抗风险能力。同时，通过不断深入研究，全方位地把握地域旅游的发展动向，从而有针对性地提出对策，促进区域旅游协调发展。

（二）区域旅游系统的核心观点

早在1920年前后，就有学者对旅游功能的系统性进行了探究，研究内容包括旅游系统的范围界定、旅游系统的要素以及各要素之间的互动关系。苏联地理学家普列奥布拉任斯基在1972年提出区域旅游系统是一个具有完整空间布局的客观存在的社会功能系统。20世纪70年代，由于功能结构的完整性和空间结构的独立性，区域旅游系统被界定为一个客观存在的社会地理系统。可以将区域旅游系统简单理解为旅游系统在空间布局优化的结果。在相关研究的基础上，构建了地域游憩系统（TPC）模型。① Gunn创造性地从供需关系视角出发对区域旅游系统进行定义，用一个模型对该理论进行描述，指出区域旅游系统是动态变化的。②

国内对区域旅游系统的研究起步较晚，张亚林对相关概念进行了深入剖析，这是我国学者第一次尝试对区域旅游系统进行理论界定和分析，得

---

① 钟韵，彭华．旅游研究中的系统思维方法：概念与应用 [J]．旅游学刊，2001（3）：48-53．

② Gunn C A．Tourism Planning：Basics Concepts Cases（4th）[M]．New York：Routledge，1972．

出的结论是区域旅游系统的本质是一个社会地理系统，是在一定空间范围内人在旅游过程中的各种活动、所接触的各种旅游资源以及相应的媒介有机介入、相互作用所形成的系统①②③。刘峰梳理国内外相关研究后，认为国外对区域旅游系统概念有两种不同的认知，一种是从系统运行的角度，另一种则是从系统空间结构的角度。大多国内学者在国外研究的基础上，从我国旅游业发展的现实出发，对区域旅游系统进行了更有针对性的研究及细化，其内容主要有旅游系统运行模型④、旅游系统结构⑤、旅游系统功能⑥，以及旅游系统与旅游规划的关系⑦。

由于区域旅游具有较为复杂的特性，加之各学者的研究学科、视角不同，关于区域旅游系统的概念和体系依旧众说纷纭。下面对国内外研究做了简单总结，如表 3-2 所列。

表 3-2　国内外对区域旅游系统的相关概念界定视域

作者	对概念的界定的视域
Sessa（1988）	运用复杂系统思维的方式从全局把握系统变化⑧
Leiper（1995）	运用结构功能主义和空间结构地理学的视角⑨

---

① 楼旭逵，张美英，肖翎，张和平. 区域旅游可持续发展的三维分析 [J]. 云南地理环境研究，2008（3）：108-110，115.

② Jafar, I. J. Towards Tourism Mitigation: Recognizing Cultural Forms and Forces Influencing for Travelling [A]. In the Freedom of Travelling in the Year 2000. AIEST Publication, ST Gallen. 1992（34）：89-104.

③ 张亚林. 旅游地域系统及其构成初探 [J]. 地理学与国土研究，1989（2）：39-43.

④ 陈安泽，卢云亭. 旅游地学概论 [M]. 北京：北京大学出版社，1991：45-48.

⑤ 林刚. 试论旅游地的中心结构：以桂东北地区为例 [J]. 经济地理，1996（2）：105-109，111.

⑥ 杨新军，刘家明. 论旅游功能系统：市场导向下旅游规划目标分析 [J]. 地理学与国土研究，1998（1）：59-62.

⑦ 刘峰. 旅游系统规划：一种旅游规划新思路 [J]. 地理学与国土研究，1999（1）：56-61.

⑧ Sessa Alberto. The science of systems for tourism development [J]. Annals of Tourism Research, 1988, 15（2）.

⑨ Leiper N. Tourism Management [M]. Collingwood, VIC: TAFE Publications, 1995.

续表

作者	对于概念的界定的视域
Mill&Morrison（1985）	运用"推力—拉力"理论研究区域旅游系统发展的阻碍和促进因素①
McKercher（1999）	从系统动力学视角，运用非线性复杂系统方法（The Non-linear and Complex System）进行研究②
吴人韦（1999）	运用归类分析的方法研究区域旅游系统的下辖系统③
吴晋峰、包浩生（2002）	研究区域旅游系统的层析性④
陈秀琼、黄福才（2006）	运用社会网络的"丛"分析区域旅游系统的空间组织⑤
周志红（2002）	运用自组织理论研究区域旅游系统结构与功能的自组织现象⑥

虽然很多学者从不同视角、维度对该系统进行了创新性研究，但由于系统在不断变化，需要学者在研究中不断除旧布新，更加精准地收集数据、资料，进行更加系统的研究。

（三）区域旅游系统理论在旅游业发展中的应用

1. 旅游业及相关产业经济调整

旅游业具有很强的关联性。学术界对旅游业相关边缘产业的划分标准还略有争议，但可以肯定的是，"旅游六要素"——餐饮、住宿、交通、购物、游览、娱乐，以及金融保险等相关产业及辅助行业，这些产业、行业

---

① Mill R C, Morrison A. The Tourism System [M]. Englewood Cliffs: Prentice-Hall, 1985.

② McKercher B. A chaos approach to tourism [J]. Tourism Management, 1999, 20: 425-434.

③ 吴人韦. 论旅游规划的性质 [J]. 地理学与国土研究, 1999 (4): 50-54.

④ 吴晋峰, 包浩生. 旅游系统的空间结构模式研究 [J]. 地理科学, 2002 (1): 96-101.

⑤ 陈秀琼, 黄福才. 基于社会网络理论的旅游系统空间结构优化研究 [J]. 地理与地理信息科学, 2006 (5): 75-80.

⑥ 周志红. 旅游自组织系统：区域旅游规划的根本目标 [J]. 热带地理, 2002 (3): 249-252.

并不是独立存在的,而是相互联系、相互促进的。所有相关行业都围绕旅游活动有序展开,共同形成一个经济体系。随着旅游业的不断发展,围绕旅游业形成的旅游经济体系内部联系不断紧密,产业结构也根据旅游业及相关产业的需求不断调整,最终形成合理配置。因此在发展旅游业时,要运用区域旅游系统的视角和理念,在宏观层面对发展方向进行把控和引导,推动不同领域、不同体系的行业产业联合发展,成立旅游协会,统领全局安排,确保利益最大化,充分发挥旅游业在现代经济体系中的作用。

2. 旅游产品体系更新换代

旅游产品即旅游服务产品,由实物和服务共同构成,是景区景点、往来交通、餐饮住宿、娱乐休闲、游览观光等功能区域内设施、项目、服务等要素的集合,具有综合、无形、产销一体等特征。要对旅游产品体系进行优化升级,就要求体系内各产业与要素之间相互协调、合理配比,以更好地适应游客不断增长的旅游需求,为游客提供更专业的服务。旅游体系更新换代的根本目的在于实现各产品要素的一体化经营与发展,最终实现效益最大化。体系内产品的组织和配比原则是以最小的生态资源成本,最大限度地满足游客的需求,达到经济、社会、生态效应统一的发展目标。

3. 区域旅游系统规划先行

区域旅游系统的地理空间结构是区域内旅游业及相关产业的结构和旅游产品体系结构的综合。地理空间结构的合理性直接影响区域旅游系统的发展。区域内旅游资源的配置是否合理是从较大的地理空间视角出发探讨区域旅游系统所表现出的最显著的因素。区域内的资源、设施、项目都不是单独存在的,为了使系统配置更加科学,在对区域内的产业、项目、资源进行配置时,要首先从不同空间层面进行考量,验证其合理性,确保系统的整体发展,之后将视线投向微观层面进行分析。对于中、小尺度的地理空间区域,则应更多地推敲功能区的结构,特别是在开发景区、景点时,要规划先行,从全局把握整个景区、景点的区域旅游系统,在尊重自然、保护生态环境的前提下,合理配置区域内的产业、产品体系,将住宿、娱乐、餐饮等功能巧妙地与旅游资源有机结合,满足游客需求。

四、旅游可持续发展理论

(一)旅游可持续发展理论的起源

旅游可持续发展理论可以追溯到 20 世纪 90 年代初在加拿大召开的"地球 90 国际"大会,可持续发展理念与旅游第一次结合在了一起。1995 年 4 月,"可持续旅游发展世界会议"在西班牙召开,联合国教科文组织、联合国世界旅游组织等相关组织和 70 多个国家、地区的 600 多位与会代表共同确定了旅游可持续发展的基本概念和相关理论,研究并通过对旅游业发展有深远影响的《旅游可持续发展宪章》和《旅游可持续发展行动计划》,提出"旅游可持续发展的本质就是人与自然和谐共生,一体化发展"。旅游可持续发展不仅仅指旅游经济和旅游收入的发展,更是自然生态、现代经济与社会文化相互促进、相互推动的共同发展。

(二)旅游可持续发展理论的核心观点

学术界目前对旅游可持续发展概念的认识较为统一,没有大的争议。旅游可持续发展由可持续发展演变而来,不同的是可持续发展更多强调不能以牺牲生态环境为代价来推动社会经济发展,通过合理的资源配置,在开发利用过程中,倾向于利用可再生、再生速度快的资源来保证经济的快速发展,对不可再生和再生速度缓慢的资源以保护为主,通过这种手段来保证未来发展过程中所需资源依旧充足。

旅游可持续发展理论区别于其他可持续发展理论的重点在于其所包含的公平、协调、可持续、共存等理念。旅游可持续发展的内涵包括:

(1)经济发展要以宏观规划为指导,把握发展方向,决策要深入结合实际。

(2)生态保护是开展一切经济活动的前提,必须坚守这一底线。

(3)经济发展要避免对人类物质文化遗产和生物多样性造成破坏。

(4)经济发展要考虑长远,不能只顾眼前利益。

基于旅游业的绿色生态属性,大部分学者都将旅游业作为经济可持续发展的范例,认为良好的生态环境和多样的自然景观、人文遗址、生物种类等是旅游业发展的前提，这一前提与可持续发展的要求不谋而合。旅游可持续发展的概念应运而生，并逐渐发展深化，形成独立的发展原则和理念。

旅游可持续发展的核心是协调环境、旅游者和当地社区三者之间的利益关系，在满足游客和居民现实需要的同时，不损害后代的旅游需要和开发需求。

(三) 旅游可持续发展理论在旅游业发展中的应用

1. 纠正原有的旅游开发观念

纠正"靠山吃山、靠水吃水、靠风景吃风景""有资源就开发"等过度开发、利用生态资源，开发力度过大、一味追求在短期内取得可观经济效益的开发理念。严格落实"绿水青山就是金山银山"的可持续开发理念，从"要金山银山，不要绿水青山"向"既要绿水青山，也要金山银山"转变。

2. 坚决避免走"先污染后治理"的老路，坚持开发的时序性，实现旅游"生态化"

我国生态环境基础良好，但部分地区特定的地理位置和复杂的地形地貌使得生态环境非常脆弱，损害后难以恢复。特别是黄土高原等本身就极易水土流失和荒漠化的生态脆弱敏感区，由于地表水和地下水同处一个相互贯通的水系网络，一旦造成污染，将对整个水系造成极大破坏，且难以恢复，因此对地表水源和地下水的保护要同样重视。建立严格的生态保护机制，做到从严立法、从严执法。加大对生态环境保护的宣传力度，呵护生态环境。开发时要从始至终贯彻生态发展理念，大力推进产业生态化、生态产业化，转变发展方式，探索更多绿色发展的新方式、新业态、新路径，把绿色发展的要求融入经济社会发展之中。

五、旅游承载力理论

(一) 旅游承载力理论的起源

"旅游承载力"源于生态学中的环境容量，也称旅游容量，1963年拉贝奇（Lapage）在旅游地研究中首次提出这一概念。他认为，旅游承载力就是在不破坏旅游地未来可持续发展的前提下可以容纳的旅游活动上限，即在同一时间、一定地理空间范围内要同时考虑游客在游览时对旅游资源和服务设施的最低心理预期、保护环境的要求以及旅游地居民的最大承受能力等，同时满足以上要求所能容纳的最大游客活动量，可简单分为旅游生态容量、旅游感知容量、旅游资源容量等。

（二）旅游承载力理论的核心观点

旅游目的地的旅游业发展规模、经济效益、社会效益等，都是由旅游承载力直接决定的。旅游开发活动不能超过旅游承载力，对生态环境、旅游资源、旅游服务设施有所损害的行为都要尽量避免。不能通过降低游客的满意度来提升旅游环境承载力。不能影响当地居民的正常生产生活及生物多样性。简单地讲，旅游承载力主要由三部分组成，即社会心理承受能力、经济承载能力和技术承载能力（图3-4）。

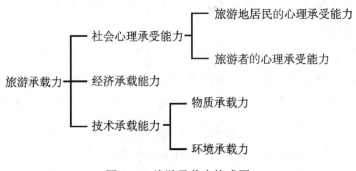

图 3-4 旅游承载力构成图

1. 社会心理承受能力

包括旅游者和当地居民双方的心理承受能力。旅游者的年龄、性别、经济实力，以及对旅游的预期、预算、态度等与旅游相关的行为特征及其相互关系都能影响旅游承载力的大小。旅游地居民对旅游活动及其特征的认知，包括但不限于当地经济、产业、社会组织、收入、环境等因素及其相互作用。

2. 经济承载能力

指当基础设施状况成为影响旅游地承载力的决定因素时，旅游地能够承受的基础设施和服务水平的投入及能力，如旅游业相关设施和当地基础设施的建设和投资能力。

3. 技术承载能力

指对旅游发展过程中所需技术支持的承载能力，包括物质和环境两方面。

(三) 旅游承载力理论在旅游业发展中的应用

根据旅游承载力的基本理论，应该先经受社会承受能力的检验，需要考虑的不仅仅是游客和居民的意见，还需征集旅游地及其他相关设施的经营者及当地政府的意见。从理论上讲，旅游承载力理论需要兼顾上述各方意见，并最终使各方需要都得到满足，否则该地旅游业发展的可持续性可能会受到影响甚至威胁。根据旅游承载力理论，在旅游开发中必须注意以下几点：

（1）旅游发展一定是对旅游地生态环境和资源有益的。

（2）旅游发展中的投资建设项目，其建筑风格和特点应与当地自然文化环境相协调，不得与之冲突甚至冒犯。

（3）旅游服务项目的开发应有助于当地文化遗产和生态环境资源的保护。

（4）发展旅游业的目的除了促进当地经济发展，更多地要以当地居民生活质量和生活环境的改善为目标。如果旅游业以当地居民的生活环境和质量为代价换取经济发展，就是本末倒置。

六、"聚集-扩散"理论

(一) "聚集-扩散"理论的起源

"聚集-扩散理论"源于欧美国家工业化与城市化开启的初期阶段的城市发展中所产生的聚集与扩散两种空间现象，其中聚集空间现象必然会造就"经济集群效应"。

"经济集群效应"这一概念最早由亚当·斯密在其著作《国富论》中提出，他认为社会分工可以提升一个国家或民族的生产力水平。① 分工就是将具有相同属性或类似属性的工种或资源整合起来，整合后的资源可以产生"1+1>2"的效应。这种分工效应就是工业化社会早期的集群效应。著名经济学家马歇尔在亚当·斯密研究的基础上对经济集群的外部性做了更为深入的研究。美国管理学大师波特提出经济集群是由于产业竞争的需要，并论述了产业价值链的形成。②

"扩散效应"是相对于"经济聚集效应"而言的，即经济集群通过自身的拉动能力辐射周围地区，进而产生有利的影响。这一过程逐渐扩散，最终会影响整个区域。

(二) "聚集-扩散"理论的核心观点

"聚集-扩散"理论在描述城乡关系动态变化过程时，也对小城镇的演化和幸存者机制进行了推演，包括集聚理论和扩散理论。集聚效应是指在工业布局影响下，最高的经济效益往往是由最大限度的空间集中带来的，人口、建筑、资源、资金等发展要素快速向中心集聚。集聚效应不仅会带来"聚集经济"，还会带来"聚集不经济"，即合理有序的聚集会增加经济收入，降低电力、水源、交通等基础设施的投入成本，减少污染扩散，但若经济活动过于集中，反而会造成成本上涨、资源浪费，从而引起经济效益的降低。通过"聚集经济"和"聚集不经济"的共同作用，形成空间聚集的推力和拉力。这种综合的相互作用力在某些时候甚至可以决定一个城市的兴衰。扩散效应是指当一个地区的经济发展到一定程度时，伴随发展速度的减缓，中心集聚的资本、技术和人口开始出现向周边地区扩散的现象，从而带动周边地区的经济增长。

法国地理学家戈特曼（J. Gottmann）运用"聚集-扩散"理论，尝试对城市成因与发展历程进行推演，衍生出"集中分散""优势度"等城市发展动力因素。美国经济地理学家斯科特尝试将"聚集-扩散"理论与地域分

---

① 亚当·斯密. 国富论 [M]. 胡长明, 译. 重庆：重庆出版社, 2015.
② 迈克尔·波特. 竞争优势 [M]. 陈小悦, 译. 北京：华夏出版社, 2005.

工结合,分析城市化工程的工业区位演变并提出建议。美国经济学家兰帕德认为城市发展与经济增长之间存在着一定关联,通过数学模型验证与一系列研究,发现二者之间存在着很明显的正相关,且发展步调与发展阶段基本一致。贝里作为地理学家、计量学派的代表人物,在"聚集-扩散"理论的启发下,将计量学方法应用到相关研究中,开创性地运用主成分分析的方法研究影响城市化水平的各种因素,指出经济、人口、科技、教育等为主要因素。

(三)"聚集-扩散"理论在城镇化发展中的应用

1. 经典案例

"聚集-扩散"理论在城市发展领域产生了不同的思想流派,分别为以集中为主要发展理念的城市集中主义和以扩散思想为主要发展理念的城市分散主义,两种极端的发展理念也代表了两种完全不同的城市营造观点(表3-3)。

表3-3 城市集中主义和城市分散主义代表思想

	代表思想	观点	方式
城市集中主义	柯布西耶的"明日城市"	集聚给城市带来生命力,通过改造大城市内部空间的集聚方式与功能,可使之适应现代社会发展的需要	结构重组
城市分散主义	霍华德的"田园城市",赖特的"广亩城市"	建设一组规模适度的城市(城镇群)来解决城市无限扩张可能带来的问题	分散发展 社会改造

2. 对未来发展的启示

在对我国城市发展历程进行深入研究后发现,自改革开放以来我国的城市规划理念主要遵从"集中"的发展规律与特点,"集约化""集中化""点轴化""轴带化""密集化"是目前我国城市建设的主要旋律与特色。我国的城市发展在不同程度上受一种形成于20世纪80年代,直至现在依然在城市规划中占主导地位的"点-轴系统"理论影响。"点-轴系统"理论是由陈大道先生于1984年在区位论和空间结构理论的基础上创造性提出的，在此基础上设计了中国国土开发、经济产业布局的"T"字形宏观战略。这种"点-轴"发展模式在我国国土空间战略和经济社会发展中发挥了至关重要的作用，推动了经济产业和社会设施在宏观、中观、微观三个层面与交通、水系、土地等资源的空间整合。但这个理论也存在明显的问题。首先，高度集中造成了城市内部明显的两极分化。其次，片面强调经济发展，忽视了资源与环境的承受能力和可持续发展。最后，也导致我国城市在一定程度上"千城一面"，功能结构同质化。

因此，在规划城镇未来发展时，应该更加灵活地运用"聚集-扩散"理论，根据城市建设的具体情况具体分析，做到该聚集时聚集，该分散时分散，综合考虑人口、资源等现实条件，多点、多线、多面布局，推进新型城镇化高质量发展。

七、中心城市发展理论

（一）中心地理论

1. 中心地理论的起源

1933年德国城市地理学家克里斯塔勒出版了《德国南部中心地原理》，这是20世纪人文地理学最重要的贡献之一。书中开创性地提出了中心地理论，构建了一个区域中心地的分布、数量、相对规模和分布模式。克里斯塔勒选取了德国南部地区作为研究对象，对其市场、交通、行政等要素分布进行分析，构建了中心地理论的雏形，并在深入探讨后提出正式理论。他认为城市是由于经济活动不断出现与扩张而形成的。1940年德国经济学家廖什也在其著作中提出类似理论，这些理论经过发展后成为后续研究城市群和城市化的技术理论之一。

中心地理论最大的贡献在于对城市数量、规模和空间分布规律的解释。中心地理论构建了一个中心区域相互联系的网络，将中心点进行提取后向四周扩散，形成一个等边六边形区域，通过市场、交通、行政等不同因素，分析、预测城市规模，判断城市等级，推演城市的空间分布。

中心地是指为周围居民提供商品和服务的场所。在实际生活中，中心地可以是城市，也可以是城市内的商业中心等。其划分标准是中心地的职能种类和服务范围。中心地理论是将市场作为发展中心，对居民需求进行预判和预测研究区位发展的理论，城市综合管理水平和服务水平的高低直接影响城市等级规模，中心城市的辐射范围及吸引力大小由中心城市所能提供的各项服务的水平决定，辐射范围越大，越有利于城市发展。

2. 中心地理论的核心观点

（1）中心地。中心地可以简单理解为向周边区域的居民提供货物和商业服务的区域，根据中心地所能提供商品的种类和等级，可以判断其规模和等级。高级中心地的特点是数量少，辐射范围广，所提供商品和服务种类多；低级中心地则正好相反。

（2）中心性。指中心地对周围地区而言的重要程度。中心地的职能等级越高，其中心性就越强。

（3）六边形网格相互嵌套规律（图3-5）。

①低级中心地和服务范围被高一级中心地的服务范围所涵盖，不同等级中心地的服务范围相互嵌套。

②相同等级的中心地和服务范围是彼此独立且相互排斥的。

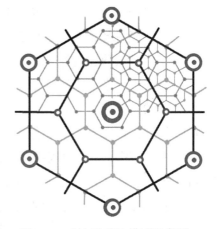

图3-5 中心地理论模型示意图

③各级中心地的数量分布呈金字塔形。

④六边形面积的定量关系：高一级中心地的服务范围是低一级中心地的3倍。

3. 中心地理论在新型城镇化建设中的应用

中心地理论可用于指导新型城镇化建设，主要体现在：指导城镇体系规划；引导城镇中心区域建设；指导商业中心与零售产业的布局；指导城镇功能区建设与产业调整；指导城镇国土空间规划与国土资源开发；构建乡村振兴下的农村底层中心地系统。

(二) 增长极理论

1. 增长极理论的起源

增长极理论是20世纪50年代初由法国经济学家佩鲁（Fransois Perroux）首次提出的，他在《经济空间理论和应用》一书中这样描述：每个区域的经济发展速度是有差别的，根据所处地区、部门和产业，不同区域有不同的增长速度，这也造成区域经济发展的不平衡。经济发展的不平衡才是区域经济发展的常态，区位条件及其他条件有相对优势的区域在发展时占优势，速度总是快于其他地区，这些区域就是增长极的雏形，慢慢会形成区域增长中心，也就是增长极。增长极通过极化作用快速增长，在达到一定规模后开始向周边扩散，带动周边经济发展，形成新的平衡。

政府可以通过调控与建设行为，集中进行投资建设和政策方面的引导，培育增长极，带动周边区域的发展。可以看出，增长极理论是政府宏观调控经济的重要理论依据和行为准则，但由于在增长极培养初期需要持续性巨大投资，所以基本只能作为政府宏观调控的手段。且在增长极培育过程中，大量资金、人才等要素流入中心，导致周边地区资源匮乏，如"环首都贫困带"现象就在很大程度上源于增长极的极化效应。

2. 增长极理论的核心观点

布德威尔（J. Boudeville）对增长极进行了重新定义，提出"增长极是指在城市区配置不断扩大的工业综合体，在其影响范围内引导经济活动进一步发展"。他将增长极、城镇空间和空间相联系，为增长极赋予了客观实际概念。城镇中心区域就是一种增长极，在经济上可以推动经济发展的带动型支柱产业和地理空间上的城镇都属于增长极。

根据某地是否有具备增长极潜力的区域，可以很快推断出一个区域是否具有发展潜力。一般来说，增长极就是规模较大、增长迅速、具有高创新性和强控制力的产业或企业集中的区域。增长极可以决定一个区域竞争力的大小，而产业、环境和经济增长机制则决定着哪片区域可成长为增长极。增长极的核心就是推动经济发展的产业，增长极的判定可根据推进型企业的产业关联度、生产控制力、增长推动力和技术创新力（图3-6）。

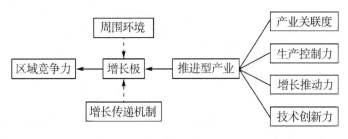

图 3-6 增长极理论示意图

3. 增长极理论在新型城镇化中的应用

在增长极的应用方面，佩鲁提议："如果一个国家和地区缺少带动点或增长点，那就应该培育增长极。"这为我国的新型城镇化建设提供了发展思路。新型城镇化的建设过程就相当于在区域中培育一个增长极，通过极化效应吸引生产要素，快速发展；发展到一定程度时，通过扩散效应，将生产要素返还给周边地区，从而带动周边地区发展，最终带动整个区域发展。简单来讲，就是在区域内将稀释的资源和生产要素先集中起来，优先发展一个区域，最终带动全域发展。

八、产业结构演变理论

（一）产业结构演变理论的起源

20 世纪 40 年代，英国经济学家科林·克拉克（Colin Clark）在威廉·配第（William Petty）关于收入与劳动力流动关系学说的基础上，通过对不同人群收入的统计和比较，结合就业人口数量在三次产业结构中分布的变动趋势，总结出产业结构演变理论，该理论又称"配第—克拉克定理"。

产业结构演变理论阐述的是产业结构演进过程的一般规律，即人均 GDP 水平的提高总是伴随着第一产业（农业）收入及从业者相对比重的逐渐下降和第二产业与第三产业相对比重的上升（图 3-7）。从三次产业之间的劳动力转移可以看出工业化进程与城镇化进程是同步的。

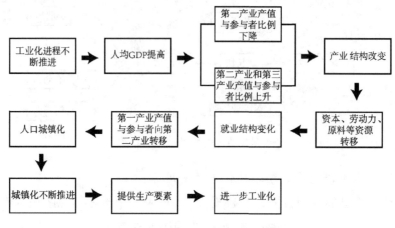

图 3-7 产业结构演变理论流程图

(二) 产业结构演变理论的核心观点

经济发展和国民收入提升的同时,往往伴随着劳动力的转移和劳动力结构的转变:劳动力由第一产业向第二产业转移,随着经济的进一步发展,又会逐渐向第三产业转移。其结果是从事第一产业的劳动力减少,第二、第三产业的劳动力增加。这主要因为三个产业之间存在收入差,使劳动力倾向于由低收入产业向高收入产业转移。

国民经济越发达,人均收入水平越高,从事第一产业的劳动力比重就越小,从事第二、第三产业的劳动力比重就越大。以发达国家为例,其农业产值和就业比例持续下降,一般在3%~4%时趋于稳定。

(三) 产业结构演变理论在新型城镇化中的应用

产业结构演变理论作为经济发展的普遍规律,应用越来越广泛。然而很多地方政府简单地把第三产业比重提升作为经济结构优化的重要指标,这是对产业结构演变理论的曲解,经济结构优化和发展使得第三产业的比重提升,但是第三产业比重的提升却不一定代表经济发展,对我国大多数地方而言,第二产业比重的提升才更为重要。另外,第二产业与第三产业没有一个固定的比例,越来越多的劳动力由第二产业向第三产业转移是城镇化进程的必然选择。不能因死守产业比重而忽略或限制产业发展,这违背了经济发展的客观规律。

九、二元经济结构理论

(一) 刘易斯二元经济结构理论

20世纪50年代刘易斯（William Arthur Lewis）提出二元结构理论。他对农业和工业进行对比分析后，提出三个假定前提：发展中国家由两个部分组成；假设工资是恒定的；劳动力富余。在这三个前提下，由于耕地面积并不会随着人口的增长而增加，农业的发展上限受到土地总量的限制，边际生产率趋于零，使农业整体效益受限，且会产生部分剩余劳动力。经济快速发展时期，工业发展速度快，对劳动力需求高。当工资较高时，农村剩余劳动力向工业转移，对劳动力需求往往会超过农村剩余劳动力的总量。在劳动人口不断转移的过程中，人也不断向城市转移，城市的工业规模不断扩大，农业比重相对降低，城乡结构持续优化。

(二) 费景汉—拉尼斯二元结构理论

充足的劳动力和人口是工业化和新型城镇化发展的必要条件，费景汉、拉尼斯（H. Fei & G. Ranis）于20世纪60年代中期对刘易斯的二元经济结构理论进行研究时，发现其中存在一定缺陷，于是在原先理论的基础上进行了完善。他们将农村劳动力由农业流向工业的过程分为三个阶段：

第一阶段，农村劳动力向工业转移，农民收入增加，工业发展迅猛。

第二阶段，农村的非剩余劳动力向工业转移，人口流动会在一定程度上降低农业产值，农业发展趋缓，农产品产量减少，供不应求，价格上涨；工业成本增加，发展受限，只能通过革新农业生产技术和工具、提高生产效率来弥补。

第三阶段，农业生产已引入较为先进的技术与生产工具，生产效率提高。劳动力流向工资高的产业，劳动力向工业持续转移的同时，部分工业劳动力回流向农业。

第二节 旅游业与新型城镇化协调发展相关理论

一、系统论

（一）系统论的起源

系统指部分构成整体，最早出于古希腊语，其本身具有复杂性。学术界对系统的概念尚无统一定论，不同学科、视角所界定的标准各不相同，如"系统是诸多元素及其顺常行为的给定集合""系统是有组织的和被组织化的全体""系统是有联系的物质和过程的集合""系统是许多要素保持有机的秩序向同一目的行动的东西""系统是由相互作用和相互依赖的若干组成部分结合成的具有特定功能的有机整体"。"由若干要素以一定结构形式联结构成的具有某种功能的有机整体"是一般系统理论对系统的定义，该定义包括系统、要素、结构、功能四个要素，系统即四个要素及四个要素之间的相互作用关系的集合。

贝塔朗菲（L. Bertalanffy）在1968年出版的专著《一般系统理论基础、发展和应用》中认为，系统论的核心思想是系统的整体观念。此书的出版标志着系统论的正式成立。他在书中反复强调："任何系统都是一个有机的整体，它并非单一部分的简单组合，其整体功能是每一部分在单独状态下不具有的性质。"

系统论的出现在很大程度上改变了传统的思维方式。在系统论出现之前，学术界占据主流地位的分析方法聚焦于局部要素，遵循单项因果决定论，这种分析方法虽在一定范围内行之有效，但是无法完整、全面地阐释事物整体，也不能正确理解事物之间的相互作用关系，只适合对简单事物进行认知和分析，不适用于复杂事物研究。尤其是在当代科学高度综合化发展的背景下，所面对的往往是内部结构复杂、参数众多的问题。系统分析法应运而生，为很多复杂问题的解决提供了新的思路，推动了现代科学的发展。

在1976年召开的一般系统论年会上，来自瑞典斯德哥尔摩大学的萨缪尔教授提出将系统论、控制论、信息论整合为一个综合性学科的想法，得到了与会学者的大力支持。

国内学者也对系统科学的下辖领域做了分类，主要包括系统概念、一般系统理论、系统理论分论、系统方法论（包括系统工程和系统分析）和系统方法的应用五个部分。我国著名科学家钱学森是系统工程研究的代表人物，他在建立统一系统科学体系方面作出了重大贡献，认为系统科学、自然科学和社会科学具有同等重要的学术地位。"系统科学像自然科学一样，也分为系统的工程技术（包括系统工程、自动化技术和通信技术）、系统的技术科学（包括支筹学、控制论、巨系统理论、信息论）、系统的基础科学（即系统学）和系统观（即系统的哲学和方法论部分，是系统科学与马克思主义哲学连接的桥梁）四个层次。"

学者林福永在前人研究的基础上，从数学学科相关视角出发，提出一般系统结构理论的概念体系，主要用于解释系统各组成部分之间的关联，如系统内部各要素之间的关系、关系环和系统结构，同时结合系统环境、系统结构和系统行为及其关系、规律等系统共性问题，通过数学方法证明系统环境、系统结构和系统行为之间存在固有的关系及规律，在一定的系统环境中，系统行为仅由系统基层次上的系统结构决定和支配。这一研究为系统论的理论基础提供了精确的结论，同时也从理论上解释了系统的一般原理与规律，解决了很多实际问题，如系统基层次的存在性及特性问题，是否存在从简单到复杂的自然法则的问题，以及什么是复杂性根源的问题等，使系统论具有精确的理论内容且能有效地解决实际系统问题。

基于此，美国旅游学家 Jafari 认为旅游业作为一个整体系统，区域旅游整合与协调发展的基石应是系统科学。21 世纪初，国内学者开始将系统论引入区域旅游整合相关研究。梁艺桦、杨新军等人以西安、咸阳旅游合作为例，将系统学的自组织理论应用到区域旅游整合演化和动因分析。孔德林、乐上泓等人在构建长三角地区旅游联动的动力机制时，借助系统论，针对长三角地区旅游联动优化提出相关建议。白淑军、庞琳、卞广萌从系统论视角出发，建立京津冀旅游一体化动力系统模型，将其分为核心因素、驱动因素、关联因素三个系统。

(二) 系统论的核心观点

系统论的演化过程和发展趋势在一定程度上可以代表现代科学，二者都受现代社会化大生产的影响，从侧面反映现代生活的复杂特点，这也是系统论的理论和方法可以广泛应用于科学研究和社会生活之中的原因。系统论不仅仅为现代科学的发展提供了新的发展方向与理论方法，还为现代社会在经济、政治等各方面所面临的复杂问题提供了解决的理论基础，它存在于社会生活的各个领域。系统论有以下基本特征：

1. 整体性

系统是相互联系的若干要素的集合体。贝塔朗菲认为，整体性是系统最重要的特征，任何系统都是一个有机整体。他反对机械论"要素性能好，整体性能就一定好"的用局部说明整体的观点，认为系统中的各个要素都不是孤立存在的，每个要素都有其特定的作用，要素之间相互联系，是一个不可分割的整体，只有在整体中要素才能发挥作用。

2. 动态性

系统内部一直处在无序与有序、平衡与非平衡之间的动态变化过程中，造成这种现象的原因是系统内部和外部之间复杂的相互作用。一切系统都是由发生逐渐走向消亡的，这个过程不可逆。系统的本质是动态变化的，外在表现是对内部动态变化过程的展示，任何系统在自身动态发展、演化的同时，又是构成更大系统的要素或环节。

3. 协同性

协同性存在于复杂系统之中，是复杂系统所具备的自组织能力，也正因为有协同作用的存在，系统才能形成有序的结构。这一过程普遍存在于人类社会生活的各个系统之中。例如，想解决环境污染问题，就不能仅依靠某个企业或地方政府，应将造成该问题或与该问题相关的企业、政府机构及社会组织联合起来，发挥其协同作用，使污染问题得到解决。一个系统的协调发展是一个长期的动态过程，而非一日之功，在持续运动的系统中不断产生新的协同作用，使开放系统的结构始终处于动态平衡，旧的问题不断被解决，而新的问题在更高的层面上不断出现。协同性是旅游业与新型城镇化"双赢策略"的理论基础。

(三) 系统论在旅游业与新型城镇化协调发展中的应用

建立统一的系统科学体系是目前系统论发展的趋势和方向，在这个过程中首先要对各种系统理论进行统一。

20世纪80年代我国建立系统科学或系统工程研究所，在一些大学设置系统工程、管理工程专业。系统论逐步应用于我国的一些大型项目和国家经济发展战略研究，如南水北调工程，导弹、航天等工程的规划、研究、设计、制造、运行。

系统论是在数学和逻辑方法的基础上，以有机整体为对象来进行研究的理论，强调事物之间的联系和相互作用，从事物结构和功能出发，探索其内部动态发展，从而预测其发展方向及结果。

旅游业和新型城镇化建设相互依存，互为驱动力，是同一系统中的两个核心子系统。旅游业的发展可以提升地区的吸引力，带动经济增长，并创造就业机会；而新型城镇化建设的推进可为旅游业提供更好的基础设施、交通网络和公共服务。系统论视角将旅游业与城镇化的协调发展视作一个多层次系统工程，涵盖区域间的资源配置优化、政策协同和市场供需平衡等方面，借助系统论的整体性和动态性来解决二者协调发展中的挑战。

1. *系统整体性与资源整合优势*

在旅游业与新型城镇化协调发展过程中，系统的整体性体现在旅游资源与城镇化资源的整合上。旅游业的发展往往依赖自然、人文景观等旅游资源，同时需要良好的基础设施和服务系统。新型城镇化可通过加快基础设施建设、改善公共服务，提升旅游地的综合吸引力。旅游业的发展则可以通过带动产业链、拉动消费等方式为新型城镇化注入活力。在系统论的整体视角下，旅游业与城镇化的整合发展并非单纯追求某一领域的独立发展，而是通过资源共享、协同规划来实现整体经济效益。

2. *系统动态性与协调发展*

系统论中的动态性强调系统通过不断调整来适应外部环境的变化，以保持系统的稳定性。旅游业与新型城镇化协调发展就是一个动态过程。系统在发展过程中会因环境变化而产生各种不确定因素，如政策变动、市场需求变化、资源环境变化等。在这种背景下，从系统论的动态平衡视角出发，旅游业与新型城镇化各子系统可以不断调整各自的策略，以应对外部变化，从而实现系统整体的稳定和可持续发展。

3. 系统协同性与跨部门协调机制

系统论中的协同性强调通过子系统间的相互作用产生"1+1>2"的效应。在旅游业与新型城镇化协调发展过程中，旅游业的发展需要交通、文化、生态环境等多部门的密切合作，仅依赖某部门的单方面行动，很难实现协调发展。必须建立跨部门、跨区域的协同机制，优化政府各部门间的协作关系，以最大限度地发挥系统协同效应。通过建立多部门协同工作机制，旅游管理、城市规划、交通运输等各个部门可以在信息共享、资源分配和政策制定上形成合力，提升区域一体化发展的综合效益。

二、复杂性科学

（一）复杂性科学的起源

20世纪80年代，系统科学经过不断的发展，形成复杂性科学，成为当代科学发展最前沿的领域之一。复杂性科学不仅可应用于自然科学，也对哲学、人文社会科学领域产生了深远的影响。现代物理学家霍金曾说："21世纪将是复杂性科学的世纪。"可见复杂性科学的巨大作用，它所带来的不仅仅是研究方法的创新，更是思维方式的变革。复杂性科学是一门将复杂系统作为研究对象的学科，是在还原论（Reductionism）的基础上，解释复杂系统内部的运行规律，提高人们认识世界和改造世界能力的一种"学科互涉"（Inter-Disciplinary）的新兴科学研究形态。

复杂性科学可以分为三大学派，分别是埃德加·莫兰（Edgar Morin）的学说、普利高津（I. Prigogine）的布鲁塞尔学派和圣塔菲研究所（Santa Fe Institute）的理论。

1. 埃德加·莫兰的学说

1973年，埃德加·莫兰在其著作《迷失的范式：人性研究》中正式提出"复杂性方法"，解释了系统有序性和动态性现象的本质。复杂性思想主要体现在"噪声有序"原则中，系统的无序性是产生有序性的必要条件，无序性必须与可产生有序的因素相互配合，才能产生有序性，或发展为更高级的有序性。莫兰的这一原理突破了之前学术界对有序性与无序性之间关系的认识，证明他们并非相互对立和相互排斥的，在一定条件下有序和无序可以相互作用，共同促进系统的复杂性增长。

2. 布鲁塞尔学派

1979年，普利高津与斯唐热联合出版《新的联盟》，对"复杂性科学"的概念进行阐述。"复杂性科学"是作为与超越经典科学相对立的概念被提出的。普利高津指出，当今物理学正在由以决定论和可逆性为主导向以不可逆和随机性为主导转变。普利高津这一认知的核心在于，他认为经典物理学在对事物进行研究时从不考虑"时间"这一参量的作用，而仅是将事物进行静态化和简单化处理，据其得出物理过程是可逆的这一结论。但是，普利高津没有明确界定事物的复杂性，他的"复杂性科学"理论主要说明了事物的发展过程是不可逆的，也称"耗散结构"理论。

3. 圣塔菲研究所的理论

圣塔菲研究所对复杂性科学的认知与莫兰、普利高津有很大区别。圣塔菲研究所的学术领头人盖尔曼（M. Gellmann）指出"在研究任何复杂适应系统的进化时，最重要的是分清这三个问题：基本规则、被冻结的偶然事件以及对适应进行的选择"。其中"被冻结的偶然事件"指当一个事件的结果在物质世界的历史发展过程中被锁定并因此演变为较高层次的特殊规律，这种规律受特定历史条件和偶然因素的影响。盖尔曼认为，事物的复杂性受基本规律和被冻结的偶然事件等因素影响，其中基本规律对有效复杂性的影响较小，"冻结的偶然事件"对基本规律的影响更大，并提出复杂系统具有适应性特征，系统可以从相关经验中提取出有关客观世界规律性的东西作为行为方式的参照，并通过实践活动的反馈改进对客观世界规律性的认知。这从侧面印证了系统不只是被动地接受环境的变化与影响，还可以主动对环境施加影响。复杂性科学研究的重点应是主体自身的复杂性，即主体复杂的应变能力和与之相应的复杂结构，而非研究客体或所处环境的复杂性。

（二）复杂性科学的核心观点

复杂性科学的研究阶段可分为早期和后期研究阶段，早期研究主要包括一般系统论、控制论、人工智能；后期研究主要包括耗散结构理论、协同学、超循环理论、突变论、混沌理论、分形理论和元胞自动机理论等理论。

1. 突变论

1901 年，突变论是用统一的数学模型来表现自然界和人类社会中由连续渐变引起的突变或飞跃，从而预测甚至控制突变的学科。

荷兰科学家德弗里斯（Hugo de Vries）根据他对月见草多年的实验结果，提出生物进化起源于骤变的"突变论"，对达尔文的渐变论产生了很大冲击。到 20 世纪 60 年代末，突变论因法国数学家 R. 托姆重新为人所知。托姆为了阐述成胚过程，重新定义并提出突变论，解释了突变论的基本思想，为其奠定了理论基础。1972 年他在其《结构稳定与形态发生》一书中第一次系统地提出突变论，随后有学者在此基础上提出突变机构，进一步完善了突变论的理论体系，并将其应用到物理学、医学、生物学、社会学等不同领域，产生了深远影响。

2. 耗散结构理论

耗散结构理论是一门研究耗散结构性质及其形成和演变规律的科学，1969 年在"理论物理学和生物学"国际会议上由普利高津正式提出。普利高津的早期研究领域为化学热力学，他提出最小熵产生原理，为平衡线性热力学奠定了基础，之后又发现非平衡态的热力学性质与平衡态相差甚远，并基于此建立了耗散结构理论。定义如下：一个远离平衡态的非线性开放系统（不管是物理的、化学的、生物的，还是社会的、经济的系统）通过不断与外界交换物质和能量，在系统内部某个参量的变化达到一定阈值时，通过涨落，系统可能发生突变，即非平衡相变，由原来混沌无序的状态转变为一种在时间、空间或功能上的有序状态。这种在远离平衡的非线性区形成的新的稳定的宏观有序结构，需要不断与外界交换物质或能量才能维持，故又称"耗散结构"（Dissipativestructure）。

（三）复杂性科学在旅游业与新型城镇化协调发展中的应用

目前，复杂科学理论在社会科学领域的应用主要集中在经济管理学科，鲜应用于公共管理领域，大部分研究还停留在概念定义和系统稳定性上，对于定量和模型还稍有欠缺,且研究视角和分析方法比较单一,后续应将复杂科学理论运用于公共事务的统筹管理。

旅游业与新型城镇化为两个不同领域,在其协调发展过程中势必会遇到各种各样的问题与困境。可以把旅游业与新型城镇化分别看作复合系统中的两个子系统,利用复杂性科学的指导思想,放大正作用关系、降低副作用关系的系统影响。

三、共生理论

(一) 共生理论的起源

共生"Symbiosis"一词源于希腊语,共生理论最初是由德国真菌学家德贝里(Anton de Bary)在20世纪70年代末提出的。"共生"是一种普遍存在的生物现象,是生物之间除了竞争、寄生、捕食、原始合作等关系外的一种重要关系,这种关系的全称是"互利共生",简称"共生"。我国学者袁纯清将共生理论引入社会科学研究,并提出共生单元(U)、共生模式(M)、共生环境(E)是构成共生系统最基本的三个要素。他通过三要素来描述共生本质,建立了用共生度、亲近度、同质度、关联度、共生密度、共生维度、共生界面、共生模式等来分析共生状态的理论框架。

(二) 共生理论的核心观点

共生理论作为一种全新的发展思路已被众多学者所认可,并已经在经济学、社会学领域得到了很好的应用。袁纯清是我国第一位将共生理论从生物学领域引入社会科学领域的学者。他从表现与实质角度对共生理论进行了辨析,主张表面上的共生是一种生物现象,有独特的生物识别方式,但从实质上看,共生在现实生活中普遍存在,也是一种理论方法,是自然形成的状态,能通过一定的模式进行转换。一个强大共生体的构建,首先,必备的物质条件是单个共生单元(质参量),这是共生的基础,是有一定内在联系的基本单位,能促成共生系统产生新的能量,进行生产和交换。其次,共生单元之间按照一定方式进行能量、物质和信息交流所形成的共生关系,也称共生模式,是共生的关键,是共生单元和共生环境的作用反馈。

共生关系按照其行为模式（Mi）的不同，可分为寄生共生、偏利共生、对称互惠共生和非对称互惠共生四类；按照组织模式的紧密程度（Pi）又可分为点共生、间歇共生、连续共生和一体化共生四类。行为模式和紧密程度的不同组合可以形成以下16种共生状态（表3-4）。最后，共生关系的存在与发展需要一定的空间条件，即共生环境，是由除共生单元外的所有因素组合而成的。

表3-4 共生模式的种类

	点共生 M_1	间歇共生 M_2	连续共生 M_3	一体化共生 M_4
寄生 P_1	S_{11}	S_{12}	S_{13}	S_{14}
偏利共生 P_2	S_{21}	S_{22}	S_{23}	S_{24}
非对称互惠 P_3	S_{31}	S_{32}	S_{33}	S_{34}
对称互惠 P_4	S_{41}	S_{42}	S_{43}	S_{44}

在共生单元、共生关系、共生环境三要素的互动影响下，共生体规律产生动态发展变化。共生三要素之间的关系如图3-8所示。三要素之间的相互影响需要在共生界面进行，它是共生单元之间物质、信息、能量产生、交流和相互作用的主要通道，是构成共生关系的基础。

共存共荣是共生的深刻内涵。共生单元之间不仅没有排斥现象，而且还在合作进化过程中以相互激励的形式实现共同发展。但这并不意味着共生没有竞争，共生单元经过内部重组、分工、创新与合作，完成一种合作性竞争的模式，同时可能产生新的物质，如共生单元、信息及能量，这是共生体的协同效应和创新能力的反映。

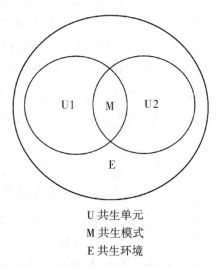

U 共生单元
M 共生模式
E 共生环境

图3-8 共生三要素示意图

（三）共生理论在旅游业与新型城镇化协调发展中的应用

强化旅游业与城镇发展中其他产业的联系，提高其共生度与关联度，保持适宜的共生密度。旅游业与新型城镇化之间应实现资源统筹，加大产业联动力度，为协调发展提供现实基础。

构建有介质的共生界面，提高共生系统的运行效率，可从以下三个方面努力：

①充分发挥市场机制的主导作用，实现要素在区位之间的优化配置。

②充分调动政府的积极性，通过建立健全调节机制（如公共服务补贴等）保障共生系统的运转。

③强调民间组织的辅助作用，如可以通过行业协会、峰会、论坛等形式，推进区域经济的协调发展。

四、协同学

（一）协同学的起源

协同学又称"协调合作之学"，是在20世纪70年代初由德国学者哈肯创立的。协同学是一门综合性学科，主要研究在一定条件下，通过子系统之间的协同作用，由大量子系统组成的系统在宏观上呈现有序状态，从而形成具有一定功能的自组织结构机理。协同学通过对不同领域的同类现象进行对比分析，揭示各种系统或现象从无序到有序的转变中所蕴含的共同规律。哈肯认为客观世界存在着各式各样的巨大系统，它们外在差异巨大，但内在具有一定的相似性，简单来说，协同学就是一门探寻复杂系统之间规律的学科。哈肯认为，竞争是协同学的前提，在协同系统中的竞争都是与协同相关联的竞争，竞争与协同相辅相成、不可分离，所以协同学也是一门研究系统中各子系统之间合作、竞争关系的学科。

协同系统在自然界中普遍存在，由多个子系统组成，可以自组织的方式在时间、空间或功能上形成有序结构的开放系统都可成为协同系统。哈肯对协同的定义有广义和狭义之分：狭义的协同是与竞争相对应的合作、同步等现象，而广义的协同指既合作又竞争的关系，由此可以看出，协同是一个系统内部各个子系统之间相互协调、相互作用，在一定条件下从无序向有序发展的过程。协同与竞争的关系是相互促进的，不存在没有竞争的协同，也不存在没有协同的竞争，协同和竞争及其相互作用是促进系统自组织演化的动力。

（二）协同学的核心观点

1. 基本概念

协同学的基本概念包括序参量、涨落、快变量（快弛豫参量）和慢变量（慢弛豫参量）、伺服、伺服过程等。

序参量主要描述的是系统在时间进程中的有序状态、有序结构和性能，以及在什么模式下运行等。研究序参量不仅可以对系统的宏观程序进行把握，还可了解系统中各个子系统在微观层面上的行为和运行状态。系统在宏观的有序程度由序参量的大小决定。

涨落指系统自发地偏离平衡状态的现象。当系统刚刚进入平衡的临界点时，各个子系统之间存在局部耦合现象，所造成的涨落不断冲击着系统平衡，此时涨落幅度较大；而当系统处于相对稳定的状态时，这种涨落幅度与宏观量相比是非常微小的。

快变量和慢变量根据状态变量在临界点处的情况而定：处在临界点，对整个演变进程没有明显影响的阻尼大、衰减快的变量称为快变量，大多变量都可归为此类；伴随整个系统演变过程，能左右系统演化进程且没有明显衰减的一个或几个变量称为慢变量。系统演化受少数几个慢变量控制，快变量由慢变量决定，慢变量是序参量。

慢变量和快变量既相互联系又相互制约，二者都不能独立存在。各序参量之间的竞争与合作最终只会呈现一种结果。系统从无序向有序演化的进程由系统内序参量之间的竞合关系决定，这是协同学的精髓。

伺服的原理就是快变量服从慢变量、序参量支配子系统的行为。哈肯运用场（序参量）和原子的关系说明伺服（被役使）过程（图3-9）。

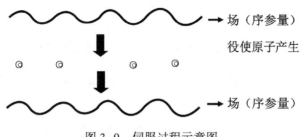

图 3-9　伺服过程示意图

2. 基本原理

协同学的基本原理可概括为协同效应、伺服原理、自组织原理。

协同效应，即由于复杂开放系统中大量子系统间的相互作用而产生协同作用，最终产生的整体或基体效应。

伺服原理从系统内部稳定因素与不稳定因素之间的相互作用来描述系统自组织的过程。伺服原理的本质是，系统在接近或达到不稳定临界点系统的宏观结构通常由少数几个序参量决定，其他子系统及变量由序参量支配。

自组织是与他组织相对的概念，具有内在性、自生性的特点，指系统在一定的外界条件下达到某一临界值时，内部各系统按照某种规律自动形成一定结构或功能的过程。

人类的生产生活的各个系统都是协调发展的，依据协调发展的不同维度，协调发展论可分为系统协调发展论、空间协调发展论和时间协调发展论。

系统协调发展论以当代系统科学为基石，研究与规划人类社会的发展战略，并对研究成果进行系统规划和实施。

空间协调发展论将人类社会发展的各种状态系统和过程系统放在人类活动的特定空间之中，不管是第一产业、第二产业、第三产业，还是社会生态系统、生态经济系统、社会生态经济系统以及其他社会系统，都必须保证其在一定的空间范围内保持协调。

时间协调发展论是将人类社会发展的各种状态系统、过程系统及产业系统放在特定历史发展进程之中，进行系统规划、实施和调控。

系统协调发展论是基础核心战略理论，空间和时间协调发展论是在其基础上进行的扩展和优化。

（三）协同学理论在旅游业与新型城镇化协调发展中的作用

随着经济全球化和区域经济一体化的推进，时代对旅游业与新型城镇化协调发展提出新的要求，要在新形势、新挑战下寻求新的发展出路，旅游地、旅游资源不能继续孤立、片面地发展，而要跨行业、跨地域，互相依存，谋求合作与协调。协同理论的研究与发展，将为旅游业与新型城镇化的发展提供新的思路和契机，如城市色彩规划、土地利用规划、区域城镇空间结构中旅游产业布局的优化等。

五、耦合理论

（一）耦合理论的起源

"耦合"最初是物理学概念，指两个或两个以上体系或运动形式通过彼此之间的作用形成相互影响或联合起来的现象。如今，耦合理论已经不单在物理学中应用，相关理念已经深入社会学、经济学等众多领域，其内涵也愈发丰富。根据耦合相互影响的情况，可将系统相互促进、彼此推进的耦合视作良性耦合，将系统相互限制、彼此摩擦的耦合视作恶性耦合。耦合实质上就是两个或两个以上的实体或体系之间相互联系、相互作用、相互依赖程度的一个度量。

（二）耦合理论的核心观点

1. 系统耦合

系统耦合（Coupling）指两个性质相近又有所差异的系统同时具有静态的相似性，又具有动态的互动性，还有相互作用、相互影响、相互融合的趋势，当条件成熟时，它们可以结合成一个新的、更高一级的结构与功能的统一体，本质上既是一种状态，又是一种过程。

2. 耦合度

耦合度又称耦合性，用来描述系统或系统内部各要素之间联系的紧密程度。要素之间的联系越紧密，耦合度越高，各个要素的独立性就越差。

一般而言，低耦合度就代表高内聚性，高耦合度就代表低内聚性。

从系统角度看，耦合度反映了可以决定系统宏观结构及系统平衡状态的序参量之间的协同作用程度，即系统内部各要素之间的耦合作用程度。从时间维度上，可以研究耦合系统在时间轴上的变化规律；从空间尺度上，可以分析同一系统在不同地理空间上的变化。根据分析得出的耦合度数值，可对时间或区域状态进行判定，从而为下一步发展提供思路。

3. 耦合协调度

耦合度这一度量标准只能反映系统或要素之间相互作用的强弱，无法判断相互作用的利弊，而耦合协调度可用于反映系统或要素之间是处在高水平还是低水平上的相互作用，借此判断系统发展"功效"。能够从整体功能或综合发展水平上反映两个或两个以上的耦合系统之间协调发展程度的度量，就是耦合协调度。

对系统耦合协调度的研究可简单拆成对"耦合"和"协调"两个独立部分的研究。两个或两个以上系统或要素之间相互推动、相互促进的关系被称为协调，协调是良性耦合的一种类型，是系统健康发展的体现。

(三) 耦合理论在旅游业与新型城镇化协调发展中的应用

1. 人文-自然耦合系统研究

自然要素和人文要素的相互作用促进了地球表层系统发展。

国外学者对自然要素和人文要素的研究起步较早，但成果一直寥寥无几。直到 21 世纪，学者在对全球生态环境问题进行研究时，将 24 项社会生态系统服务功能纳入生态系统评估指标体系，正式开启对人文要素和自然要素相互关系的系统性研究，并构建了人文-自然耦合系统，将研究重点放在人类与自然的相互作用上，注重对人文系统与自然系统的各种模式和过程的研究。

James Wilson 在从空间尺度对社会生态环境进行研究时运用了空间动力学。R. Milestad 等人以有机农业发展与当地环境变化之间的关系为课题，指出有机农业对生态环境的改善不应仅仅停留在管理层面，而应从各方面加快当地生态环境恢复。

Folke C. (2005) 等学者认为当生态环境的自愈和自适应能力下降时，

政府通过宏观手段将社会生态系统调整到一个理想状态。Fikret（2006）等学者则选取不同的视角，指出人类的活动使生态环境与社会人文产生相互作用，要适应自然生态环境的变化，应通过社会文化的自组织能力和适应性来实现。

Alessa 等学者着眼于微观尺度的社区尺度，通过对景观数值、社区热效应数值的搜集和分析，提出一个全新的概念——社会生态系统耦合（SES）。

Sahide（2016）等人发现在人类与自然的耦合系统中，人类依赖自然环境与资源，人类的活动随着自然资源的变化而发生改变，所以自然资源与环境变化的同时一定伴随着人类行为模式的变化。只有当人类选择有益于自然、资源的发展模式时，人文—自然耦合系统才会长久协调发展；若人类选择破坏自然资源的发展模式，这个耦合系统就非常脆弱，人类就要不断地因自然、资源、环境的改变而变更发展模式（图3-10）。产业聚集在带来技术革新的同时，对环境的破坏也进一步加剧，造成资源短缺。如果想要产业可持续发展，就必须搞好人类活动与环境资源的关系，引进新技术和清洁能源，转变传统的资源利用方式，构建人与自然动态促进的发展模型。

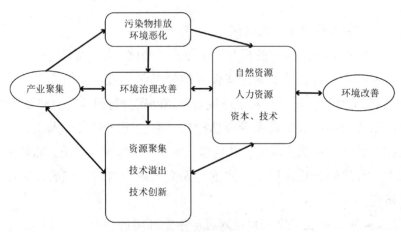

图 3-10　产业与环境资源之间的反馈关系图

综上所述，国外对人文—自然耦合系统的研究，仍主要停留在社区等小尺度空间，通过建立研究模型，对研究对象的人文自然变化过程进行分析，探究人文过程对当地自然生态系统的影响，以及自然生态环境对人类活动的影响。

我国相关研究起步较晚。任继周在对荒漠—绿洲草地农业系统进行研究时提出"生态系统耦合"的概念,指出系统耦合可以提高生态系统生产力。之后有更多学者将这一理论用到其他学科。欧阳兵等人建立了不同景观植被生态系统和生物循环过程的耦合模型;肖明康等学者将该理论运用于对声场耦合系统之间的响应以及声辐射预测的研究。张妍等学者将该理论运用于对城市经济和环境发展之间耦合关系的研究。黄瑞芬等学者构建了可代表海洋产业系统与海洋资源系统耦合关系的元素指标体系,将环渤海经济圈作为研究对象,揭示二者的耦合发展状态(图3-11)。

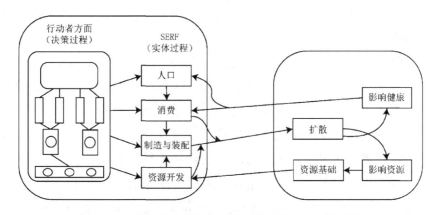

图 3-11 海洋产业系统与海洋资源系统的相互作用图

国内学者对人文系统和自然系统之间的耦合研究较少,多是对二者与其他系统耦合的研究。周艳从人口学和经济学角度总结了人口和经济发展在时空耦合尺度上的发展规律。耿松涛、谢彦君将副省级城市作为研究样本,建立旅游经济和生态环境的耦合系统,从不同角度研究经济发展对生态环境的影响,指出发展旅游业应以生态环境保护为前提。以上学者对人文和自然耦合系统的研究基本建立了协同耦合模型,探寻二者如何互相促进。

综上所述,国外学者的研究尺度相对比较微观、具体,主要是针对社区等小尺度空间范围的研究,侧重于构建模型,研究自然环境对人文环境的反作用。国内学者则更多地将目光投向某种人类活动对生态环境的某要素(如气候、资源等)的影响,建立耦合协调模型,研究其耦合协调度,通过对二者协调发展程度与状况的深入分析,提出推进协调发展的建议。

2. 经济-生态系统耦合研究

R. Costanza 将生态系统的服务价值作为研究主题，只靠社会经济的增长和环保技术的进步无法完全消除经济发展与环境保护之间的矛盾，实现生态与经济系统的协调耦合，只有让经济发展带动社会发展，提高发展质量，才能实现这一目标。F. Voinov 构建了生态与经济发展评价模型，并将其命名为"帕塔克森特景观模型"，利用其研究生态与经济发展之间的相互影响，提出可持续发展的建议。F. Villa（2002）等学者主张构建生态系统服务价值评价体系，从政治学、经济学等多角度出发，运用多种数学分析方法，构建社会-生态系统发展分析框架（SES）及相关知识库。各国学者对这一领域高度关注，是因为二者的协同耦合是实现长远发展与可持续发展的前提。

开创国内相关领域研究先河的是任继周，他将研究范围扩大到荒漠绿洲，对这一特殊地区的农业进行研究，并划分层次，建立了草地农业系统。李镇清等人以草原生态系统为课题，结合能量网络自组织原理，研究草原生态系统的耦合，探讨系统耦合的产生条件与作用。范文涛等人对区域生态系统特点进行研究，对区域宏观生态经济系统进行定性分析。张晓东结合县域资源环境容量对生态、能源、经济三个系统进行产业结构分析，选取三个具有系统代表性的指标构建指标体系，建立耦合模型，对区域产业结构调整优化升级问题进行探究。姜涛等学者利用动态的投入—产出原理，将人口、资源、环境与经济四个子系统相结合，构建可持续发展指标模型体系，分别探寻子系统发展的优化目标；刘学录（2002）等人从景观学角度出发，研究山地—绿洲—荒漠组成的生态复合系统，以及复合生态系统与经济系统的耦合程度及相互作用。刘兴元以甘肃中部的秦王川地区作为研究对象，根据其资源特征对该地经济作物选择、植被恢复等主题进行设计，构建农业产业复合体系，因地制宜地提出耦合发展模式。任海平指出我国面临环境危机，发展生态经济是可持续发展的关键，是解决我国城镇化进程中诸多问题的关键和提高我国经济竞争力的捷径，只有建立生态经济发展模式，才能实现经济效益、社会效益与生态效益和谐统一。邵权熙研究林业系统与生态系统、经济系统、社会系统之间的关系，以我国林业发展历程为切入点，针对不同时期林业发展的侧重点与特点，构建林业生态经济社会耦合系统，研究系统运行模式，总结发展规律，提出以林业社会系统为支撑的林业生态建设市场化建议。尹新哲以经济转型时期的三峡库区为研究对象，探究在资源与环境受限的情况下生态农业与生态旅游业应如何发展，建立生态旅游业与生态农业耦合发展指标体系，探寻二者社会效益最大化的路径与产业系统发展配置的最优解。赵景柱基于可持续发展战略，对生态服务子系统进行研究，建立相关评价体系，对13种生态服务的价值进行定量测算。王继军（2009）等学者研究了陕西省农业—生态—经济耦合体系的发展现状，并对未来发展进行了预测。杜英将黄土高原区域作为重点研究区域，对退耕还林与生态系统的耦合程度进行了研究，针对该类型区域生态系统的耦合协调发展提出有益建议。张胜武（2010）等学者在对干旱区的城镇化—生态—经济系统进行研究时，模拟石羊河流域的水资源与城镇化的演化过程，还分析了三个系统之间的相互作用、能量交换和三者构成系统的耦合作用机制。江红莉等学者研究经济与生态环境之间的动态变化关系，建立动态耦合机制模型。孔伟、段长桂、张帅等人都将研究重点放在生态环境和经济发展的作用关系上。

基于不同学科、视角、方法和模型的多层次探究，学界对经济与生态系统之间的耦合关系进行了全面、深入的分析，揭示了其在社会发展中的核心地位。通过生态系统服务价值的量化评价、耦合发展模型的构建、复合系统的动态模拟等方法，各领域研究揭示了生态与经济系统相互依存、共同驱动的可持续发展作用机制。国内外学者从草地农业、荒漠绿洲、林业、生态旅游等具体课题出发，逐步完善耦合分析模型和系统框架，将环境资源、产业结构和社会效益纳入整体性发展视野。

第三节 旅游业与新型城镇化协调发展的基本内容与机制研究

一、旅游业与新型城镇化协调发展的基本内容

（一）旅游业与新型城镇化协调发展的概念

协调发展是基于多系统、多要素的全面、整体、内生的一体化发展，

以追求全面改进和整体优化为目标。对旅游业与新型城镇化系统及其相关要素的综合分析表明，在旅游业与新型城镇化的协调发展过程中，需要以下五个子系统的健康、有序的互相作用，即支持子系统、公共服务子系统、生态环境子系统、产业部门子系统和利益主体子系统。旅游业与新型城镇化协调发展是复合系统内部通过这五个子系统组成部分的合理配置而实现的有序变化的动态过程。协调发展的重点在于依托两种或两种以上系统或系统要素之间关系的合理匹配，使各子系统内部和复合系统整体达到协调状态。在协调发展的过程中，新型城镇化建设依托旅游产业资源、服务质量、消费资源的整合，对系统内各要素进行补充完善；同时，新型城镇化建设提供的产业资源、就业岗位、人居环境、公共服务也可以优化旅游业内部的各组成部分。

对于旅游业与新型城镇化协调发展的概念，需要从以下几个方面来理解：首先，旅游业与新型城镇化协调发展建立在二者相辅相成的基础上。一方面，旅游业发展促进城镇经济实力的攀升，不仅能优化城镇产业结构，而且能推动城镇生活方式从传统型向生态文明小城镇的现代型转变。另一方面，新型城镇化可以推动旅游业向更高的层次发展，在产业资源、居民就业、公共服务等方面为旅游业提供强有力的保障。其次，要提高旅游业与新型城镇化复合系统的协调发展水平，必须通过五个子系统内各组成部分的合理配置，使复合系统产生协调效应，从而推进旅游业与新型城镇化协调发展。最后，旅游业与新型城镇化复合系统依托旅游业与新型城镇化产业结构的优化升级，逐步完善各自的发展，从而加快旅游业与新型城镇化的协调演化进程。

（二）旅游业与新型城镇化协调发展的特征与构成要素

1. 旅游业与新型城镇化协调发展的特征

旅游业与新型城镇化协调发展的特征主要表现在三个方面。首先，面对新的发展形势，二者协调发展具有相同的理念和明确的目标。旅游产业绿色低碳、生态环保的发展理念与新型城镇化的生态宜居、环境友好的发展理念内核一致，二者协调发展的目的就是基于各子系统内部组成部分的合理匹配，实现最终目标。其次，二者协调发展不仅是一个不断变化的连续过程，还是一个动态演化过程，通过系统内部各要素之间的相互作用，有目的、有意识地使其完成最佳配置，促使各子系统之间的关联运动占据主导地位，从而实现复合系统的演化由低层次均衡不断转化为高层次均衡。最后，二者协调发展的过程依托各子系统要素的相互合作与互动，既有动态性，又有稳定性。当关联运动在复合系统中占据主导地位时，各子系统中的元素匹配及子系统之间的竞争与合作将相对稳定。

2. 旅游业与新型城镇化协调发展的构成要素

在旅游业与新型城镇化的复合系统中，要素支持子系统为复合系统提供资金、土地、劳动力、技术、产业和人口等生产要素。生态环境子系统为复合系统提供健康、绿色的生态环境；公共服务子系统为复合系统提供城镇基础配套设施；产业部门子系统为复合系统提供产品服务。正因为五个子系统之间持续不断的相互作用，利益主体子系统才能更好地组织协调各利益主体之间的关系，推进整个复合系统协调统一的发展进程。

要素支持子系统主要由资金、土地、劳动力、技术、产业、人口等若干资源要素构成，为旅游业与新型城镇化协调发展提供了生产要素。只有加快各要素支持子系统内部生产要素的匹配，才能推进复合系统的协调演化。在实际发展过程中，要素支持子系统的内部协调存在诸多问题。从城镇资本供给和旅游资本需求的角度来看，旅游业作为综合性产业，一直是拉动经济增长的重要动力，而在城镇发展过程中大量资金被用于城镇硬件设施建设，旅游产业的发展被忽视，即使有一部分旅游发展专项经费，也主要用于旅游基础设施建设、宣传促销等，对旅游公共服务设施的必需性和重要性还缺乏足够的认识。从城镇土地供给和旅游开发用地需求的角度来看，城镇在旧城拆迁改造中留下大量闲置土地，但旅游用地指标普遍缺失、旅游地产开发缺乏优质土地资源等问题仍未得到很好解决。从旅游劳动力需求和城镇劳动力供给来看，旅游业是综合性服务产业，可以创造大量就业岗位，但缺乏针对城镇居民的就业吸纳能力。大多城镇居民在从事旅游相关行业工作前，没有接受过系统的专业技能培训，导致旅游业在发展过程中整体服务水平偏低。从城镇技术供给和旅游技术需求来看，旅游区的现代化程度明显低于居住区、商业区，为游客出行、游览造成诸多不便。因此，有必要推进旅游产业发展与新型城镇化建设要素支持子系统中各类生产要素的合理配置，不仅要发挥市场在资源配置中的基础性作用，还要重视政府在其中的宏观调控作用，确保各种资源合理配置。

生态环境子系统主要由自然生态环境和人工生态环境构成。自然生态环境包括气候、水文、阳光、土壤、植被、生物等自然生态要素，人工生态环境包括住宅、花园、遗址、交通、水库等人工设施，两者共同为旅游业与新型城镇化协调发展奠定了坚实的生态环境基础。只有正确处理好自然生态环境和人工生态环境之间的关系，才能有效推动复合系统的协调发展。在实际发展过程中，生态环境子系统的内部协调仍存在诸多问题。从城镇建设、旅游资源开发与生态环境保护三者的关系来看，随着旅游产业的蓬勃发展和旅游资源的不断开发，开发过程中只考虑经济利益、忽视生态环境的问题逐渐凸显。不考虑城镇生态环境承受能力的开发，不仅破坏了居住区的生态环境，损害了城镇风貌，而且影响了旅游业的健康发展。因此，有必要实现旅游自然生态环境与旅游人工生态环境的协调。在推动生态环境子系统内部协调发展的进程中，将生态发展理念运用于旅游业发展与新型城镇化建设，完善城镇绿色公共基础设施，构建绿色生产生活方式，实现城镇生态的良性循环和人居环境的持续改善，推动旅游业与新型城镇化协调发展。

公共服务子系统包括市政配套设施、城镇基础设施、旅游上层设施和旅游基础设施，功能是为城镇的发展提供硬件支持，促成这些服务设施在旅游业与新型城镇化复合系统之间的有效匹配，确保复合系统更高标准的硬件配置与开发。然而，在实际发展过程中，公共服务子系统的内部协调仍有一系列不足。从城镇配套设施供给与旅游上层设施需求来看，城镇居住区内旅游咨询、接待、娱乐、医疗等相关硬件设施建设较为滞后，已成为制约城镇旅游业进一步发展的主要瓶颈。从城镇基础设施供给与旅游基础设施需求来看，旅游景区内排水、通信、防灾防洪、能源等配套基础设施建设滞后，造成较为严重的生态环境问题，景区内气体、水体、固体污染较为严重，为生态城镇化建设带来严峻挑战。城镇居住区内的酒店住宿、餐饮服务、购物娱乐、交通运输及安全设施分布不均且配备不齐全。因此，必须实现市政配套设施、旅游上层设施、城镇基础设施和旅游基础设施在公共服务子系统内的合理运作。在推进公共服务子系统内部协调化的过程中，通过扩大或新建，加强旅游软硬件设施标准化建设，实现公共服务子系统中旅游服务设施需求与城镇设施供给的合理匹配。

产业部门子系统涉及旅游产业部门和城镇相关产业部门，二者分属不同部门管理，但在发展过程中都需遵守自然、生态、社会发展规律。只有正确处理旅游产业部门与城镇相关产业部门之间的关系，才能为复合系统的内部均衡和协调发展提供更好的支撑。然而，在实际发展过程中，产业部门子系统的内部协调仍存在一系列问题。旅游各产业部门与城镇相关产业部门内外不协调，组织结构、相互联系松散，不足以形成泛旅游产业集群，以至于旅游业对城镇建设产业的带动效应较弱。部门管理机构的匮乏，产业分工协调的缺失，使旅游业与新型城镇化之间竞争多于合作，矛盾多于协调，造成资源配置不合理以及不必要的重复建设。为此，城镇相关产业部门和旅游部门应该建立协调配合的工作机制，建立产业区，打造向外拓展的旅游产业链，加强对城镇旅游工作的推进，推动旅游产业和城镇相关产业在主体空间上的集聚发展。

利益主体子系统由各方相关利益主体构成，包括旅游者、旅游经营者、当地政府部门及当地城镇居民，在新型城镇化建设和旅游业发展过程中，离不开他们的推动作用。只有统筹协调各个主体的利益关系，才可以保障复合系统的协调、健康发展。在实际发展过程中，各利益主体之间仍存在诸多深层矛盾和问题。例如旅游经营者与旅游者，旅游者出游是为了享受高质量的旅游体验产品，这不仅需要旅游经营者提供高质量的硬件设施，还要提供良好的软性服务；但部分旅游经营者为了降低成本，倾向于用质量一般甚至较低的旅游产品，这就是两者之间的矛盾和冲突。从旅游经营者之间的关系来看，各旅游经营者为了抢占更多的市场份额而互相争夺客源，竞争越来越激烈，有时甚至会采用不正当的竞争手段，这不仅损害了旅游者的利益和旅游企业的信誉，也不利于市场的健康、有序发展。从政府部门与城镇居民之间的关系来看，政府部门在旅游规划和资源开发过程中，有时过于注重经济效益，忽略了城镇居民的切身利益，无法很好地解决城镇居民就业问题。因此，在推进旅游业与新型城镇化协调发展的过程中，有必要协调旅游经营者、旅游者、政府部门和城镇居民之间的关系，建立健全各利益主体之间的利益和责任平衡机制，调节旅游供求市场结构的平衡，实现各利益主体供应与需求之间合理、有效的匹配。

(三) 旅游业与新型城镇化各子系统之间的整体协调

旅游业与新型城镇化的协调发展不仅应体现在各子系统、各要素的合理配置上，还应体现在各子系统的协同作用上。旅游业与新型城镇化复合系统的整体协调主要包括系统结构协调、功能协调、目标协调和组织管理协调。通过促进五个子系统在这四方面的协调，可以实现各子系统要素的合理配置。

1. 结构协调

在旅游业与新型城镇化复合系统协调发展的进程中，各个子系统结构内部的关联运动占据主导地位，复合系统的协调发展获得可行性。当复合系统中各个子系统内部组成结构不合理时，系统的整体结构就会发生不可预料的变化，复合系统验证难以发挥协调效应。复合系统结构的不合理主要表现在各个子系统内部要素构成方式的不合理及各个要素的构成比例不协调，结构协调就是要通过不断地调节复合系统中各个不恰当的部分，实现城镇要素供给与旅游要素需求的协调发展。

2. 功能协调

在旅游业与新型城镇化复合系统协调发展的进程中，复合系统功能的实现依托各个子系统功能的实现。复合系统的功能协调是指通过要素支持子系统、公共服务子系统、生态环境子系统、产业部门子系统和利益主体子系统之间相互协调的作用力，充分发挥各要素子系统的要素支持功能、公共服务子系统中服务设施供给功能、生态环境子系统的生态功能、产业部门子系统的产品生产功能和利益主体子系统的协调功能。

3. 目标协调

在旅游业与新型城镇化复合系统协调发展的进程中，必须让各子系统的目标与复合系统的目标保持一致。在旅游城镇复合系统中，要素支持子系统内的城镇要素供给与旅游要素需求、公共服务子系统内的城镇公共服务设施供给与旅游服务设施需求、生态环境子系统内的城镇绿色设施供给与生态旅游系统需求、产业部门子系统内的城镇相关产业部门供给与旅游各部门需求，这些子系统的子目标存在差异。基于此，协调各子目标与总目标之间的关系是十分必要的。

4. 组织管理协调

在旅游业与新型城镇化复合系统协调发展的进程中，不合理的组织架构会严重影响各子系统内部要素的正常运作和复合系统中各种信息的交流反馈，使得信息流在各子系统内的流通阻塞。组织管理协调就是针对各系统管理的主体和客体，按照问题性质和所处层次的差异，调整复合系统内部的组织管理系统，使各相关机构和组织与其能处理的问题性质和层次相匹配。

二、旅游业与新型城镇化协调发展机制

（一）整体内在作用机制

新型城镇化建设能够创造旅游业发展的供需条件，而旅游业发展可以推动新型城镇化，二者相辅相成（图3-12）。旅游业可以带动旅游产业链向其他产业延伸，推进产业融合，扩大旅游经济、社会、生态和文化效应。在经济效应上，表现为旅游业带动相关产业发展，从而推动城镇及区域经济发展；在社会效应方面，能够提供就业机会，改善交通设施及公共服务基础设施建设，打造城镇品牌，提高城镇吸引力；在生态环境效应方面，

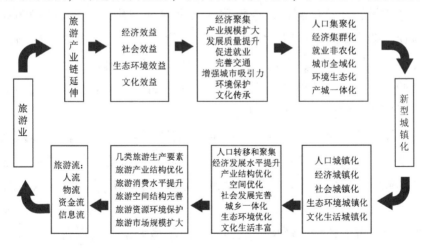

图3-12 旅游业与新型城镇化整体协调机制

能够推动生态环境保护工作,创造良好的生态环境;在文化效应方面,能极大地推动传统文化资源的保护、传承和开发。从人口、经济、社会、生态、文化等方面逐步推动新型城镇化建设和人口转移、集聚,进一步提高经济发展水平,优化产业结构和城镇空间,逐步实现城乡一体化,改善生态环境,丰富人民的文化生活,促进旅游生产要素不断积累,优化产业结构,不断提高消费水平,有效保护资源环境,扩大市场规模,这些效应又反过来成为刺激旅游业发展的驱动力。

(二) 相互影响机制

1. 新型城镇化对旅游业的影响

城镇基础设施建设为旅游业提供了良好的发展环境。有序推进城镇基础设施建设可为旅游产业奠定良好的发展基础,成为旅游业高质量发展的有利平台。城镇化本身的发展过程就是通过区域的重新布局和规划,优化城镇基础设施配置及城镇功能布局。一方面,注重城镇品牌建设和城镇文化内涵的提升,改善城镇文化设施建设,挖掘和保护文化景观,可对传统型观光旅游产业的优化升级产生积极影响,提高旅游活动的文化内涵,提升旅游产业的发展水平,促进旅游产业高质量发展。另一方面,大力推进城镇基础设施建设,将进一步改善旅游基础设施和公共服务基础条件,提高服务质量,推动旅游业快速发展。大力发展与旅游业密切相关的产业,如餐饮、购物、酒店住宿、休闲娱乐等。建设一体化综合交通网络,完善医疗卫生、网络通信、文化教育等服务体系,为城镇新型旅游业的发展提供新的发展机遇,有利于打造新型城镇特色品牌,树立新型城镇形象,建设生活舒适、便捷、休闲的特色城镇。

新型城镇化建设为旅游产业链条的延伸提供了平台。新型城镇化建设是一系列关系到产业与社会发展的浩大工程,而旅游业具有较强的驱动价值和区域综合协调能力。将新型城镇化建设与旅游产业有机结合,对城镇优质品牌的打造起重要作用。旅游产业能聚集产业、资金、人口,最大限度地实现经济、社会、环境效益的协调。新型城镇化的创新性产城一体化发展理念,极大地促成旅游产业与其他相关产业融合,充分发挥旅游产业强大的辐射和带动作用,扩大城镇就业渠道,提升城镇就业质量,进而推动新型城镇化进程。在这一进程中逐渐形成泛旅游产业集群，以旅游业为主导，依托旅游消费需求，在旅游产业融合背景和新型城镇化规划的指导下，促成人口、产业、消费、就业、服务集聚，广泛延伸旅游产业链条。

党的十九大报告中提出，坚持人与自然和谐共生、坚持节约资源和保护环境。从理论上讲，新型城镇化建设与生态环境之间是互利共生的关系，新型城镇化建设必然会引起城镇周边地区生态环境的变化，而生态环境的变化又会使城镇化水平发生改变。与以往高消费、高排放、缺乏特色的传统城镇化不同，新型城镇化强调以人为本、生态集约、绿色和谐。旅游业具有绿色环保的特性，旅游业可替代能耗高、污染重的产业，最大限度地减少资源消耗和环境破坏，实现城镇发展与生态环境的和谐。旅游业是驱动新型城镇化和生态文明建设的适宜产业，旅游业的发展符合新型城镇化理念，新型城镇化的建设也将促进旅游业的发展。

2. 旅游业对新型城镇化的影响

旅游业具有产业关联度高、经济贡献率大等特征，是国民经济体系中的战略性支柱产业之一。大力发展旅游业，能提高城镇经济水平，主要表现在改善城镇基础设施条件、为城镇居民提供就业机会、转变居民生活方式、优化资源配置等方面。游客必然产生旅游消费，涉及餐饮、住宿、购物、娱乐及其他相关行业，这样就可以为城镇带来人流、物流、资金流和信息流，直接或间接带动相关产业效益增长，提升城镇经济总量，提高城镇整体综合竞争力。旅游业具备较强的产业融合发展能力。例如，"旅游+工业"可激活工业资源，催生出工业遗产观光、科普研学、工业博物馆等新业态，通过对原有旧工业建筑进行改造利用，不仅创造了经济价值，而且延续了城市的工业发展脉络；"旅游+农业"催生出帐篷营地、森林氧吧、林下采摘、农业观光、民宿接待等新业态，提高了乡村居民生活水平，带动了农村建设，成为推动农村地区广大农民脱贫致富的重要途径。除此之外，还有"旅游+康养""旅游+体育"等。"旅游+"产业融合可以推动产业升级重组，吸引游客到此消费体验，催生出更多新业态、新产品。

旅游产业作为国民经济新的增长点，具有辐射力强、辐射面广的特点。它不仅在拉动内需、促进产业结构优化升级、提高居民生活水平方面贡献颇多，而且总体就业门槛低，就业岗位层次多，辐射面广，人才需求多样化，不同层次的劳动力都可以找到适合自己的岗位。旅游业可以为居民提供大量就业机会，缓解就业压力，不仅包含直接为游客提供相关产品和服务的行业，如住宿餐饮、交通运输、商业购物、休闲娱乐等，也包含间接为游客提供相关产品与服务的行业，如银行、医疗、物流、园林、纺织等。区域旅游业的蓬勃发展，有助于农村地区剩余劳动力实现再就业的空间和潜力进一步加大，为旅游活动及其相关产业的生产经营活动提供人力物力，推动旅游业与新型城镇化协调发展。

旅游业是一个涉及面广的综合性产业，"食、住、行、游、购、娱"六大产业要素都与城镇基础设施建设相关。为了吸引更多游客，旅游目的地积极加强基础设施建设，完善基本公共服务体系和旅游配套服务设施，客观上改善了当地居民的居住环境，推动了城镇软硬件设施的优化升级，最终在就业环境、产业集聚和公共服务方面为新型城镇化提供了强大的基础设施和服务保障。如今旅游模式日益丰富，市场也要求旅游业向多元化、精细化、高品质方向发展，基础设施的完善是获得旅游经济效益的必要条件，由旅游带来的消费、产业、人口、市场集聚通过不断丰富旅游业态，延伸产业链条，优化产业结构，完善服务配套设施，可极大强化城镇基础设施建设和城镇服务功能，直接推动城镇可持续发展，为实现新型城镇化奠定基石。

旅游业是环境友好型、资源节约型产业，与资源环境和人文生态系统是相互依存、相互促进的。良好的生态环境有利于旅游业的高质量发展，而旅游业带来的经济效益又可以反哺城镇生态文明建设。与其他传统产业相比，旅游业的资源消耗低、环境影响小，其发展高度依赖新鲜的空气、优美的自然景色和宜人的城市环境，因此也被称为"无烟产业""绿色产业"。此外，旅游产业的发展可加速城镇生活垃圾无害化，提高污水处理率和绿化率。旅游资源的开发将当地环境纳入旅游核心吸引物，以资源和生态环境保护为前提，建设生态型城镇，确保经济建设与生态环境的和谐。

发展旅游业不仅有利于区域经济均衡，还是缩小城乡差距、实现城乡统筹发展的强大动力。长期的城乡二元经济结构使城镇与农村市场一度割裂，严重制约了城乡一体化发展和新型城镇化建设。发展旅游业可以更好地梳理资金、土地、劳动力、技术、产业、人口等各产业因素的相互关系。

现如今,乡村旅游、农业旅游、工业旅游、康养旅游等新兴旅游形式发展迅速,不仅拓宽了乡镇居民的增收渠道,带动了餐饮、住宿、购物、娱乐等相关产业的发展,而且创造了大量就业机会,解决了农村劳动力的就地转移问题,能够吸引更多资金投入乡村建设,不仅提高了农民的收入和生活水平,而且对城乡统筹发展和一体化发展、缓解城市化进程中的社会矛盾也具有重要意义。

(三) 动力机制

1. 根本动力

旅游业与新型城镇化协调发展的根本动力在于通过两个系统内部各种要素的不断流动,实现两个系统中各子系统组成部分的合理配置。在旅游业与新型城镇化协调发展过程中,系统内部的各个子系统或各组成部分在相互作用中存在不同程度的合作与竞争。旅游业与新型城镇化都会对要素支持子系统中的资金、土地、劳动力、技术、产业和人口产生需求,这使二者在要素需求方面存在竞争;旅游业和新型城镇化的发展都依赖良好的环境基础,在生态环境子系统的需求上相互配合;旅游业与新型城镇化都对公共服务子系统中的基础配套设施产生需求,在公共服务需求方面存在竞争;旅游业与新型城镇化在产业部门子系统的需求上相互配合;在旅游业与新型城镇化的利益主体子系统中,旅游企业、旅游者、政府部门和城镇居民,因各自利益诉求不同,他们之间既存在不同程度的合作,又有着不同程度的竞争。正是由于这些要素相互合作与竞争,两个系统才能产生关联运动,复合系统的协调演化才具备基础和可能性。推动旅游业与新型城镇化协调发展的动力源泉是复合系统各子系统内要素之间的合作与竞争。

2. 随机动力

旅游业与新型城镇化协调发展的随机动力产生于各子系统内各要素生成的随机流动性。在要素支持子系统中,资金、土地、劳动力、产业和人口等生产要素的供给和需求主要由旅游市场决定,而旅游市场中产品的均衡价格和均衡产量则由旅游需求和旅游供给共同决定。当旅游市场发生变动时,两大系统对这些生产要素的需求也会受到影响,旅游收入的偏离、服务质量的异常、旅游管理观念的变革都会产生作用。在产业部门子系统中，由于旅游者、旅游企业、政府部门以及城镇居民的利益诉求不同，在旅游活动的进行过程中，旅游企业与城镇相关企业之间的合作是断断续续的，这种合作的不连贯与不协调会影响协调和演化过程，致使各要素间产生矛盾和冲突，这些会影响旅游业与新型城镇化的协调发展进程。因此有必要监控这些随机波动，并建立一定的组织管理机制和保障体系来加强这些波动的可控性，从而推动旅游业与新型城镇化复合系统的协调进程。

（四）过程机制

旅游业与新型城镇化的协调发展过程是通过旅游业与新型城镇化的互动，实现要素支撑子系统、生态环境子系统、公共服务子系统、产业部门子系统和利益主体子系统中各组成部分合理匹配的动态过程。复合系统协调演化进程涉及旅游产业集群和城镇建设环境，相关企业围绕旅游产品的开发、生产、销售和消费四个环节展开经营与服务活动。新型城镇化建设环境包括经济、政治、社会和文化环境，通过发展旅游产业，发挥各大环境间的相互作用，推动各子系统内部要素的合理配置。

熵流用来反映一个系统的混乱程度。熵值越大，系统越无序；熵值越小，系统越有序。如果要提高系统的有序程度，就必须采取有效措施降低系统熵值。"熵"流分为正熵流和负熵流，正熵流阻碍系统协调发展，负熵流推动系统协调发展，且其作用可在系统协调发展过程中通过涨落、波动作用不断强化。旅游业与新型城镇化协调发展，依托五大子系统内部组成部分的持续性相互作用，促使复合系统逐渐产生熵流。

1. 正熵流

旅游业与新型城镇化复合系统中的正熵流是阻碍系统协调发展的主要原因，体现为子系统内各要素的不合理导致的复合系统协调功能减弱。其中要素支持子系统内资金、技术、土地、劳动力、产业和人口等生产要素在主系统配置不均，造成旅游生产要素需求与城镇生产要素供给之间不匹配。生态环境子系统内的绿色基础设施和辅助设施、旅游自然生态环境和人工生态环境在主系统内的配置不合理，会使生态旅游需求与生态城镇设施供给发生偏差。公共服务子系统的城镇基础设施、市政配套设施、旅游基础设施和旅游上层设施在主系统内部的不匹配，造成旅游服务需求与城镇服务供给不匹配。产业部门子系统内部的旅游产业部门与城镇相关产业部门之间缺少管理机构，产业分工关系失调，引起旅游产品需求与城镇产品供给不匹配。利益主体子系统内部旅游者、旅游经营者、政府部门及城镇居民因利益诉求不同，彼此之间仍存在诸多矛盾，这使企业供给与旅游者需求、旅游企业供给与城镇居民需求、政府供给与旅游企业需求、政府供给与城镇居民需求难以匹配。新型城镇化环境和旅游产业集群相关的五大子系统内各组成部分的不匹配，阻碍了复合系统的协调发展进程。

2. 负熵流

旅游业与新型城镇化复合系统中的负熵流是推动整个系统协调发展的重要因素，体现为各子系统内部组成部分的合理配置，它们在两大系统内合理组合，使复合系统的协调发展朝向更高水平、更深层次。其中，要素支持子系统内的资金、土地、劳动力、技术、产业和人口等生产要素在两大系统内合理配置，使旅游生产要素需求与城镇生产要素供给实现平衡。生态环境子系统内部的绿色基础设施和辅助设施、旅游自然生态环境和人工生态环境在两大系统内合理配置，生态旅游需求与生态城镇绿色设施供给有机结合。公共服务子系统内的城镇基础设施、市政配套设施、旅游基础设施与旅游上层设施在两大系统内合理配置，使旅游服务需求与城镇服务供给相匹配。利益主体子系统内的旅游产业部门和城镇相关产业部门之间有效协作，可使旅游产品需求与城镇产品供给平衡。利益主体子系统内旅游企业、旅游者、政府部门和城镇居民主要矛盾缓解，可使旅游者的需求与旅游企业的供给、旅游企业的供给与城镇居民的需求、地方政府供给与旅游企业需求、地方政府供给与城镇居民的需求相匹配。五大子系统内各组成部分真正实现相互配合，促使复合系统整体运转平稳、和谐，推动旅游业与新型城镇化复合系统的结构与功能趋于有序。

第四章　旅游业与新型城镇化协调发展的模式选择

新型城镇化是以"人"为核心，兼顾城乡统筹、城乡一体、产业互动、节约集约、生态宜居、和谐发展等要求的"新"的城镇化。旅游业是一种产业关联度高、经济带动性强、就业门槛低、资源消耗低的绿色产业，符合新型城镇化发展的核心要义，也决定了旅游业的发展可以促进新型城镇化的发展。旅游业是新型城镇化发展进程中的重要驱动力，新型城镇化的高质量发展又为旅游业提供了完备的基础设施与配套服务保障，有助于增强旅游业的吸引力，旅游业与新型城镇化协调发展是未来区域经济增长的新动力。通过对国内外旅游业与新型城镇化协调发展的相关实证研究进行梳理，本书将发展模式归纳为五种，即旅游资源禀赋模式、城市旅游化模式、市场驱动模式、文化依托模式和大遗址保护发展利用模式。

第一节　旅游资源禀赋模式

一、模式内涵

旅游资源禀赋模式是指区域自身旅游资源禀赋优越，具有一定体量与规模，拥有巨大的市场吸引力，在发展过程中逐步形成旅游景区建设与城镇建设融为一体的旅游城镇化发展模式。符合此模式的地区多数以旅游业为主导产业，通过消费来促进城镇发展，如澳大利亚黄金海岸、张家界、井冈山、黄山、桂林、延安、厦门鼓浪屿、嘉兴乌镇、苏州周庄等。

二、模式选择的基本条件

(一) 旅游资源

在资源上有一定的先决条件，旅游资源丰富，集聚效应好，具有一定的历史文化底蕴，允许游客在较短时间内进行多种旅游活动，在时间、经济上都较为适宜。

(二) 旅游基础设施

拥有便捷的旅游交通设施、通信设施、医疗服务设施，以及旅游、餐饮、住宿、娱乐、购物环境，以发达的城市经济、完善的服务作为支撑，对旅游者具有巨大吸引力，是重要的旅游吸引要素。

三、典型案例分析

(一) 澳大利亚黄金海岸

1. 基本情况

黄金海岸（图4-1），即昆士兰黄金海岸，位于澳大利亚东部海岸中段、布里斯班以南，是一段长约42km、由10多个连在一起的优质沙滩组成的度假胜地，占地面积约1400km^2，人口超过70万。该区属亚热带气候，每年阳光明媚的日子长达290天，气候宜人，夏季不会让人感觉炎热难耐，气温基本保持在19~29℃；冬季气候温暖湿润，气温保持在9~21℃。该区有长达40千米的观光沙滩及可供游客冲浪的海域，这片优质的金色沙滩就是"黄金海岸"这一名称的来源。宜人的气候，良好的环境，干净的沙滩，这些优质的自然旅游资源为旅游业的发展奠定了基础。除此之外，这里还有世界闻名的主题乐园，如华纳电影世界、梦幻世界、海洋世界等，每年仅主题乐园就可接待上千万游客，为当地创造了十分可观的收入。黄金海岸也因此成为澳大利亚第六大城市、最大的旅游度假城市及经济发展速度最快的城市之一。2019—2020年，黄金海岸的GDP高达381亿澳元，近五年GDP年均增长率为4.4%。

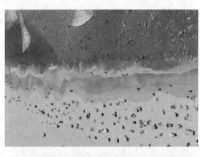 

图 4-1　黄金海岸

2. 发展策略

黄金海岸通过科学规划，划分出不同的功能区，形成以高速公路为主轴的"东区-西区"两大开发区。基于对交通系统的优化，尤其是鱼骨式交通设计，连接了区域内的公寓、酒店、景点等，强化了区域通达性。景区通过"垂直岸线模式"对资源进行整合，使冲浪沙滩、度假酒店、公寓区和消费娱乐区形成高效功能区组合。通过这样的资源整合，黄金海岸在人员流动和消费方面为游客提供了良好体验。旅游业与当地居民的良好互动，创新多个独立收费项目的构成，大大扩展了游客的可选择面。当地通过市场反馈，迅速调整经营策略，在完善旅游休闲度假功能的同时，为城市活动提供了优质平台。在当地的旅游业收入中，20%为门票收入，80%为其他商业收入，实现了以旅游业快速拉动城市建设的战略目标。

3. 存在问题

旅游地对本地居民没有吸引力，对居民生活造成一定影响，居民与旅游地的旅游氛围格格不入。游客对过于商业化的景点失去兴趣，甚至产生不满。基础设施无法弥合当地居民与游客服务间的矛盾，黄金海岸不能承受居民和游客对城市的期望。

4. 对陕甘宁革命老区旅游业与新型城镇化协调发展的启示

（1）坚持规划先行，政策推进旅游业与新型城镇化协调发展。必须发挥规划的"龙头"作用，科学制定发展规划，遵循"以人为本"理念，充分考虑人的需要。借鉴黄金海岸的成功经验，公开城市发展建设规划，征求市民意见。加强资源保护与利用，在规划中充分利用红色旅游资源，改善生态环境，提高城市品位，确保陕甘宁革命老区规划的科学合理。

（2）加大基础设施投资力度，提升服务质量。加大对陕甘宁革命老区基础设施的投资力度，完善运输网络和区际交通建设，增强同周边城市的往来联系，改善城镇内部的交通质量，丰富交通设施种类。落实"七通一平"建设及其他市政基础设施建设，满足旅游业对基础设施的要求。加快公共服务设施与社会福利保障体系建设，加大在医疗、文化、教育方面的投入，提升公共服务水平。

（3）加强中、小城镇管理，严格落实相关政策。加强城市管理，完善城市管理地方标准，加强法制建设，建立健全城市管理规范体系，严格立法，严格执法，规范执法，做好对基层执法者的培训和监管。加强道路清扫、垃圾转运等城市市容市貌管理，整顿城市卫生，规范城市管理，如做好生活垃圾无害化处理、普及公共厕所等。重视旅游资源的可持续发展。

（二）张家界

1. 基本情况

张家界（图4-2）位于湖南省西北部、澧水中上游、武陵山腹地，总面积9533km^2，因旅游建市，是我国最重要的旅游城市之一。市辖两区两县，辖区内共有3A级及以上旅游景区31家，其中国家5A级景区2家，4A级景区13家，其中以武陵源最为闻名。武陵源于1982年经国务院批准建成我国第一个国家森林公园——张家界国家森林公园，拥有我国首批世界自然遗产、首批世界地质公园、国家首批5A级旅游景区、全国文明景区以及"张家界地貌"等多个金字招牌。张家界坚定落实"旅游立市、旅游兴市、旅游强市"战略，使旅游业成为城市支柱产业，接待游客数量每年都创下新高，并快速增长，全市GDP由2015年的447.7亿元增加到2022年的592.4亿元。张家界旅游业的快速发展为新型城镇化的推进提供了强有

图 4-2　张家界代表性旅游景点

力的产业支撑。

通过大力发展旅游业,张家界的经济快速发展,由过去的"穷乡僻壤"蜕变成现在的中等城市,涌现出一批旅游城镇,由此可见,旅游业的发展有效提高了张家界的城镇化水平。截至 2023 年年末,全市常住人口 149.7 万人,其中城镇人口 81.2 万,占比 54.2%,城镇化率 54.2%,城镇居民人均可支配收入 32863 元,增长 5.5%。全市三大产业产值占地区生产总值比重分别为 14.4%、11.6%、74.0%,第一、第二产业增加值比重较 2022 年分别下降 0.4%、1.2%,第三产业增加值比重较 2022 年上升 1.6%,三大产业对经济增长的贡献率分别为 0.6%、-16.8%、106.2%。其中,工业对 GDP 增长的贡献率为 2.4%,较上年下降 2.2%;民营经济增长值 402.9 亿元,提高 4.4%。表 4-1、表 4-2 分别为张家界 2019—2023 年旅游业与城镇化发展的基本情况,可从中看出张家界旅游业与新型城镇化发展的成绩。

表 4-1 张家界 2019—2023 年旅游业基本情况

年份	旅游总收入（亿元）	旅游总收入增长率（%）	接待旅游总人数（万人次）	接待旅游总人数增长率（%）
2019 年	905.6	23.6%	6721.28	80.05%
2020 年	569.0	-31.5%	4949.20	-26.40%
2021 年	386.5	-32.1%	2666.75	-46.12%
2022 年	275.2	-28.8%	2045.40	-23.30%
2023 年	514.6	87%	4200.00	105.33%

资料来源：2019—2023 年张家界国民经济与社会发展统计公报

表 4-2 张家界 2019—2023 年城镇化发展基本情况

年份	常住人口（万人）	城镇人口（万人）	城镇化率（%）	城镇居民人均可支配收入（元）	失业率（%）	城市生活污水处理率（%）
2019 年	154.9	78.21	50.5	26811	2.9%	96.7%
2020 年	151.72	78.36	51.65	27884	3.6%	96.7%
2021 年	151.03	79.09	52.4	20699	2.99%	96.7%
2022 年	150.40	79.70	53.0	21828	3.7%	96.7%
2023 年	149.70	81.20	54.2	32863	3.3%	98.2%

资料来源：2019—2023 年张家界国民经济与社会发展统计公报

2. 发展策略

张家界作为全国首批全域旅游发展和旅游综合改革试点城市，2011 年提出"全域提升""景城一体化"战略，开始探索"景城一体化"体制与机制建设。2013 年，市委提出"提质张家界，打造升级版"发展战略，制定把张家界打造成国内外知名旅游胜地的五年行动计划，明确"一城一区，错位发展，三星拱月，全域旅游"布局和发展路径。2017 年，提出"11567"总体思路，按照"三星拱月、月照三星"发展布局，发展东线旅游，振兴西线旅游，开发南线旅游，全面推动武陵源旅游区提质，完善旅游空间布局。按照"双核三极多点"工作思路，推进旅游产业布局，构建点面结合、错位发展、梯次打造的全域旅游发展总体格局。

3. 存在问题

第一，过度依赖门票经济，已严重影响景区的高质量发展。当门票价格超出游客的实际支付能力和心理预期时，不仅影响公众的出游热情，还会抑制游客的消费意愿，压缩游客在旅游其他环节的支出，对景区客源市场的形成产生负面影响。如张家界天门山门票是258元（含大索道、环保车），武陵源门票是248元（含环保车）。

第二，资源同质化导致旅游产品同质化。张家界各景点整体处于分散状态，没有形成整体开发、整体发展的布局，缺乏反映景区特色的主题来支撑旅游产品，盲目借鉴、开发的旅游项目缺少特色，同质化较为严重，不仅没有为景区提升自身优势，反而降低了景区的品质与格调，在旅游市场中缺乏辨识度。如张家界江垭温泉与万福温泉，九天洞、龙王洞与黄龙洞等景点非常相似。

第三，城镇建设的自发性和无序化危机。作为边缘地带的近郊地区，对旅游业和城镇化的长远发展往往缺乏系统性规划，在实际发展过程中容易走向自发化、无序化。由于在城镇建设中过度粗放，造成部分城镇设施过于简陋，严重影响旅游区的对外形象，游客不愿在此停留和消费，城镇也就不能享受旅游带来的各项红利。

4. 对陕甘宁革命老区旅游业与新型城镇化协调发展的启示

一是加强现代综合交通网络建设，为新型城镇化做好支撑与保障。在旅游业的推动下，张家界已经形成集航空、铁路、高速于一体的现代化综合交通体系。要推动陕甘宁革命老区旅游业与新型城镇化协调发展，应完善区域高铁、动车网络，加快推进城际铁路、城市轨道交通的建设，打造旅游特色直达线路，提升旅游通达度，缩短旅游区之间交通耗费的时间。利用地级市在基础设施、客源市场、旅游接待能力等方面的优势，构建旅游交通枢纽，建设旅游综合服务中心，利用区域旅游景区的辐射效应，完善区域联动旅游交通网络发展体系，发挥区域旅游资源的集聚作用，提升区域旅游市场的竞争力。

二是以当地产业发展特点为依据，确定新型城镇化发展的主要模式。发达地区在推动新型城镇化建设时将工业化作为城镇化的支撑。受生态保护、产业布局等各种因素的影响，张家界的工业化水平相对较低，难以承担新型城镇化重任。张家界因旅游建市，旅游业在其社会经济发展中占据重要地位，特别是张家界林场（张家界国家森林公园）更是湖南旅游开发的先驱。在国内、国际两大市场的加持下，旅游业已成为张家界的支柱产业，故张家界在新型城镇化建设中将旅游业作为优势产业，带动本市农业、服务业的发展。在推动陕甘宁革命老区旅游业与新型城镇化协调发展的过程中，必须依据本地产业的发展特点，发挥自身优势，推动新型城镇化建设。

三是实施精准营销，全方位拓展新型城镇化客源市场。张家界坚持高水平的旅游营销，利用庆典活动、旅游企业、社会媒体、推介会等传统营销手段与体育赛事、影视文学作品等艺术营销手段相结合的方式，实现国内外主要客源地宣传全覆盖，如翼装飞行世界锦标赛、俄罗斯战斗机表演赛、《红楼梦》《捉妖记》《阿凡达》等知名影视作品取景地。一系列有针对性的事件营销，使张家界在全球范围内获得越来越高的知名度。张家界经济迅速发展与其旅游营销力度密不可分。陕甘宁革命老区在推动旅游业与新型城镇化协调发展时也应采取多平台、多渠道相融合的方式，针对客源市场，制定有针对性的旅游营销策略，充分利用各大网络平台和数字手段加大旅游营销力度。

第二节　城市旅游化模式

一、模式内涵

人口聚集程度高的特大型城市、大中型城市，城市本身就是游客来源地和旅游目的地，通过城市建设和旅游开发，利用城市自身完善的基础设施和公共服务吸引游客。这种模式的特点是旅游目的地、旅游客源地、旅游集散地三者职能合于一身，主要方式包括城市景区开发、新型城市休闲中心建设、旧城改造休闲街区、休闲卫星城组团化建设、环城游憩带动城乡统筹开发五种。这种模式的典型案例有英国考文特花园、北京王府井步行街、山东青岛市等。

二、模式选择的基本条件

（一）城市旅游资源

传统旅游城市以丰富、高品质的旅游资源禀赋为根本，形成巨大的市场吸引力。随着现代社会的发展，旅游类型、内涵的不断拓展，部分新兴旅游城市依托优越的商贸环境、便捷的交通体系、领先的科学技术、完善的信息网络、配套的基础设施、多彩的文体生活、发达的影视产业等旅游构成要素，对游客形成旅游吸引力，收获巨大的旅游市场。

（二）城市旅游形象

城市旅游形象是城市硬件设施、软件服务及市民精神风貌等各要素有机结合的综合体现，是游客对一个城市最直观的感受，直接或间接地影响游客的旅游感知、印象和体验。到了信息化时代，良好的网络舆情对城市旅游形象的营造有重要影响。

（三）城市文化内涵

经济基础是一个城市形成与发展的关键，而强大的文化内核则是其在诸多竞争者中脱颖而出的关键。巴黎、罗马、伦敦等世界级旅游城市，在世界旅游市场中地理位置较为接近，其交通条件、配套设施、服务品质、要素组合等也都相差不大，其历史遗存、社会文明、城市文化等内核决定了它们在世界旅游市场中不可取代的独特地位。

三、典型案例分析

（一）英国考文特花园

1. 基本情况

英国考文特花园（图4-3）的发展经历了从修道院果园到伦敦著名商业和文化中心的漫长历程，反映了几百年间社会、经济与文化的演变。考文特花园最早在约翰王时代作为威斯敏斯特教堂的果园存在。此地后来在都铎王朝时期被亨利八世没收，并赐予贝德福德伯爵家族。1630年，伯爵家族邀请建筑师依尼阁·琼斯（Inigo Jones）设计了一个意大利风格的广场，这使考文特花园成为伦敦第一个现代化广场（称为"Piazza"）。这种广场设计将考文特花园塑造成一个新型社交空间，开始吸引居民和商人前来。到17世纪末，考文特花园在查理二世的支持下，逐渐变成一个公共娱乐和集市场所，成为街头艺人和市场小贩的聚集地。1663年，皇家大剧院的建成进一步推动了考文特花园作为娱乐中心的发展，并逐渐形成了伦敦重要的果蔬市场。然而，由于缺乏有效的管理和规划，考文特花园的市场区环境一度较差，非法建筑、垃圾与污水问题严重。在商业需求的推动下，1830年伯爵六世邀请建筑师查尔斯·福勒（Charles Fowler）对市场进行了重建，增添了新古典主义建筑风格的市场大厅，使考文特花园成为维多利亚时代经典建筑的代表之一。这一时期，考文特花园市场仍以蔬果批发为主，但开始逐渐吸引更多商户和顾客，巩固了其伦敦重要商业区的地位。由于市场规模扩大和交通压力增大，考文特花园在20世纪中期面临进一步改造的需要。20世纪60年代，伦敦政府决定将考文特花园的果蔬市场迁至九榆树区，以缓解城市中心的拥堵问题，并重新规划考文特花园的功能。1964年，政府最终决定将其改造为特色商品市场，为其原有的商业结构注

图4-3 英国考文特花园

入新的活力，推动其从蔬果市场向多元化消费市场转型。现代考文特花园主要由三部分组成：苹果市场、东柱廊市场和银禧市场。苹果市场不再售卖水果，而是以古董、艺术品、珠宝为主；东柱廊市场聚焦手工制品；银禧市场则以家庭用品和服装为主。这些变化使得考文特花园成了集购物、娱乐、艺术和美食体验于一体的伦敦文化地标，吸引了大量游客和当地居民。

2. 发展策略

第一，中心市场改造。考文特花园在保持其经典空间格局和建筑结构的基础上，创新性地开发地下区域，将其打通并拓展成两个相连的室内庭院，打造出独具特色的双层中庭空间。这种设计既扩大了公共活动的空间，又为市场注入了新的活力。

第二，步行系统设计。考文特花园作为旧城改造的成功典范，其早期改造的目标之一就是缓解物资运输和交通拥堵问题。如今，考文特花园设计了完整的步行交通系统，严格禁止机动车通行。其开放的室外空间被改造成步行街区，方便游客漫步、购物，显著提升了区域活力和吸引力。

第三，夜间经济开发。考文特花园内设有完整的夜间照明系统，包括路灯、吊灯及店铺橱窗灯。在节庆和艺术展览期间，还会增加艺术灯光装置，营造浓厚的节日和艺术氛围。除了常规的零售商店，市场内还增设了酒吧和餐饮空间，使游客在常规商店关闭后依然能够体验美食和社交活动。通过营造安全、无障碍的游览环境，考文特花园有效地开发了夜间经济，延长了游客停留时间。

3. 存在问题

第一，过度商业化与文化特色流失。考文特花园的独特之处在于其历史建筑、文化和艺术氛围，然而，近年来大量高端商店和全球连锁品牌的入驻使得其独特的本地文化氛围有所稀释。游客可能难以体验到考文特花园原有的伦敦本地特色。与其他国际购物区相似的消费体验，导致考文特花园的地域独特性和文化吸引力降低。

第二，游客拥挤与体验质量下降。作为热门旅游目的地，考文特花园在旅游旺季易过度拥挤。这不仅降低了游客的体验质量，也给区域的基础设施带来压力，如交通、公共设施和卫生环境等。高密度的客流量引起噪声和环境问题，影响了周边居民的生活质量，也使得游客的整体旅游体验质量下降。

4. 对陕甘宁革命老区旅游业与新型城镇化协调发展的启示

一是注重文化传承与本地特色，积极推进新型城镇化建设。考文特花园面临的一个主要挑战在于过度商业化导致原有的文化特色流失。陕甘宁革命老区拥有深厚的历史和民族文化资源，在开发旅游产业时，应充分挖掘和展示本土文化，保持独特的区域特色，避免因引入过多外来品牌和现代商业模式而导致的"同质化"现象。通过支持本地手工艺品、传统表演和民俗活动，将文化体验融入旅游活动，增强游客的文化沉浸感。抓住第三产业快速发展的机遇，利用其吸引人才、扩大就业的特点，将旅游业作为推动陕甘宁革命老区城镇化建设的龙头产业。政府加大对第三产业的扶持力度，全面深化供给侧结构性改革，优化产业布局，形成"三二一"新型产业发展格局，推动农业与服务业现代化、信息化建设，提高农业生产效率，解放更多劳动力的同时增加农民收入，促进经济平稳、健康发展，确保新型城镇化有序推进。

二是发展夜间经济，延长旅游产业链。考文特花园的夜间经济开发为游客提供了更加多元化的选择，延长了游客的停留时间。陕甘宁地区也应结合自身资源特色，创新夜间旅游项目，如开展夜间文化演出、民俗表演、灯光秀或集市活动，利用节庆活动和非物质文化遗产展示区域文化。对夜间经济的开发，不仅能提高旅游收入，吸引更多年轻游客，还能增加就业机会，活跃区域经济。

（二）山东青岛市

1. 基本情况

青岛市地处山东半岛东南部，全市总面积 $11293km^2$，其中市区 $5226km^2$，是世界啤酒之城、世界帆船之都、全国首批沿海开放城市、滨海度假旅游城市、国际性港口城市、国家历史文化名城，同时也是"一带一路"新亚欧大陆桥经济走廊主要节点城市。现拥有国家 A 级旅游景区 109 处，其中国家 5A 级旅游景区 1 处，国家 4A 级旅游景区 25 处，国家 3A 级旅游景区 7 处（图 4-4）；拥有星级饭店 85 家，其中五星级酒店 11 家，四星级酒店 22 家，三星级酒店 39 家。拥有旅行社 605 家。据统计，2021 年全年接待游客8221.2万人次，较2020年增长30.2%，实现旅游总收入1411亿元，增长率达37.4%。

图4-4 青岛市代表性旅游景点

随着经济的不断发展和人民生活水平的不断提高，青岛市人才聚集能力和对外辐射能力显著增强。据统计，2023年青岛全市常住人口1037.15万人，其中城镇常住人口812.10万人，城镇居民人均可支配收入由2015年的40370元增长到2023年的65751元，常住人口城镇化率从2015年的71.53%增长到2023年的78.30%，居民生活质量稳步提升。

2. 实施策略

青岛依托城市发展实现旅游跨越，以旅游跨越助力城市发展，采取"旅游+工业"发展模式。依托海尔文化展、智慧生活展等大型会展，展示企业发展历程和科技为人类生活带来的巨大改变；依托百年青啤，打造青岛啤酒博物馆，成为国内工业旅游项目的典范；依托百年港口，发展临港经济，完成老港区转型升级，极大地促进了青岛城市经济的发展。

3. 存在问题

第一，城乡、区域发展不平衡，小城镇规模较小。青岛在城市基础设施和公共服务建设方面取得了巨大成就，但其影响与辐射范围较小，主要集中在中心城区、县级市和重点建设镇，没有覆盖广大村镇，公共服务能力明显不足，农村商业服务、医疗卫生设施普遍落后，在文化、教育、社会保障等方面，城乡差距过大，小城镇发展依然落后，整体实力较弱，人口集聚规模不足。

第二，城镇整体缺乏特色与优势产业支撑。部分重点小城镇已拥有一部分特色产业，但产业优势和规模不够突出，一般小城镇的产业规模较小且较为单一，经济基础薄弱，缺乏城镇特色产业与优势产业，现有产业对经济的带动作用不强。

4. 对陕甘宁革命老区旅游业与新型城镇化协调发展的启示

一是坚持规划先行，高度重视城市整体规划。青岛市坚持规划引领，颁布《青岛市城市总体规划（2011年—2020年）》《青岛市城市更新专项规划（2020—2035年）》《青岛市国土空间总体规划（2021—2035年）》等文件。在城市规划的引领下，从最初的小渔村逐渐发展成颇具特色的海滨城市。陕甘宁革命老区在推进旅游业与新型城镇化协调发展时，也应坚持规划先行，以富有战略眼光的规划引领区域发展，推动产业结构优化升级，为市民创造良好的居住环境，服务城市经济、社会发展。

二是加强基础设施建设，健全公共服务体系。加强村镇公用设施建设，加大财政支持力度。完善水源地和水厂建设，定期开展水质检测，全面解决村镇安全饮水问题；积极搭建农村天然气管道，推广农村可再生能源技术，规范农村大中型沼气设施建设；推动宽带互联网络进入农村，建设统一的村级管理和服务信息网络平台，完善农村信息服务体系；完善基本医疗卫生服务，加快医疗卫生网络建设，完善城镇职工基本医疗保险、城镇居民基本医疗保险和城乡医疗救助制度；加快推进农村中小学、幼儿园标准化建设，加大农村教师培训力度。

三是坚持工业化发展与城镇建设相协调，推进产城一体化。陕甘宁革命老区在推进旅游业与新型城镇化协调发展的过程中，要始终坚持规划先行，依据宏观规划建设城镇新城、产业新城，全面把控城镇空间布局与扩展方向。坚持经济高质量发展，宏观统筹城镇现代化建设和工业发展布局，加强城镇对工业的服务作用和工业对城镇经济的带动作用，使其相互促进，从而加快新型城镇化建设进程。

第三节　市场驱动模式

一、模式内涵

市场驱动模式，即以旅游与土地资源为基础，以旅游休闲为导向，对土地资源进行综合性开发，以综合休闲项目、酒店休闲综合体为核心功能，延伸出大规模城市配套服务与社会服务需求，整体服务于高质量旅游休闲聚集区。采取这种模式的有迪士尼乐园、日本豪斯登堡、深圳华侨城、万达旅游度假区等。

二、模式选择的基本条件

本身具有一定客源市场，靠近客源地，城市经济发展水平较高，投资建设能力强，但旅游资源匮乏，为资源稀缺型初始发展空间。城市发展主要依靠资源重新配置或资源迁移的创造性发展战略，在发展过程中政府起主导作用，政府为城镇化进程制定明确的发展目标，由资本投资、市场化运作以及居民的休闲娱乐需求等多方因素推动旅游业与新型城镇化协调发展。

三、典型案例分析

（一）日本豪斯登堡

1. 基本情况

豪斯登堡（图4-5）坐落于日本长崎县佐世保市大村湾，占地面积约 $1.52km^2$，是日本三大主题乐园之一。福冈和长崎机场都设立了直达此地的交通干线，所需车程分别为1小时和50分钟。豪斯登堡的占地面积比东京迪士尼乐园还要大两倍，是亚洲最大的休闲度假主题乐园之一。豪斯登堡优美的自然环境、精致壮观的建筑、丰富的文化内涵、先进的环保理念及高水平的服务都是其值得称道之处，是集休闲娱乐、旅游观光、饮食度假

图 4-5　日本豪斯登堡

于一体的滨海度假综合体。园区内拥有 6000m 的人工运河、11 座博物馆、13 处娱乐设施、44 家餐厅、70 家购物中心和 4 家酒店，主要景点包括洪水来袭冒险馆、诺亚剧场、大海体验馆及模仿荷兰女王居住宫殿所建的豪斯登堡宫殿。长崎豪斯登堡年平均接待游客 400 多万人次，对比 2015 年和 2017 年，豪斯登堡游客接待总量由 311 万人次减少到 288 万人次，而经营额由 354 亿日元上涨至 388.57 亿日元，游客量同比下降的同时经营额却在上涨。

2. 实施策略

豪斯登堡于 1988 年 10 月开始施工，1992 年 3 月落成，是集旅游与房地产于一身的项目。2003 年日本银行和当地政府接管该项目，并启动了一系列吸引游客的计划。豪斯登堡以荷兰文化作为乐园主题，模仿 14 世纪的"水城"而建，园区建有很多展示荷兰文化元素的建筑、装饰等，运用运河把功能区串联，使各功能区成为乐园设施的一部分。

豪斯登堡的发展目标不仅仅是日本知名主题乐园，更是集游乐、商业、居住为一体的城市区域。园区发展注重经济与环境保护"双赢"，采用混合式设计，不做明显的功能分区。随着园区的发展，功能分区自然而然地在局部出现，但从整个园区来看又没有明显分区，各种功能混合在一起，形成独有的魅力。

3. 存在问题

（1）缺乏吸引力。根据统计数据，来豪斯登堡观光的游客中日本本土游客居多，在此停留较长时间的游客较少。豪斯登堡度假区本身缺乏足够的吸引力。

（2）经营模式单一。没有同时推出租赁、转让、联营等不同经营模式的空间，供商户自由选择。

（3）产品开发滞后，缺乏新意。旅游产品开发升级换代速度慢，不能推陈出新，没有与特色文化相结合。主题乐园的娱乐产品更倾向于中老年消费群体，不符合年轻游客的喜好。

（4）缺乏长期有效的融资渠道。

4. 对陕甘宁革命老区旅游业与新型城镇化协调发展的启示

一是完善主题公园的盈利模式，打造完整的产业链。主题公园可以吸引大量人流，有效改善周围的自然环境，营造独特的文化氛围，还有助于房地产开发及价值提升，而房地产的开发又可以在社区功能方面为主题公园提供相应的补充。陕甘宁革命老区在推进旅游业与新型城镇化发展过程中，可借鉴豪斯登堡"旅游+地产"发展模式，把主题旅游与房地产开发结合起来，加上主题商业及其他相关产业，使之相互依存、相互促进，推动度假设施、演艺主题产品和主题公园相关产业的全面发展，充分发挥整体效益。

二是建立和完善分时度假产品相关体系建设，根据我国居民收入水平和消费习惯开发分时度假产品，为市场提供可操作范例。分时度假产品进入中国的时间较短，与旅游、房地产、金融等行业关系较为密切。目前属于典型的边缘性产业。陕甘宁革命老区的相关产业机构机制处于缺失状态，度假相关政策匮乏，地方法律法规也不够完善。老区旅游度假市场仍处于初级阶段，进行度假产品消费的游客仅占极小一部分。在对陕甘宁革命老区的度假产品进行设计时，应该充分考虑大多数游客的需求。采取灵活的产品形式，引入多样化价格，以适应国内消费者的收入水平和消费习惯。同时，规范分时度假经营资质审批、操作程序、价格制定、质量监管、二级市场开发以及相关补偿措施，建立配套的金融、保险体系，推动分时度假产业的健康发展。应该根据目前度假行业的现状与前景,借鉴其他度假地较为完善的产品体系构建和相关政策法规,建立健全陕甘宁革命老区的相关政策法规,规范度假产品市场体系。

(二) 深圳华侨城

1. 基本情况

华侨城(图4-6)坐落于深圳南山区,是一个现代海滨城区,占地面积约4.8km²,是中国最具规模和实力的主题公园群之一。深圳华侨城荣获首批全国文明风景旅游区、首批国家5A级旅游景区、国家级文化产业示范园区等称号,是"精彩深圳、欢乐之都"的一张流光溢彩的城市名片。自1989年起,华侨城就开发了一系列主题公园,如锦绣中华主题公园、中国民俗文化村、世界之窗、欢乐谷等。经过20多年的发展与转型升级,华侨城内的旅游项目已超过20种,是集餐饮住宿、娱乐休闲、文化体验、运动健身、旅行观光等服务配套设施于一体的现代旅游地。

图4-6 深圳华侨城

2. 实施策略

(1) "旅游+地产"互补开发模式。华侨城通过"旅游+房地产"商业模式,利用主题包装设计路径打造"城市旅游地产",推出主题公园产业链,将主题旅游与主题房地产相结合,配合商业发展模式,突破旅游或房地产单一业态形式。通过相关产业融合,相互依托,利用主题公园的带动,为周边地产创造经营收益,再用这些收益来反哺主题公园,维持其不断创新,实现旅游与地产行业的双赢。

(2) 塑造品牌连锁发展模式。深圳华侨城立足"文化旅游造城"理念,打造"欢乐谷""锦绣中华""世界之窗"等效益好、规模大的文化旅游产业集群,将整个旅游综合体区域建成华侨城发展的示范基地、品牌输出基地,极大地提高了对周边区域经济发展的带动和辐射能力,形成连锁效应。华侨城充分利用上海、成都、北京、武汉等中心城市的其他连锁公司所带来的城市资源开展建设,开创了中国主题公园"连锁"发展的新模式。

3. 存在问题

(1) 品牌知名度和融合度不够。华侨城虽是我国主题公园品牌的第一梯队,但在国际市场知名度不高,与迪士尼等国际品牌相比,其市场号召力和文化影响力有限。另外,城区内四大主题公园各自的品牌过于强大,很多人只知"锦绣中华""世界之窗",而对"华侨城"并不了解。缺乏统一品牌,容易造成游客分流,不利于华侨城的整体营销和综合优势的发挥。

(2) 部分设施更新和创新力度不够。"锦绣中华"由于开发时间较早,园区部分设施陈旧,一些项目展现方式较为单一,以静态观赏为主,对游客的吸引力不够,导致游客停留时间短、消费支出低,严重制约主题公园的进一步发展。

(3) 相关衍生旅游商品的开发力度不够。"欢乐谷"虽推出"皮皮王"吉祥物,也开发了相应的纪念品,但宣传力度不够,没有与影视等其他传媒联动,因此在游客中印象不深,无法形成购买力。"皮皮王"仅在"欢乐谷"内推广,不能代表华侨城的整体形象,也就无法提高主题公园的整体经济效益。

4. 对陕甘宁革命老区旅游业与新型城镇化协调发展的启示

一是规划在前,建设在后。华侨城在建设的各个阶段,始终坚持规划在前、建设在后的指导思想,坚持以先进、可持续的统一规划作为城市发展的指引。自1985年以来,华侨城每10年编制或修订一次总体规划,从最初的产业选择、突出重点产业,到提升产业内涵、细化"旅游地产"开发建设模式,规划在其中都发挥着重要作用。陕甘宁革命老区也应高标准制定旅游业与新型城镇化协调发展战略规划,高起点、有特色、高标准地确定建设定位和规划方针,通过统筹规划,实现对城镇建设的有效控制和指引。

二是注重环境与生态保护。华侨城一直遵循"花园中建城市、城市里建景区"的理念，大大提升了区域品牌价值。"环境第一""规划就是财富，环境就是优势，结构就是效益"的规划理念，引导实际开发，重视对自然的保护，最大限度地保留原有的地形地貌，如山丘、湖泊、植被等，将高科技娱乐主题园区融入生态环境，营造良好的自然、生态和文化环境，创造经济与社会效益。陕甘宁革命老区旅游业与新型城镇化的协调发展应参考深圳华侨城对生态环境、资源的充分保护和可持续发展理念。

第四节　文化依托模式

一、模式内涵

村镇以特有的田园风光、民俗文化为基础，居民从事旅游服务、手工业和农业，将生活资料转化为旅游生产资料，使农民身份转化为城镇居民，农业转化为服务业。通过发展旅游业进行土地资源整合，配套建设基础设施，展示地方文化特色，就地解决农民就业问题。通过"城中村"、大城市郊区及独立村的改造升级，推动农村乡镇经济发展。典型案例有江苏江阴华西村、成都宽窄巷子等。

二、模式选择的基本条件

（一）优良的自然条件

一方面，区域要具备一定的地理优势和较为便利的交通区位条件，使村镇易于接受城市辐射，寻求建设资金，促使产业多元化发展；另一方面，区域拥有良好的自然生态条件。自然环境是一个区域环境形成的基本条件。保留、继承、发展村镇原有的自然肌理，合理规划并改善居民的居住环境，打造富有浓郁归属感的特色村庄。

（二）较好的民俗文化条件

受自然条件、地域、民族的影响，保留当地特有的风俗习惯、文化特色、空间布局及建筑文化。一些具有特色民俗或文化遗产丰富的村庄尤其需要注重这一点。

三、典型案例分析

(一) 华西村

1. 基本情况

华西村（图 4-7）位于江苏省江阴市华士镇，面积约 35km²，其区位得天独厚，交通方便快捷，处于上海、无锡、苏州、南京等大中城市的一小时经济圈内。华西村先后荣获"全国文明村镇""全国文化典范村示范点""全国乡镇企业先进企业""全国大型一档乡镇企业""全国乡镇企业科技工业园"等荣誉，入选首批江苏省乡村旅游重点村，被誉为"天下第一村"。

从 2001 年开始，华西村通过"一分五统"的方式，帮带周边 20 个村共同发展，走出一条以工业带动农民致富、以城镇化发展农村、以产业化提升农业的特色发展道路。建村 60 多年来，华西村实现了从农业样板村到农村工业化、城镇化、现代化的一次次跨越，逐渐建设成文明、和谐的社会主义新农村。村内有知名景点 80 多处，"吃、住、行、游、购、娱"一应俱全，是中国"社会主义新农村建设"的典范。

图 4-7 华西村

2. 实施策略

华西村属于集体经济模式，在集体所有制形式的基础上，引入现代企业的股份概念，不仅实现了村庄集体所有制，还奖励了作出突出贡献、付出更多的人。华西村始终把经济发展作为第一要务，走以集体经济为主的混合型经济道路。华西村和村办企业统一接受华西党委领导，一切事务和安排都在党组织的领导下进行。在华西村，每个村民都是股东，工资是按劳分配，多劳多得，奖金取决于企业经营状况，在华西工作越久，收入越高。

3. 存在问题

（1）原有产业饱和，已不适应社会发展新形势。华西村的支柱产业是钢铁和纺织。进入 21 世纪后，国家大力倡导可持续发展和环境保护，污染企业纷纷被淘汰。此外，钢铁和纺织生产已趋于饱和，产品销售困难，产能过剩问题凸显。

（2）因循守旧。华西村产业定型，固守原有产业，不愿投资新兴产业，传统企业缺乏发展机遇。

4. 对陕甘宁革命老区旅游业与新型城镇化协调发展的启示

一是小城镇建设要准确定位。小城镇建设必须依靠产业发展，只有通过产业提升带来的经济效益推动新型城镇化建设，才能真正盘活城市，扩大城镇规模，实现城镇的聚集效应。陕甘宁革命老区在推进旅游业与新型城镇化协调发展的过程中，要结合自身资源、区位条件，从产业功能方面找准定位，把城镇建设与促进产业结构调整结合起来，大力培育优势产业和特色经济，借势借力促进小城镇经济发展。

二是注重乡村旅游产品的开发。开发特色旅游产品不仅可以延长游客滞留时间，也可以增加旅游业收入。在推进陕甘宁革命老区旅游业与新型城镇化协调发展的过程中，可依托当地的自然资源、农业禀赋和文化特色，通过人文与自然的结合，设计并开发多样化、复合型旅游产品，推动乡村旅游业的差异化、深层化发展。产品开发要注重游客的物质和精神需求，突出体验性，同时加大区域合作力度，实现产品互动，避免局部同质化竞争。

（二）成都宽窄巷子

1. 基本情况

成都宽窄巷子（图 4-8）是国家 AA 级旅游景区，位于四川省成都市青羊区长顺街附近，长约 400 米，由宽巷子、窄巷子、井巷子三条平行排列的老街及其间的四合院落群组成，民间素有"宽窄巷子最成都"的说法，与大慈寺、文殊院一起并称成都三大历史文化名城保护街区。宽窄巷子有着300多年的历史积累，是集观光游览、休闲娱乐、餐饮住宿于一体的多元复合型旅游景点。2003年，成都市政府启动宽窄巷子历史文化街区主体改造工程，该项目于2008年全面竣工，成为"5·12"地震后成都旅游业复苏的标志性旅游项目。宽窄巷子先后获2009年中国特色商业步行街、四川省历史文化名街，2011年成都新十景、四川十大最美街道等荣誉。2019年宽窄巷子游客量达4163.7万，街区总营业额12.11亿元。经过多年发展和完善，宽窄巷子已经成为成都最具消费活力的街区之一。

图4-8 成都宽窄巷子

2. 实施策略

找准城市更新、文化传承、产业发展之间的契合点，由政府统筹，整合资源，科学规划，集聚产业。利用业态规划与匹配，业源接入，坚持"以老还旧"理念，不仅保留了老成都原有的生活样貌，还融合了现代文化，实现了"古今"融合。宽窄巷子以老成都生活文化为核心，充分利用原有建筑形式，融入特色文化、商业等功能，形成以旅游休闲为主、具有地方特色和浓郁巴蜀文化氛围的复合型商业街区，做到商业与文化特色的有机结合。

3. 存在问题

（1）街区与周边环境不协调。随着城市的扩张，宽窄巷子历史文化街区在整体环境处理上有些分散，缺乏系统性规划。新增建筑虽风格多样，但商业化气息浓厚，整体风貌略不协调。

（2）过度的商业气息破坏了老成都街区宁静、悠闲的生活氛围，多数居民的离去改变了该街区原有的生活方式，使得该历史文化街区独特而浓郁的民俗风情难以延续。

（3）资源属性雷同，街区文化属性不够突出。改造后的宽窄巷子历史背景模糊，文化主题不明确，建筑模式千篇一律，商业气息过于浓厚，各个街区的销售产品、店面设计、布局大同小异，掩盖了街区本来的文化特色。

4. 对陕甘宁革命老区旅游业与新型城镇化协调发展的启示

一是遵循历史文化保护与商业开发相结合的原则。历史文化街区不仅是珍贵的文化资源，还是重要的经济资源。坚持历史文化保护与商业开发相结合，深入挖掘历史文化街区的文化底蕴，在保留其历史风貌的基础上，进行旅游商业开发，一方面使历史文化得到传承、再现和弘扬，有效保护城市街区的历史风貌；另一方面也形成新的旅游亮点。陕甘宁革命老区旅游业与新型城镇化协调发展也应坚持历史文化保护与商业开发相结合，切实保护好历史名胜古迹，进一步促进旅游业与新型城镇化融合，实现经济、社会、环境效益三者兼顾。

二是坚持政府统筹与市场运作相结合的发展模式。宽窄巷子成功最重要的原因之一就是政府在资源整合、开发和建设全过程中充分发挥统筹主导作用，同时在项目的具体实施环节发挥市场调控作用，不仅确保了项目建设顺利进行，又形成了一定的产业集聚。在政企分工协作下，宽窄巷子的业态得到合理规划，业种也得到合理引进和管理。政府主动调节、整合发展资源，是推动旅游业与新型城镇化协调发展的重要途径，而市场化运作是推动二者协调发展的根本手段。陕甘宁革命老区要实现自身的市场价值，必须进入市场，通过市场运作发展旅游及相关产业。

第五节　大遗址保护发展利用模式

一、模式内涵

大遗址是指规模较大、价值较高、影响较大的大型文化遗址、遗迹、古墓葬及文化景观。从广义上讲，大遗址为人类文明史上或考古学发展史上的重大遗址地区或区域；从狭义上讲，大遗址为人类历史上遗留下来的、意义重大的大规模遗址群落。

二、模式选择的基本条件

首先，具有历史文化研究价值、科学研究价值、社会文化价值、审美艺术价值的人类社会活动遗留下来的遗迹，即物质文化和精神文化遗存，且具有不可再生、不可移动、不可复制、不可替代等特征。

其次，历史意义重大，规模宏大，影响深远，往往见证了重要历史阶段、事件、文化现象，是地区文明的代表，包括遗址本身及其周边环境。

三、典型案例分析

（一）洛阳市

1. 基本情况

洛阳市位于河南省西部，横跨黄河中下游南北两岸，因地处洛水之阳而得名，总面积 15230km^2，中心城区面积 2274km^2。夏、商、周、东汉、曹魏、西晋、隋唐等 13 个王朝先后在此建都。作为著名古都，洛阳市历史文化遗存数量大，在洛河两岸分布着二里头遗址、商都遗址、东周王城遗址、汉魏洛阳故城遗址、隋唐洛阳城遗址等，这些遗址见证着洛阳在历史上的辉煌。

据统计，2021 年洛阳市共接待国内外游客 1.17 亿人次，较上年增长 25.7%，旅游总收入 923.48 亿元，增长 16.1%。全市共有 A 级旅游景区 66 处，其中国家 5A 级景区 5 处，国家 4A 级景区 30 处（图 4-9）。全市共有星级酒店44家，旅行社100家。

2022年全市生产总值5675.2亿元，年末常住人口707.9万人，城镇常住人口470.6万人，城镇化率为66.48%。2022年下半年全市居民人均可支配收入31586元，较上半年增长4.5%；其中，城镇居民人均可支配收入43633元，增长3.7%，农村居民人均可支配收入18306元，增长6.1%。

图4-9 洛阳市代表性旅游景点

2. 实施策略

为了保护古都文化，洛阳在城市规划中优先保护"五大城市遗址"。在城市总体规划第一阶段，采用"避旧建新"思路，在隋唐洛阳城、东周王城和金元古城三大遗址之外的遗迹稀少的涧西平原建设工业区，不仅保护了重要的历史遗迹，而且扩大了城市空间，创造了全国著名的"洛阳模式"。

3. 存在问题

（1）缺乏立足全市、长远的遗迹保护整体思路。遗址内违法乱搭乱建现象层出不穷，使部分遗址遭到不同程度的损坏。大遗址缺乏统一的调配管理，难以依靠自身和区域解决各种问题。

（2）保护和发展脱节。忽视村镇发展的合理需求，只有限制，没有引导。大遗址重建设、轻保护的现象普遍存在，保护、利用与居民生活改善之间缺乏积极联系。

（3）多头管理，权责不明，效率低下。遗址规模大，涉及人口众多，各类遗址地区划分重叠，管理条块分割，不利于遗址资源的整体性保护。

4. 对陕甘宁革命老区旅游业与新型城镇化协调发展的启示

一是重视相关制度建设。洛阳市先后出台《汉魏故城保护条例》《隋唐洛阳城遗址保护条例》《二里头遗址和尸乡沟商城遗址保护条例》《邙山陵墓群保护条例》《大运河遗产保护管理办法》等，通过立法明确大遗址保护中地方政府和相关部门的责任。陕甘宁革命老区在旅游业与新型城镇化协调发展过程中，也应建立健全相关法规条例，注重保护规划，从而实现互利共赢。

二是树立保护规划先行理念。洛阳市在大遗址保护开发利用过程中遵循规划先行的发展要求，出台《大遗址保护利用"十四五"专项规划》《全市域文物保护与利用总体规划》《洛阳东西南隅历史文化街区（老城片区）保护规划（2018—2035）》《洛阳市历史文化名城保护规划（2021—2035）》等多项文化遗产保护专项规划，确保文物遗产保护开发利用过程的合法合规。陕甘宁革命老区要将遗址保护与经济社会发展相结合，加强协调配合，有效落实相关政策，实现大遗址全面保护与城市发展规划布局整体相协调。注重遗址保护利用专项规划编制，根据大遗址所处区域，严格管控遗址周边环境的用地性质、开发强度、建设高度与格调，使遗址与周边环境的整体风貌保持一致。

（二）意大利锡耶纳古城

1. 基本情况

锡耶纳古城（图4-10）位于意大利南部的托斯卡纳地区，始建于公元前29年，距离佛罗伦萨南部约50km，总面积118km^2，总人口5.41万，是意大利著名的文化古城和旅游名城，因赛马节、锡耶纳画派和独特的中世纪景观而闻名于世，每年都吸引着大量来自世界各地的游客。1995年锡耶纳古城被联合国教科文组织列入《世界遗产名录》。历史上，锡耶纳是贸易、金融、艺术中心，现在是锡耶纳省的首府。锡耶纳交通便利，意大利几乎所有主要城市都有开往锡耶纳的火车。这座古城规模不大，却富饶繁荣，旅游业、农业和工业发达。

图 4-10　意大利锡耶纳古城

2. 发展策略

锡耶纳古城的发展策略强调历史文化遗产的集体保护，同时推动现代城市建设。古城的每一座建筑、每一条街道都被视为文化遗产，所有的开发和利用都在力求保护遗址原貌的基础上进行。锡耶纳古城不单纯依赖政府力量，而采取集体参与模式，动员社会各界如社区、企业等共同参与文化遗产保护和城市更新。以政府主导的方式，将文化资产的保护任务交给专业机构，同时确保每一项修复与建设工作都经过严格审查。所有的开发都在符合文化遗址保护原则的前提下进行。

3. 存在问题

城市维护虽有社会参与，但依然主要依赖政府，资金来源相对单一。建设周期较长的项目，在实际发展中难以获得可观的经济效益，在保护工作的开展过程中也需要资金支持。大多数专项资金来自政府部门，资金供应不足。建筑物依山势而建,街道狭窄,道路起伏不平,难以为游客提供舒适的旅游体验。

4. 对陕甘宁革命老区旅游业与新型城镇化协调发展的启示

一是高度重视城区与周围环境的协调性。由意大利锡耶纳古城保护与利用的经验可知,在对遗址的保护、开发、利用过程中,遗址主题与周边环境整体风格的协调至关重要,要注重遗址风格的延续和与现代化设施的有机结合。陕甘宁革命老区历史悠久,文化底蕴深厚,在发展过程中,对其历史文化遗址不能因保护而"一刀切"式地放弃开发利用,而是要将遗址"有机规划"机制与城市有机更新理论相结合,努力维护遗址与城市的统一协调,找出遗址保护与开发利用之间的平衡点,发展文化旅游业,推动新型城镇化。

二是重视古城保护与现代化建设的有机结合。为了缓解旧城在基础设施服务方面的压力,满足居民对城市现代化的需求,锡耶纳在旧城周围开辟新城,扩充城市容量。而针对老城区设施老旧、容量过小的问题,政府在不影响古城整体风貌和文物保护的前提下,完善市政建设及各项服务设施,对旧城进行翻新,以满足居民现代生活的需求。根据其经验可知,在遗址保护、利用过程中,不破坏其原貌是底线,在修复时要明确区分新旧,通过城市规划、土地治理、环境整治等工作,解决遗址保护与城市化之间的矛盾,确立二者良性互动的发展关系,将场地资源转化为城市发展的动力,最终实现新型城镇化建设的"新"目标。

第五章　陕甘宁革命老区旅游业与新型城镇化协调发展的现实基础分析

基于陕甘宁革命老区的历史文化、区位条件、交通基础、经济实力、产业结构等各个方面，综合分析老区旅游业与新型城镇化协调发展的基础条件，揭示陕甘宁革命老区旅游业与新型城镇化协调发展的必要性与可行性，为后续深入研究奠定现实基础。

第一节　陕甘宁革命老区概况

一、区域范围

早在土地革命时期，中国共产党就在陕甘宁地区建立了红色革命根据地。在万里长征中，陕甘宁边区是党和工农红军的落脚点；在抗日战争时期，又是八路军、新四军及其他敌后抗日武装反侵略战争的大本营。新民主主义革命时期，陕甘宁边区又承担了革命试验田的重任。改革开放和"西部大开发"政策实施以来，陕甘宁革命老区抓住机遇，成为"西气东输""西电东送"的主战场。毫不夸张地说，陕甘宁革命老区既是我国革命发展史上的一面旗帜，引领着人民反压迫、反侵略、反剥削，又是中华人民共和国经济发展的重要支点，为国内经济建设做出巨大贡献。为了促进陕甘宁革命老区经济快速发展，推动社会经济健康、平稳运行，在《中华人民共和国国民经济和社会发展第十二个五年规划纲要》《中共中央 国务院关于深入实施西部大开发战略的若干意见》的指导下，国家发展改革委于 2012 年印发《陕甘宁革命老区振兴规划》。其中，陕西省革命老区包括三市七县，分别是延安、榆林、铜川三市和富平、旬邑、淳化、长武、彬州、三原、泾阳七县；甘肃省革命老区包括庆阳、平凉 2 个地级市和会宁一县；宁夏回族自治区革命老区包括吴忠、固原、中卫3个地级市和灵武一个县级市（表5-1，图5-1）。老区总面积超19万 km²，接近我国西部地区总面积的3%，是陕甘宁三省区总面积的1/4。

表5-1 陕甘宁革命老区涵盖区域

省级	市级	区县级
陕西省	延安市	子长市、宝塔区、安塞区、黄陵县、黄龙县、宜川县、洛川县、富县、延长县、甘泉县、延川县、吴起县、志丹县
	榆林市	神木市、榆阳区、横山区、府谷县、靖边县、定边县、绥德县、米脂县、佳县、吴堡县、清涧县、子洲县
	铜川市	王益区、印台区、耀州区、宜君县、新区
	渭南市	富平县
	咸阳市	旬邑县、淳化县、长武县、彬州市、三原县、泾阳县
甘肃省	庆阳市	西峰区、庆城县、华池县、宁县、镇原县、合水县、正宁县、环县
	平凉市	华亭市、崆峒区、泾川县、灵台县、崇信县、庄浪县、静宁县
	白银市	会宁县
宁夏回族自治区	银川市	灵武市
	中卫市	中宁县、沙坡头区、海原县
	固原市	隆德县、西吉县、原州区、彭阳县、泾源县
	吴忠市	青铜峡市、同心县、利通区、盐池县、红寺堡区

二、主要特点与特色

（一）地理位置

陕甘宁革命老区地处我国西北鄂尔多斯盆地，位于陕西、甘肃和宁夏回族自治区三省（区）交界地带，大部分区域又分别与六盘山、吕梁山集中连片特困地区相互交叉，具有革命地区、贫困人口相对集中地、少数民族聚集区、民族文化发祥区的属性。

第五章　陕甘宁革命老区旅游业与新型城镇化协调发展的现实基础分析

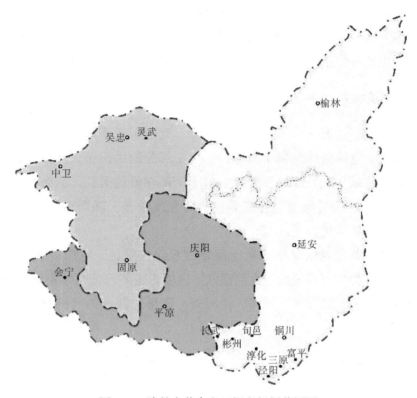

图 5-1　陕甘宁革命老区振兴规划范围图

（二）区位条件

区位条件的优劣与其距离中心城市的远近、交通情况、对外通达情况息息相关。通过分析陕甘宁革命老区八市九区县的区位条件，可以推测老区各区县开发的难易程度和次序，为解决区域发展不平衡问题提供方向。

西安是西北五省的经济文化中心，也是对陕甘宁革命老区影响最大的区域中心城市。从距离上看，咸阳的泾阳、三原，渭南的富平，铜川的耀州与西安相邻，与会宁等区县相比，区位优势明显，因此获得较大的发展。延安、榆林、庆阳等地级市作为陕甘宁革命老区的区域中心城市，对周边区县的带动力度虽不及西安，但在其能源、旅游资源的加持下，周边区县的发展依然较快；而那些远离中心城市、交通不畅、基础设施建设较为滞后的环县、泾源等区县发展相对缓慢。

整体而言，陕甘宁革命老区既是我国东西能源大动脉，又是我国"八横八纵"高铁网络的重要组成部分，是连接南北的桥梁，区位优势明显，但区域内的区位条件千差万别，间接导致各地发展的不平衡。

（三）气候水文

陕甘宁革命老区位于西北地区东部，处于东亚季风区边缘，是气候变化敏感区。老区整体气候干燥寒冷，由于部分地区位于黄土高原，所以既有大陆性特征，又有高原性特点。由于南部秦岭的阻挡，从海洋吹来的季候风在到达老区时风力明显变弱，故西北风强烈，降雨少，降霜时间长，不适合农作物耕种。

陕甘宁革命老区又地处黄土高原的丘陵沟壑区，生态环境十分脆弱，是黄河中上游生态环境的重点治理区。区域内主要河流有无定河、马莲河、清水河、洛河、窟野河、延河、泾河等，密集的河流为老区提供了丰富的水电资源。

（四）自然资源

陕甘宁革命老区是我国新旧能源的高度集中地之一，2022年已成为仅次于山西、内蒙古的国家级能源综合基地，是我国"西电东送"的重要基地之一。陕甘宁革命老区位于鄂尔多斯盆地，煤炭、石油、天然气等化石能源蕴藏量丰富，已查明的石油、煤炭、天然气、煤层气资源储量分别占全国的6.7%、39%、10.5%和16.4%，是我国重要的能源基地；岩盐、石灰岩等矿产资源品位高、埋藏浅、易开发；风能、太阳能等清洁能源蕴藏量大。

（五）文化特色

陕甘宁革命老区既是华夏文明重要发祥地之一，又是中国共产党领导人民反侵略、反压迫、反剥削的主阵地。延安、榆林都是我国国家级历史文化名城，历史悠久，文化灿烂，文物古迹荟萃，这里孕育的黄河文化、黄土文化、农耕文化、民俗文化与游牧文化都是我国重要的文化瑰宝。长征精神、延安精神引领了一代又一代革命先烈为实现中华民族伟大复兴而不懈奋斗，是我国最重要的革命传统教育和爱国主义教育基地之一。

三、发展现状

（一）经济发展

从地区人均生产总值来看，2012—2019年，陕甘宁革命老区人均GDP一直位于五大重点革命老区之首，2019年更是唯一突破5.5万元的革命老区，人均GDP达56927.07元（图5-2），这表明陕甘宁革命老区经济建设取得明显进步。但与全国平均水平相比，仅为其8成，说明陕甘宁革命老区的经济建设仍处于较为落后的水平，亟须转型升级。

以榆林市为例，由于疫情影响，2020—2022年国内外旅游收入及旅游接待人次有所下降，但从2023年开始稳步恢复，旅游相关配套服务设施建设则维持在一个相对稳定的水平（表5-2）。

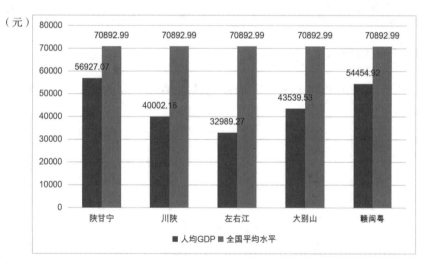

图5-2　2019年五大重点革命老区人均GDP与全国平均水平分析图

从主要地级市的人均GDP来看，陕甘宁革命老区的榆林是五大重点革命老区地级市经济建设的典范，2012—2019年人均GDP在34个地级市中均位于榜首，且一直高于全国平均水平。延安也是陕甘宁革命老区中人均GDP高于全国平均水平的地级市，其余地级市均低于全国平均水平。这说明陕甘宁革命老区区域经济发展不均衡现象较为突出，区域内经济联系度低。综合对比，虽各地级市人均GDP持续增长，但仅固原较2012年排名有所前进，其余地级市排名均呈现出不同程度的下滑，陕甘宁革命老区经济整体内生力不足，转型、升级的压力较大。

表 5-2　榆林市 2019—2023 年旅游业发展水平

旅游业发展水平	2019 年	2020 年	2021 年	2022 年	2023 年
国内外旅游收入（亿元）	276.57	103.37	125.06	100.13	231.03
国内外旅游接待人次（万人）	4935.23	2645.45	3001.87	2730.01	3613.07
旅游总收入占 GDP 比重（%）	6.69	2.53	2.3	1.53	3.25
旅游总收入增长率（%）	8.9	-62.6	21	-19.9	77.4
旅游接待人次增长率（%）	13.9	-46.4	13.5	-9.1	17.9
5A 级景点数（个）	0	0	0	0	0
四星级以上酒店数（个）	4	4	4	4	3
旅行社数（个）	42	45	45	47	56
公路通车里程数（km）	32535	34475	34991.44	35139.12	35849.13

（二）产业结构

从产业结构来看，陕甘宁革命老区以第二产业为主，第一产业占比在

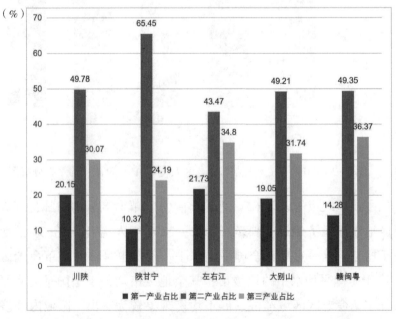

图 5-3　五大重点革命老区 2012 年第一、二、三产业占比图

三大产业中最低,这主要是受老区自然资源和气候环境的影响。2012年以来,陕甘宁革命老区第三产业增速明显快于第一产业和第二产业,这与创新、协调、绿色、开放、共享的新发展理念有关。但横向对比,陕甘宁革命老区第二产业所占比重在五大革命老区中最高,说明其产业结构转型较慢。(图5-3,图5-4)

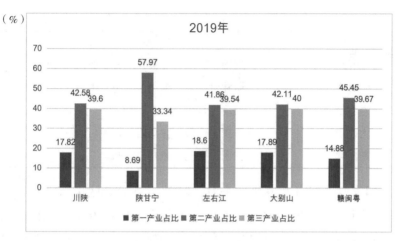

图5-4 五大重点革命老区2019年第一、二、三产业占比

(三) 社会改善

1. 基础设施方面

陕甘宁革命老区是我国重要的能源资源富集区,交通建设尤为重要。早在2016年,陕西、甘肃、宁夏回族自治区联合发布《陕甘宁革命老区综合交通运输发展规划》,计划投入超7000亿元资金,打造便捷的公路、铁路、航空网络。近年来,随着银西高铁、延子高速公路的正式通车,G341线环县段的开通,交通便捷度日益提高。未来,陕甘宁革命老区交通基础设施网络将更加完善。

2. 公共服务方面

陕甘宁革命老区以保障民生为重点工作,在医疗卫生、教育、就业保障等方面制定有针对性的方案。在医疗服务方面,以市县(区)二级医院建设为抓手,以镇卫生院、村卫生室和社区卫生服务中心建设为辅助,搭建完备的市、县(区)、镇(乡)、村(社区)四级医疗卫生服务体系。但因受到诸多因素影响,陕甘宁革命老区普遍存在卫生机构数量少、卫生服务供给区域差异大、建设速度慢等问题。近年来,陕甘宁革命老区逐渐加强医疗卫生服务体系建设。截至2022年,在五大重点革命老区的34个主要地级市中,陕甘宁革命老区有6市获得"国家卫生城市"称号,与川陕并列五大重点革命老区第一(表5-3)。

表5-3 五个重点革命老区主要地级市2022年卫生城市情况

革命老区	国家卫生城市
川陕	绵阳、汉中、安康、广元、商洛、巴中
陕甘宁	榆林、延安、铜川、吴忠、中卫、固原
左右江	崇左、百色
大别山	安庆、信阳、驻马店、黄冈、六安
赣闽粤	三明、吉安、赣州、梅州

从国家卫生城市所占比例来看,陕甘宁革命老区中有3/4的地级市是"国家卫生城市",这一比例在五大重点革命老区中低于大别山革命老区的5/6,与川陕革命老区相同,并列第二(图5-5)。这一比例与陕甘宁革命老区的经济建设成绩并不匹配,说明陕甘宁革命老区在公共服务方面仍有较大的提升空间。

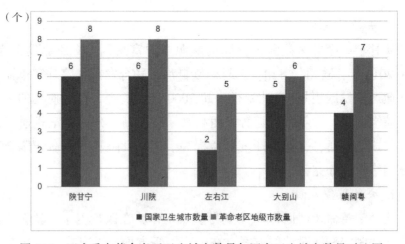

图5-5 五个重点革命老区卫生城市数量与国家卫生城市数量对比图

(四) 生态治理

陕甘宁革命老区既是黄河流域中上游主要的人口集聚区、特色农业种植区和工业重点承载区，又是黄河流域重要的生态保护区和环境治理区。生态治理工程在黄河流域生态保护和老区高质量发展中具有举足轻重的地位。陕甘宁革命老区重点从生态建设、环境保护、节能减排三个方面加强区域生态治理。

1. 生态建设方面

陕甘宁革命老区以《黄土高原地区综合治理规划大纲（2010—2030年）》为指导开展相关生态工作，严格实行退耕还林、退牧还草、三北防护林和小流域综合治理等措施。国家发展改革委为支持宁夏地区的生态保护修复工作，2021年转移支付15亿元，有力地推动了当地的生态保护工作，取得荒漠化治理面积近百万亩、营造林150万亩的优异成绩，宁夏回族自治区也因此入选全国首批5个科学绿化试点示范省。甘肃省坚持绿色低碳发展，"十三五"期间碳强度下降率达35%。陕西省"十三五"期间水土流失综合治理效果明显，治理面积达1.64万平方千米，重要江河湖泊水功能区的水质达标率接近90%。聚焦重点市县（区），自"十三五"以来，庆阳市累计完成700万亩的造林修复工作；盐池县发动广大群众，开展柠条种植防风治沙专项工作。

2. 环境保护方面

陕甘宁三省区立足自身实际，开展相应工作。陕西省以废弃矿山矿区生态治理与修复为工作重点，建立健全矿产资源开发生态补偿制度；甘肃省以泾河等重点流域水污染治理为工作重点，改善水域及周边环境；宁夏回族自治区依托《宁夏回族自治区空气质量持续改善行动实施方案》，引导市民践行绿色生产消费理念。

3. 节能减排方面

陕西省以榆林市为试点，开展污染企业"全防全控"治理工程；宁夏回族自治区以灵武再生资源循环经济产业园为示范项目，加快推动"两高"（高耗能、高排放）企业及相关产业的转型升级。

通过以上举措，陕甘宁革命老区生态治理取得显著成效。截至2020

年,延安市、吴忠市入选"国家低碳城市"试点,延安市、榆林市入选"国家森林城市"。

四、发展优势与机遇

(一)发展优势

通过对陕甘宁革命老区的区情与发展现状进行归纳与分析,可以发现,陕甘宁革命老区在振兴发展过程中有以下优势:

1. 文化优势

陕甘宁革命老区是华夏文明发祥地之一,历史悠久灿烂,文化积淀丰厚,中原的农耕文明和草原的游牧文明在这里碰撞、融合。独特的地理和地貌特征使这里形成黄河文化和黄土文化。红色文化又赋予这里新的生机,丰富多彩的文化资源为陕甘宁革命老区旅游业的发展奠定了基础。

2. 能源优势

陕甘宁革命老区石油、煤炭等矿产资源丰富,组合条件好。在已探明的全国能源资源存储中,陕甘宁革命老区的煤炭储量为全国近4成,煤层气资源量为全国总量的15%以上,风能、太阳能等新能源也极其丰富。陕甘宁革命老区的石油可采量占全国总量的5%以上,天然气则为全国可采量的10%以上。

3. 区位优势

陕甘宁革命老区位于"丝绸之路"经济带腹地,是我国西向对外主廊道,也是我国东西能源主通道,还是我国"八横八纵"包(银)海通道的重要组成部分。银西高铁让老区融入国家高铁网络"朋友圈"。随着西延高铁、呼兰高铁、银太高铁建设的加速,陕甘宁革命老区将在包海通道、京兰通道、青银通道、陆桥通道建设方面发挥巨大作用。

(二)发展机遇

陕甘宁革命老区既是中国共产党领导人民开展革命斗争的主阵地,为我国革命斗争取得最后的胜利作出了巨大贡献与牺牲,又是新时代中国经济发展的"黑土地",是我国极为重要的能源基地,直到今天仍为我国社会经济的发展提供能源保障。中华人民共和国成立以后，陕甘宁革命老区在中国共产党的领导下，取得了社会经济发展的巨大成就。但从整体来看，陕甘宁革命老区的发展仍较为缓慢，与其他革命老区相比，区域内发展不平衡的现象较为严重。"全面建成小康社会，没有老区的全面小康，特别是没有老区贫困人口脱贫致富，那是不完整的。"陕甘宁革命老区作为我国全面建成小康社会"百年大考"的"重点考生"，一直受到中国共产党和相关政府部门的关注。

1. 老区政策体系为陕甘宁革命老区的振兴发展提供了保障

中国共产党在脱贫攻坚的道路上从来没有放弃过老区和老区人民，在国家战略计划制定中，明确提出扶持革命老区的发展（图5-6）。这是革命老区振兴发展的政治保障。

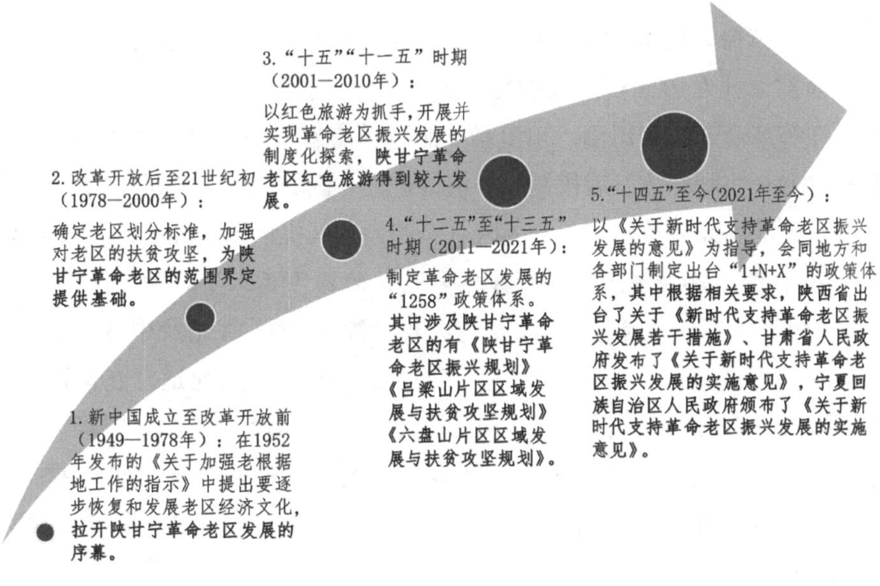

图5-6 革命老区政策演变与陕甘宁革命老区发展历程图

2. 国家战略部署为陕甘宁革命老区的发展指明了方向

区域协调发展战略是解决区域发展不平衡问题的重要抓手。党的十八大以来，以习近平同志为核心的党中央开展京津冀协同发展、长三角一体化发展、粤港澳大湾区建设等重要探索，并取得明显成效。在"黄河流域生态保护和高质量发展"理念提出两年后，《黄河流域生态保护和高质量发展规划纲要》经多次论证与修改,于 2021 年 10 月正式发布。陕甘宁革命老区位于黄河上中游地区,该纲要在能源产业转型升级、新型城镇化建设、特色产业开发利用等方面为陕甘宁革命老区指明了发展目标与要求,为陕甘宁革命老区的发展带来了全新机遇。

3. 西部大开发为陕甘宁革命老区的发展带来了政策春风

陕甘宁革命老区能源丰富,资源优势明显,但受脆弱的生态环境、不合理的产业结构影响,区域整体发展水平较低。为了解决老区发展失衡问题,2000 年我国正式出台西部大开发战略,针对陕甘宁革命老区在内的西部地区在城乡建设、产业升级、资源开发等方面推出一系列优惠政策。2010 年,针对陕甘宁革命老区发展过程中的短板和困境,制定《西部大开发"十二五"规划》,发布《关于深入实施西部大开发战略的若干意见》,从农业开发、能源化工建设、生态环境治理和红色旅游等角度进一步明确了陕甘宁革命老区的发展定位。2020 年,中共中央、国务院《关于新时代推进西部大开发形成新格局的指导意见》明确提出:"支持陕甘宁、川陕、左右江等革命老区和川渝、川滇黔、渝黔等跨省(自治区、直辖市)毗邻地区建立健全协同开放发展机制。加快推进重点区域一体化进程。"西部大开发相关政策的不断完善与深化,为陕甘宁革命老区提供了发展契机和政策支持。

4. 丝绸之路经济带为陕甘宁革命老区的腾飞插上了翅膀

丝绸之路源于西汉,以长安为起点,途经我国西北及中亚、西亚,最终到达地中海地区,是中西方进行陆地贸易的东西大通道。在国际经济交流日益频繁的 21 世纪,习近平总书记提出共同建设"丝绸之路经济带"的倡议,得到沿线国家和地区的广泛拥护。陕甘宁革命老区地处丝绸之路经济带的腹地,在丝绸之路经济带建设的带动作用下,全方位发展金融贸易、文化旅游、城镇基建。

5. 国家工作计划为陕甘宁革命老区的下一步工作明确了重点

革命老区作为特殊类型地区,是"十四五"推进高质量发展的重点区域,是解决发展不平衡不充分突出问题的主战场,承担着乡村振兴等任务,面临着产业转型升级、经济发展等众多困境。《"十四五"旅游业发展规划》《中华人民共和国国民经济和社会发展第十四个五年规划和 2035 年远景目标纲要》《"十四五"特殊类型地区振兴发展规划》等政策明确要求推动革命老区振兴发展,支持革命老区传承弘扬红色文化,做大做强特色优势产业,补齐公共服务短板,推动绿色创新发展。明确延安、庆阳等老区重点城市的功能定位,加强省际合作,建立完善的基础设施体系,支持老区特色产业发展,加快老区振兴。同时鼓励相关省区制定支持本地革命老区发展的具体政策,因地制宜地探索各具特色的振兴发展策略路径。

五、制约因素

(一)生态脆弱导致农村发展缓慢

尽管陕甘宁革命老区具备国家政策扶持、资源潜力及快速发展机遇等优势与基础,但其脆弱的生态环境还是在很大程度上阻碍了发展,造成很多生态问题。陕甘宁革命老区生态环境脆弱,资源短缺,自然灾害频发,是典型的由生态脆弱致贫的区域。资源短缺主要体现在水资源的极度匮乏,其中延安、固原、榆林、平凉等地的人均水资源拥有量仅为668m^3,为全国人均水资源拥有量的30%,属于严重缺水区域。

在经济、生态、人口、教育、文化等一系列因素的共同作用下,陕甘宁革命老区的贫困问题依然不容忽视。虽然国家和地方政府相当重视陕甘宁革命老区的生态环境与贫困问题,并出台多项措施,使其生态环境及贫困问题有所改善,但由于基础条件较差,很多举措实施难度大,发展缓慢依旧是陕甘宁革命老区,尤其是农村地区的经济现状。

(二)产业结构单一

陕甘宁革命老区资源丰富且储存量大,特色资源种类繁多,尤其是能源资源在我国有举足轻重的地位,是名副其实的资源富集区。这也是本区域产业结构不合理的原因之一。第二产业长期占据较高比重,第一产业和第三产业基础薄弱,不合理的产业布局导致区域农业现代化进展缓慢,产业化程度低,缺乏生态农业和特色农业。从产业结构可以看出,陕甘宁革命老区在进行产业布局时,重点关注效率高、回报率高、回收快的能源产业,缺乏长远发展的布局和规划,致使一、三产业发展较为滞后,其产业结构亟须转型升级。

(三) 老区内地区差距不断拉大

陕甘宁革命老区存在各地发展不均衡的问题，地市差距不断拉大。以 2019 年人均 GDP 为例，在革命老区的 34 个主要地级市中，陕甘宁革命老区的榆林、延安位列前五，其中榆林更是以巨大优势位居第一；但固原、平凉却以人均 2.58 万元和 2.15 万元位列第 31 和 34 名，处于革命老区地级市的末位，庆阳更是从 2012 年的 12 名滑落到 2019 年的第 27 名。区域内发展不平衡，将是未来陕甘宁革命老区经济现代化发展道路上必须重视的问题。

(四) "双碳"目标的新要求

2020 年，我国提出 2030 年"碳达峰"与 2060 年"碳中和"目标，党的第十九届五中全会将"绿色低碳"定为"十四五"及 2035 年经济社会发展的重要目标之一。低碳发展已成为评价地区综合竞争力的重要指标之一。对以煤炭等高碳产业为主导产业的能源型城市来讲，低碳将是未来一段时间内发展的硬约束。陕甘宁革命老区因其以第二产业为主导经济产业的特殊产业结构，在后续一段时间内处于能源高消耗型经济发展模式，城市供给侧结构性改革和结构升级转型的难度较大。

陕甘宁革命老区正处于快速发展时期，城市基础建设有序进行，居民住房条件改善，城市汽车增加，这种发展不可避免地伴随着碳排放量的增加。在发展过程中如何协调碳排放与经济社会发展之间的关系，是新型城镇化亟须解决的实际问题。

(五) 历史遗留问题

陕甘宁革命老区各市县政府在很长一段时间内将能源化工产业作为重点支柱产业，造成很多由过度开发而引起的土地结构变化、采矿区塌陷和由不合理开发而引起的植被破坏、水污染、空气污染等生态环境问题，会影响甚至阻碍陕甘宁革命老区旅游业与新型城镇化协调发展。

(六) 区域协作机制尚未完善

陕甘宁革命老区社会经济发展情况与其地理条件相符，具有良好的区域合作条件，但是由于长期以来行政区划分管理的惯性思维，各地政府各自为政，缺乏协调发展意识，致使区域内存在同质竞争的问题。

陕甘宁革命老区是第一个以革命老区进行统一规划的地区，自2012年《陕甘宁革命老区振兴规划》实施以来，老区三省（区）进行了部分联动。如2016年三省区政府联合发布《陕甘宁革命老区综合交通运输发展规划》，并在后续项目建设中取得了优异成绩。但是由于陕甘宁革命老区分属不同行政区划，各省市还没有形成统一发展的机制，仍将各省市内部经济社会的发展作为主导，缺乏区域间有效协作，没有形成集聚效应，也没有实现集约化发展。

随着高质量发展和"双碳"目标的提出，陕甘宁革命老区需要加快产业结构转型、生活方式转变、城乡基础设施更新的步伐，以应对新旧动能转换与生态安全保障等多重挑战。2015年2月，习近平总书记在陕甘宁革命老区脱贫致富座谈会上指出，老区和老区人民为我们党领导的中国革命作出了重大牺牲和贡献，这些牺牲和贡献永远镌刻在中国共产党、中国人民解放军、中华人民共和国的历史丰碑上，"我们要永远珍惜、永远铭记老区和老区人民的这些牺牲和贡献，继承和发扬老区和老区人民的光荣传统"，为实现"两个一百年"奋斗目标、实现中华民族伟大复兴的中国梦而不懈奋斗。如何用好革命老区自身资源优势，发展特色产业，推动区域协调发展，让老区人民过上幸福美满的日子，是陕甘宁革命老区新型城镇化进程中必须解好的"题"。

旅游业与新型城镇化协调发展作为促进区域经济高质量发展的新引擎，是破解我国区域发展不平衡的突破口，也是新阶段实现"双碳"目标的重要举措。从《关于加快发展旅游业的意见》到《"十四五"文化和旅游发展规划》推动大中小城市和小城镇文化旅游联动发展；从《国家新型城镇化规划（2014—2020年）》到《2022年新型城镇化建设和城乡融合发展重点任务》落实适用、经济、绿色、美观的新时代建设方针，将"工业锈带"改造为"生活秀带"，旅游业与新型城镇化协调发展在区域发展战略中的作用将会愈发重要。

第二节 陕甘宁革命老区旅游业发展现状

一、旅游资源现状

(一) 旅游资源整体情况

《旅游资源分类、调查与评价》(GB/T18972—2017)把旅游资源分为地文景观、水域风光、生物景观、天气与气候景观、遗址遗迹、建筑与设施、旅游商品、人文活动等8个主类,其中包含23个亚类和110个基本类型。依据此标准,陕甘宁革命老区的旅游资源共包含8个主类、23个亚类和110个基本类型。可见,陕甘宁革命老区的旅游资源丰富,种类齐全,具有极高的开发价值。

(二) 旅游资源综合评价

陕甘宁革命老区历史悠久,是华夏文明的重要发祥地之一。在19.2万平方千米的黄土地上,既有塞上江南的清丽优雅,又有大漠风光的雄伟壮阔,还有黄土风情的热情旷达。这里孕育了黄河文化与黄土文化,农耕文化与游牧文化相互融合,红色文化扎根成长。历经千年洗礼,直到今日,各朝各代的长城关隘仍岿然矗立在革命老区的大地上。历代石窟石刻也较为完整地保存了下来,是我国古代石刻造型艺术的瑰宝。长征精神、延安精神是我们党的宝贵精神财富,造就了承载革命历史记忆、独具区域特色的红色旅游资源。

(三) 特色旅游资源

红色旅游作为推动革命老区经济社会发展的有效抓手,受到国家及各级政府的重视。陕甘宁革命老区是重点红色旅游区之一,红色旅游资源丰富、厚重,革命的各个时期在本老区都有所体现,具有分布广、数量多、特色鲜明的特点。陕甘宁革命老区具有代表性且具备开发条件的红色旅游资源达124处(图5-7,表5-4)。具体到市县(区),延安以35处位列陕甘宁革命老区第一,是当之无愧的红色旅游资源大户;庆阳以30处紧随其后,榆林以28处位列第三。其余市县(区)代表性红色旅游资源相对较少,固原、铜川、平凉、吴忠、富平等市县均未超过10处。在红色旅游精品线路方面,陕甘宁革命老区凭借丰富的红色旅游资源,在全国红色旅游精品线路建设上大放异彩,如"西安—洛川—延安—子长—榆林—绥德线"和"兰州—定西—会宁—静宁—六盘山—银川线"。

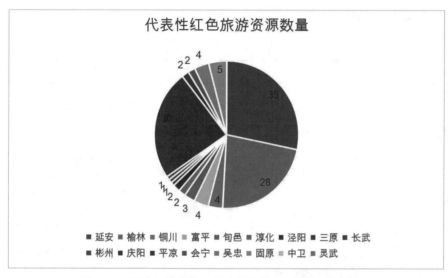

图 5-7　陕甘宁革命老区代表性红色旅游资源分布情况

表 5-4　陕甘宁革命老区代表性红色旅游资源分布情况

省(区)	市/县	代表性红色旅游资源数量
陕西	延安	35
	榆林	28
	铜川	4
	富平	4
	旬邑	3
	淳化	2
	泾阳	2
	三原	1
	长武	1
	彬州	1

续表

省（区）	市/县	代表性红色旅游资源数量
甘肃	庆阳	30
	平凉	2
	会宁	2
宁夏回族自治区	吴忠	4
	固原	5
	中卫	0
	灵武	0
合计		124

代表性红色旅游资源的分布差异（表5-5，图5-8），造就了陕甘宁三省（区）在红色旅游资源开发上的不同。

表5-5　陕甘宁革命老区代表性红色旅游资源开发情况

省（区）	代表性红色旅游资源	红色旅游资源丰富度	发展重点	成绩
陕西	宝塔山、王家坪革命旧址、延安革命纪念馆、枣园革命旧址、"四八"烈士陵园、凤凰山麓革命旧址、杨家岭、瓦窑堡会议旧址、白求恩国际和平医院旧址、洛川会议旧址纪念馆、胜利山毛泽东指挥站、宗湾周恩来旧居、刘志丹烈士陵园、中国人民抗日红军大学旧址等	在陕甘宁革命老区中，红色旅游景点数量最多，种类最丰富，知名度最高，是红色旅游资源富集区	以延安为引领，大力开发红色旅游资源，打造中国革命圣地	延安市延安革命纪念地系列景区（点）、铜川市陕甘边照金革命根据地旧址、咸阳市旬邑县马栏革命旧址三个景区入选100个全国红色旅游经典景区
甘肃	会宁红军长征胜利大会师旧址、高台战役遗址、宕昌哈达铺会议遗址、通渭县"榜罗镇会议"遗址、华池南梁苏维埃政权遗址、岷县三十里铺"岷州会议"遗址、迭部天险腊子口战役遗址、迭部"俄界	陕甘宁红色旅游区的重要组成部分	分别以会宁、庆阳、高台战役遗址为主体，形成特色主题红色旅游路线	华池县陕甘边区苏维埃政府旧址、红军长征会师旧址入选100个全国红色旅游经典景区

续表

省(区)	代表性红色旅游资源	红色旅游资源丰富度	发展重点	成绩
	会议"遗址、静宁"界石铺会议"遗址、靖远虎豹口渡口战役遗址、环县山城堡战役遗址、安西红西路军纪念碑等众多红军西路军革命遗址			
宁夏回族自治区	毛主席率中央红军翻越六盘山高峰纪念地,西吉将台堡红军会师纪念碑,豫旺红军西征军总指挥部旧址、单家集、泾源县老龙潭革命烈士纪念亭,小沟毛主席和红军宿营地,清真大寺(原陕甘宁省豫旺苏维埃政府成立大会旧址)、红一、二、四方面军联欢大会旧址,同心县,盐池县革命烈士纪念园等	陕甘宁红色旅游区的重要组成部分	依托革命文物,以红色精神为指引,打造22条红色旅游精品线路	同心县红军西征红色旅游系列景区、盐池县革命烈士纪念园、六盘山红军长征红色旅游系列景点入选100个全国红色旅游经典景区

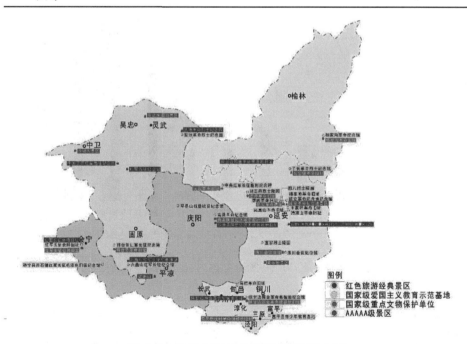

图5-8 陕甘宁革命老区旅游资源分布图

二、旅游业现状

近年来，陕甘宁革命老区各地逐渐开始重视区域内旅游产业的发展，旅游业呈现良好发展势头。通过对区域内特色历史文化进行深度挖掘、建立良好的营销口碑以及提升旅游服务质量等措施，陕甘宁革命老区旅游市场不断扩大，大量国内外游客慕名而来。

（一）旅游市场规模

此处从入境旅游和国内旅游人次两方面对陕甘宁革命老区旅游业的发展水平进行分析。根据 2012—2020 年国内与入境旅游人次的数据（图 5-9），2012—2019 年的入境旅游人数逐年增长，峰值达到 2700.44 万人次，是 2012 年的 8.9 倍。2019 年，国内旅游人次也达到峰值，为 18964 万人，是 2012 年 9.4 倍。2019 年旅游总人次为 2012 年的 9.3 倍。2020 年由于新冠病毒感染疫情的冲击，旅游业市场数据显示异常。从 2012—2019 年的数据可以看出，陕甘宁革命老区的旅游市场发展态势良好。

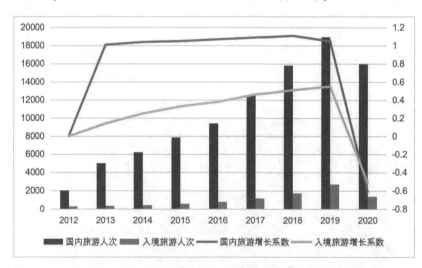

图 5-9　陕甘宁革命老区 2012—2020 年国内旅游人次与入境旅游人次分析图

（二）旅游经济效益

陕甘宁革命老区旅游经济效益提升显著。根据 2012—2020 年国内与入境旅游收入数据（图 5-10），国内旅游总收入由 2012 年的 202 亿元增长至 2019 年的 1515 亿元，2019 年是 2012 年的 7.5 倍；入境旅游收入 2.3 亿美元，是 2012 年的 4 倍。从总体发展来看，旅游业收入呈现平稳上升的趋势。

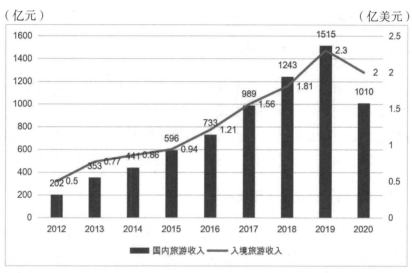

图 5-10　陕甘宁革命老区 2012—2020 年国内旅游收入与入境旅游收入分析图

（三）旅游基础体系

旅游业是典型的劳动密集型产业，对就业和地方经济发展具有很强的带动作用，不仅可以带动旅游相关产业的发展，还可以创造大量就业岗位，解决剩余劳动力就业问题。旅行社从业人员由 2012 年的 11330 人增长至 2020 年的 30315 人；星级饭店从业人员从 2012 年的 7513 人增长至 2020 年的 79799 人。

三、主要问题

近年来，陕甘宁革命老区旅游接待人数、旅游收入均呈现增长态势，旅游收入在第三产业增加值中所占比例逐年提高。但作为绿色综合性产业的旅游业对当地社会经济的整体拉动效果一般。在陕甘宁革命老区振兴过程中，仍存在制约其进一步发展的主要问题。

（一）总体发展较为落后

就国内旅游收入而言，虽然陕甘宁革命老区旅游业有了很大发展，但与国内其他地区相比，整体水平仍然较低。这是因为陕甘宁革命老区旅游业起步较晚，区域相关基础设施建设较为落后，旅游产品体系单一，旅游市场有限，缺乏有效的宣传推广路径，整体管理较为落后。这些因素都制约了老区旅游业的进一步发展。

（二）区域内旅游业发展不平衡

陕甘宁革命老区内部旅游业呈现不平衡的发展态势。省级层面，陕西省的旅游业发展一直远远快于甘肃、宁夏回族自治区；地级市层面，延安是区域旅游业发展最好的地区，而榆林等资源型城市由于重心放在能源开发上，旅游业发展一般，固原、平凉等城市旅游业发展程度较低。

（三）旅游基础设施及生态环境制约

陕甘宁革命老区公共基础设施建设不完备，产业结构不合理，经济发展水平偏低，这些问题在一定程度上阻碍了旅游业的进一步发展。各省（市、区）经济发展水平差距较大，基础设施投资力度不同，特别是固原、平凉等地级市，基础设施投资较少，这又反过来拉大了区域间的差距，进而影响了旅游业的整体发展水平。此外，受地理、气候条件的影响，部分区域生态环境脆弱、敏感，开发过程中稍不谨慎，就容易使当地生态环境遭到破坏，从而制约旅游业的进一步发展。

综上所述，要实现陕甘宁革命老区旅游业的转型升级，就要打造具有较强吸引力的旅游产品，推动陕甘宁革命老区旅游业的进一步发展，带动区域整体经济的发展，带动新型城镇化水平的进一步提高。

第三节 陕甘宁革命老区新型城镇化发展状况

一、新型城镇化发展历程回顾

城镇化是经济社会发展的必然趋势和实现现代化的必由之路。中华人民共和国成立以来，国内的城镇化建设可分为6个阶段：

第一阶段，城镇化起步阶段（1949—1960年）。这一时期国际形势复杂多变，国内环境错综复杂，经历了三年的恢复期后，国家于1953年提出了第一个"五年计划"，指出1953—1958年应该集中力量发展重工业；1958年提出了第二个"五年计划"。这一时期我国农业人口不断下降，向非农人口转移，城镇人口增加，城镇化率提高。

第二阶段，城镇化初始发展阶段（1961—1966年）。我国经济增长速度在这一时期急剧下滑，甚至出现负增长的情况。政府严格实行户籍制度，限制城乡之间的人口流动，农业人口逐步恢复，城镇化率降低，城镇人口减少，甚至一度回到新中国成立初期的水平。

第三阶段，城镇化停滞发展阶段（1966—1977年）。这一时期，我国在人口管理上采取更严格的隔离措施，城镇化水平不升反降。

第四阶段，城镇化稳步提高阶段（1978—1995年）。1978年实行改革开放政策，全国恢复以经济建设为中心的发展重点，工业化、城镇化发展加快，城镇化率飞速提升。

第五阶段，城镇化快速发展阶段（1996—2009年）。这一时期社会主义经济体制不断完善发展，经过改革开放的积累，我国的经济建设如火如荼地开展，各个行业的生产力得到有效发展，为城镇化建设提供了坚实的基础。国内将城镇化建设作为重点发展任务，国际形势有所好转，城镇建设继续稳步推进。

第六阶段，新型城镇化高质量发展阶段（2009年至今）。2013年中央城镇化工作会议对推进新型城镇化作出战略部署，提出积极稳妥推进新型城镇化，着力提高城镇化发展质量，把生态文明理念全面融入城镇化全过程，坚定不移地走集约、智能、绿色、低碳的新型城镇化道路。《国家新型城镇化规划（2014—2020年）》，明确指出要走中国特色新型城镇化道路，全面建设高质量城镇化。

二、陕甘宁革命老区新型城镇化现状

城镇化是我国现阶段社会主义经济建设的重点，新型城镇化是我国"双碳"目标和经济高质量发展的要求。下面从人口、经济、基础设施与公共服务、生态、城乡统筹五个角度，分别对陕甘宁革命老区的新型城镇化现状进行描述。

(一) 人口城镇化

据统计，2020年陕甘宁革命老区的城镇人口为4252万，三省（区）平均人口城镇化率为59.95%，低于全国城镇化平均水平。从增长率来看，2012—2020年，陕甘宁革命老区人口城镇化率年均增长5.11%，高于2.92%的全国年均增长率，可见陕甘宁革命老区城镇化建设虽起步较晚，但人口城镇化较为迅速。

从人口分布来看，2012—2020年的8年间，城镇人口增长最多的是陕西省，增加了595万人，而宁夏回族自治区仅增加了131万人，城镇人口数量增长最少（表5-6）。陕西省的城镇化率8年间增长达12.95%，甘肃省增长率为13.81%，宁夏回族自治区的增长率达13.45%。这从侧面说明，陕甘宁革命老区各省区城镇人口和城镇化率均处于不断上升之中，但区域内各地城镇化所处阶段和发展质量有很大差别。

表5-6 2012—2020年陕甘宁革命老区人口城镇化状况分析

年份	2012		2013		2014		2015		2016		2017		2018		2019		2020	
	城镇人口数（万人）	城镇化率（%）	城镇人口数（万人）	城镇化率（%）	城镇人口数（万人）	城镇化率（%）	城镇人口数（万人）	城镇化率（%）	城镇人口数（万人）	城镇化率（%）	城镇人口数（万人）	城镇化率（%）	城镇人口数（万人）	城镇化率（%）	城镇人口数（万人）	城镇化率（%）	城镇人口数（万人）	城镇化率（%）
陕西	1883	49.71	1962	51.57	2029	53.01	2105	54.74	2184	56.39	2267	58.07	2345	59.65	2417	61.28	2478	62.66
宁夏	337	51.15	352	52.84	372	54.82	389	56.98	408	58.74	430	60.95	441	62.15	456	63.63	468	64.96
甘肃	988	38.78	1028	40.5	1070	42.28	1116	44.24	1161	46.07	1214	48.12	1250	49.69	1272	50.07	1306	52.23

(二) 经济城镇化

在各种利好政策的推动下，陕甘宁革命老区的经济城镇化水平有了较大提升。陕甘宁革命老区的GDP总量由2012年的3379亿元上升至2020年的10613亿元，年均增长率为14.3%，2020年是2012年的3.14倍。同时期全国GDP由2012年的54.75万亿元增至2020年的103.49万亿元，年均增长率为8.3%。由此可见，老区经济增长速度高于全国平均水平，老区经济发展迅速，且具有很大的提升空间与发展潜力。从增长趋势来看，陕甘宁革命老区经济稳步增长，可为新型城镇化提供较为强力的支撑。从产业结构上看，2012—2019 年陕甘宁革命老区第二、三产业的比重均高于 75%（图 5-11，图 5-12），这表明 8 年间陕甘宁革命老区的产业结构逐渐趋于合理，有利于新型城镇化的推进。

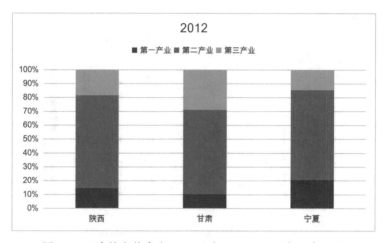

图 5-11　陕甘宁革命老区 2012 年一、二、三产业占比图

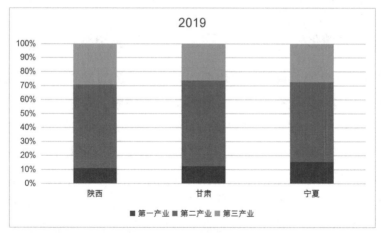

图 5-12　陕甘宁革命老区 2019 年一、二、三产业占比图

（三）基础设施与公共服务

选取公共交通、医疗卫生和教育这些切实关系到居民生活质量的指标，

代表陕甘宁革命老区基础设施与公共服务的发展水平。陕甘宁革命老区公共交通和医疗卫生服务建设成效显著。例如，2020年，每万人拥有公共汽车的数量是2012年的2倍；万人拥有医疗机构床位数在小幅下降后呈大幅提升趋势（图5-13）。但是，同时期的教育发展水平相对较低，区域内普通中小学的数量呈不断下降的趋势。这从侧面反映出区域对教育建设的重视程度仍不够高。

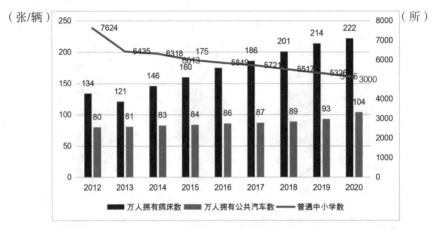

图5-13　陕甘宁革命老区2012—2020年基础设施与公共服务分析图

（四）生态城镇化

新型城镇化不仅仅是城镇化率的提升和经济的发展，更是将建设生态宜居型、环境友好型社会作为发展目标，走健康、绿色、生态的新型城镇化发展之路。传统城镇化过程中的高资源消耗、高环境污染是不可取的。随着2020年"双碳"目标的提出，陕甘宁革命老区紧随国家政策的步伐，出台多项环境保护和生态治理措施，加大对环境污染、生态破坏的监管力度和治理、恢复的投资力度。就工业固体废弃物的综合利用率而言，2020年陕甘宁革命老区三省（区）工业固体废弃物的综合利用率低于全国平均水平，其对资源、环境的保护力度仍须加大。

（五）城乡统筹

此处以城乡人均生活消费性支出差异为例，反映城乡发展差异。2020

年,陕甘宁革命老区城乡人均生活消费支出差异低于全国平均水平,城乡人均可支配收入差异亦低于全国平均水平,表明陕甘宁革命老区城乡差异不大。这为新型城镇化奠定了良好基础,有利于各省(区)城乡融合发展。

但也要看到,陕甘宁革命老区城乡人均可支配收入差异比城乡人均生活消费支出差异要小,这反映了在初次分配中存在城乡分布不均的问题。未来新型城镇化发展要首先解决这一民生问题。

三、主要问题

随着西部大开发、黄河流域生态保护和高质量发展等一系列扶持政策的实行,陕甘宁革命老区新型城镇化水平有了很大提高,GDP 由 2012 年的 3379 亿元增长到 2020 年的 10613 亿元;人均 GDP 由 2012 年的 3.25 万元增长到 2020 年的 5.15 万元。但受区域基础设施条件差、整体产业发展滞后等不良因素的影响,从整体上看,陕甘宁革命老区的新型城镇化仍处于较低水平,存在以下主要问题:

(一) 整体城镇化水平较低

2020 年,陕甘宁革命老区整体城镇化率为 50.82%,低于全国的 54.77%,陕甘宁革命老区的城镇化水平明显低于全国平均水平,城镇化建设相对滞后。其原因是多方面的,如区域内小城镇数量较多且大部分规模较小,基础设施配套不齐,人口聚集力差,城镇建设水平低下,难以形成合理的城镇规模和良好的集聚效应;不少小城镇产业结构不合理,发展缓慢;三大产业对经济增长的贡献均不突出,地方财政收入较少,增长缓慢。这些都影响了陕甘宁革命老区的新型城镇化进程。

(二) 区域差距较大

2019 年陕甘宁革命老区人均 GDP 为 56927.07 元。榆林、延安两市的人均 GDP 在老区平均水平以上,其中榆林高达 12.09 万元;而老区其余 6 市均低于平均水平,其中平凉最低,为 2.15 万元,与榆林差了近 10 万元。巨大的地域差距导致老区新型城镇化发展水平不一。

（三）产业经济结构单一

陕甘宁革命老区蕴藏着丰富的能源资源，三省（区）第二产业均占据主导地位。得益于以能源开发为动力的城镇化进程，老区在基础设施建设方面得到快速发展，实现了传统城镇化的快速推进。但长期依靠单一产业发展经济，会造成产业结构失衡，财政收入难以保障，城镇抗风险能力和稳定性较差，最终可能陷入资源型工业产值增速下滑甚至衰退的困境。尤其是"双碳"目标的提出，对区域内资源型城市的新型城镇化提出了更高要求。区域内非资源型城市的工业基础较差，农业是城镇财政收入的主要来源，产业转型升级困难，与资源型城镇发展差距过大，城镇化进程缓慢。

（四）城镇产业发展动力不足

陕甘宁革命老区的产业结构和产业发展水平均与新型城镇化要求有不小差距，城镇产业发展是城镇化过程的重中之重。只有充分发展产业，才能为剩余劳动力提供就业岗位，消化第一产业溢出的劳动力。没有产业支撑的城镇化仅仅是数字上的城镇化，没有实际意义。只有让农业人口真正融入城市，才是有效的城镇化，而融入城市的第一步就是解决就业和收入问题；只有在城市中自食其力，才是由农民向市民的真正转变。要实现这一目标，唯一途径就是大力发展第二产业和第三产业。陕甘宁革命老区的发展现状是城镇产业化水平普遍较低，现代工业和服务业发展滞后，经济增长的后继动力不足，缺少城镇内核，对地区经济的带动性差。

（五）第三产业发展较慢

现代服务业是国民经济中所需投资相对较少、经济社会效益较为明显的优势产业，能吸纳大量剩余劳动力，带动城镇化发展，其发展程度是衡量一地城镇化发展水平的重要指标。陕甘宁革命老区的城镇服务业发展水平普遍较低，对经济增长的带动能力较弱，虽然近几年整体水平有所提升，但与全国平均水平，特别是人民现阶段日益增长的美好生活需要还有较大差距，主要体现在服务行业规模小、覆盖不全面、结构不合理等方面。

第六章　陕甘宁革命老区旅游业与新型城镇化协调发展水平测算

在之前的章节，通过定量与定性研究相结合的方式，分别就陕甘宁革命老区的整体概况、旅游业与新型城镇化发展的相关经济技术指标进行了详细阐述。但仅凭以上分析，并不能体现陕甘宁革命老区旅游业与新型城镇化的综合发展水平，更无法显示二者是否协调发展。这就需要构建能体现旅游业与新型城镇化综合发展水平的评价指标体系，并通过不断修正这一体系，进一步测算陕甘宁革命老区旅游业与新型城镇化协调发展的水平、状态与时空演变规律。

第一节　评价指标体系构建

一、评价指标体系构建原则

旅游业与新型城镇化综合发展水平相关指标的选取和指标体系的建立既是开展二者协调发展水平评价工作的基础，又是构建协调发展评价模型的核心，对二者协调发展的质量与评价结果的准确性至关重要。为构建一套科学合理、适应性强的评价指标体系，在选取旅游业与新型城镇化协调发展评价要素时要遵循以下四个原则：

（一）科学性与实践性相结合

科学性是一切科研活动的前提，构建旅游业与新型城镇化协调发展评价指标体系离不开科学性支撑。在选取二者综合发展评价指标时，要确保能够真实反映旅游业与新型城镇化发展的水平，并对其进行序参量变化分析。实践性是构建评价指标体系的基础，构建评价指标体系的目的是将其结果运用到实际中。若评价指标体系脱离实际，无法解决现实问题，那么其构建就不够科学。

（二）全面性与层次性相结合

一方面，旅游业与新型城镇化是两个相互独立的复合系统，在不同研究视角下，影响二者发展水平的指标各不相同。为此，应从不同发展领域和层面出发，全面选择相关指标，以便对二者特征和状态进行全方位分析。另一方面，旅游业与新型城镇化之间又互有联系，所以在指标选取过程中又要注意逻辑的层次性，以一级指标为引领，以二级指标为具体表现，不断深入，直到形成一个层次分明的评价体系。

（三）主体性与可操作性相结合

主体性体现在所选取的指标应是具有代表性的主体，而不是概念含糊的个体，不能为了顾及全面而将含义相近、代表性弱的指标都囊括进来。主体性是筛选并排除多余、不合理指标的准则。可操作性的重点体现在两个方面：一是所选指标的数据收集要相对比较容易，那些数据较难获得的指标应慎重考虑，不现实的应果断放弃；二是在实际测算过程中，要确保相关公式在所构建的指标体系中能够顺利操作，并得出理想结果。

（四）动态可比性与数据可得性相结合

协调发展本身就是一个动态演进的过程，其水平会随着时间的推移而变化。这就要求评价指标体系要满足动态研究需要，不同时间段的取值可用来相互比较。在选取指标时，应考虑指标数据的可得性、可操作性问题，缺乏数据支撑的指标体系是没有实用价值、缺乏说服力的。

二、指标选取

众所周知，旅游业与新型城镇化作为两个相互独立又互有联系的复杂系统，单一评价指标体系无法全面体现二者的综合发展水平，所以在构建二者协调程度评价指标体系的过程中，需要分别构建旅游业综合发展水平评价指标体系和新型城镇化发展综合水平评价指标体系。

第六章　陕甘宁革命老区旅游业与新型城镇化协调发展水平测算

（一）旅游业综合发展水平评价指标体系

1. 旅游业综合发展水平评价指标体系的逻辑

在旅游业日益融入社会经济建设的今天，旅游业在推动国家与区域经济增长、增加就业、创造外汇、带动相关产业发展等方面效果显著，是推动经济可持续发展的重要引擎。学术界关于旅游业综合发展水平的研究也日益增多。如何推动旅游业高质量高水平发展、哪些是影响旅游业发展水平的主要因素，其作用机制又是怎样的等问题一直是学术研究的热点。梳理已有研究成果，可简要归纳为以下四个方向：

（1）旅游业发展水平与发展潜力。以区域旅游业相关经济技术指标（如旅游人次、旅游收入等）、旅游产业构成（如星级酒店、旅行社数量等）、旅游资源（如A级旅游景区、博物馆等）和政府支持力度（如政策支持、专项资金等）为评价指标体系进行测算，多用于区域旅游发展水平研究。

（2）旅游经济发展水平。将旅游经济作为独立系统，根据旅游经济效率、产业规模和产出效益，从数量与质量视角构建评价模型，多用于省级旅游业研究。

（3）旅游发展水平评价。从旅游业所涉及的社会、经济、环境、保障等四类初始指标出发，通过绝对值或相对值的对比分析，衡量旅游发展水平，多用于低碳旅游、全域旅游、生态旅游等专项旅游。

（4）旅游竞争力。也称旅游发展潜力，指综合考量目的地旅游资源、区位条件和经济发展水平等多方面内容的定量分析，多用于考察城市旅游竞争力。

可以发现，现有研究根据其范围不同，在指标体系构建考量方面也各不相同，存在着一定共性。在指标选择上，不仅要考虑旅游业的相关指标，还要结合社会学、地理学、统计学等学科，综合相关社会指标、环境指标、资源指标。已有研究成果为本研究奠定了相关理论基础，但其多从时间维度出发，对空间维度上旅游业的综合发展水平研究较少。本书构建旅游业综合发展水平评价指标体系也着眼于此，力图开辟新的研究方向。

构建旅游业综合发展水平评价指标体系的目的是通过科学合理的指标

数据，运用主成分分析法等科研方法，测算各个指标的权重比，从而形成可以反映区域旅游业综合发展水平的数据，通过旅游业综合发展水平指数，全面评估旅游业发展的状态、水平与潜力。评价指标体系要科学、全面地反映旅游业发展，涵盖旅游相关各行各业，把握发展的动态变化。为此，本书尝试综合考量旅游经济发展水平、旅游发展潜力、旅游基础体系三个方面的情况，力求构建科学、全面的旅游业综合发展水平评价指标体系。

2. 旅游业综合发展水平评价指标体系的构建

（1）旅游经济发展水平。旅游业具有较强的经济属性，国内国际旅游收入、国内国际旅游接待人次等是从经济层面衡量旅游业发展水平的主要指标，故选取以上指标为旅游业综合发展水平评价指标体系中旅游经济发展水平的指标层。

（2）旅游发展潜力。在旅游业相关经济指标数据中，旅游总收入占GDP比重、旅游总收入增长率、旅游接待人次增长率等体现未来旅游业发展空间变化趋势的指标，均是衡量旅游业发展潜力的重要因素，故将这三个指标作为旅游发展潜力的指标层。

（3）旅游基础体系。旅游基础体系是旅游业的主要构成部分，既涉及旅游公共服务，又涉及旅游接待设施。考虑到数据的可得性，本研究选取5A级景点数、A级旅游区数、旅游四星级及以上饭店数、旅行社数、公路通车里程数以及旅游业从业人员数等指标，衡量旅游业发展的基础状况（表6-1）。

表6-1 旅游业综合发展水平评价指标体系

目标层	准则层	指标层
旅游业发展水平	旅游经济发展水平	国内旅游收入（亿元）
		国际旅游收入（亿美元）
		国内旅游接待人次（万人）
		国际旅游接待人次（万人）
	旅游发展潜力	旅游总收入占GDP比重（%）
		旅游总收入增长率（%）
		旅游接待人次增长率（%）

续表

目标层	准则层	指标层
旅游业发展水平	旅游基础体系	5A 级景点数（个） A 级旅游区数（个） 旅游四星级及以上饭店数（个） 旅行社数（个） 公路通车里程数（km） 旅游业从业人员数（个）

（二）新型城镇化综合发展水平评价指标体系

1. 新型城镇化综合发展水平评价指标体系的逻辑

新型城镇化是基于我国城乡二元结构，以统筹发展、城乡一体发展为特征的我国特有的城镇化模式。当前学术界对新型城镇化的定义较为一致，认为新型城镇化"以人为核心"，是人口城镇化、经济城镇化、社会城镇化和环境城镇化的集合。在不同的发展阶段，新型城镇化综合发展水平评价指标体系的构建也呈现不同特征。

在新型城镇化研究的早期，学界仍从城市经济发展水平、基础设施建设和人口现代化三个传统城镇化指标出发进行评价。在该阶段的后期研究中，不断加入社会发展、生态环境等维度的相关指标。

党的十八大报告明确提出新型城镇化概念，对新型城镇化综合发展水平评价指标体系的研究也日渐丰富。现在研究多基于人口、生态、经济、社会、空间等五个维度构建新型城镇化质量指标体系，部分研究还在此基础上增加了城乡统筹、文化发展等维度。

对现有研究进行归纳整理，可以发现，当前学术界对新型城镇化发展水平评价体系的研究根据研究视角、方法的不同，呈现"百家争鸣"的局面，但也暴露出一些问题。在研究方法方面，现有研究方法较为单一，如专家赋权法和客观赋权法虽各有优势，但也有不足，需要对研究方法进行创新，尽量规避因方法缺陷而造成的研究误差。在指标体系选择方面，基于新型城镇化的丰富内涵，研究维度和指标数量呈现持续增加的趋势。这在一定程度上丰富了新型城镇化评价指标体系，但也弱化了指标之间的区别。目前对空间维度上的新型城镇化研究较少，难以反映新型城镇化的真实水平。

2. 新型城镇化综合发展水平评价指标体系的构建

新型城镇化与传统城镇化的最大区别在于：不再仅关注城市或城镇人口数量的增加、城市建成区的扩大；不再仅以 GDP 增长为衡量指标，而是从人口、经济、社会、生态环境等多方面协调推进，以人为核心。基于以上考虑，参考现有研究成果，从人口、社会、经济、空间、就业 5 个维度共计 15 个指标出发（表 6-2），构建新型城镇化综合发展水平评价指标体系，力图用尽可能少而精的维度和指标，反映新型城镇化的基本内涵。

表 6-2 新型城镇化综合发展水平评价指标体系

目标层	准则层	指标层
城镇化子系统	人口城镇化	城镇人口比重（%） 城镇人口密度（人/km²）
	经济城镇化	人均 GDP（元） 第二产业占 GDP 的比重（%） 第三产业占 GDP 的比重（%） 城镇居民人均可支配收入（元）
	空间城镇化	城市人均拥有道路面积（m²/人） 城市人均公共绿地面积（m²/人） 森林覆盖率（%）
	就业城镇化	非农就业人口比重（%） 第三产业就业人员比重（%）
	社会城镇化	固定资产投资（元） 每万人拥有卫生技术人员数（人） 每万人拥有在校大学生数（人） 电视覆盖率（%）

（1）人口城镇化。在城镇化进程中，必然会有农业人口向非农业人口的转变。这就是人口城镇化，是衡量新型城镇化发展水平的基础指标。本研究将以城镇人口比重、城市人口密度两个指标衡量人口城镇化发展水平。

（2）经济城镇化。新型城镇化的发展离不开社会经济的发展。本研究从人均GDP、第二产业占GDP比重、第三产业占GDP比重、城镇居民人均可支配收入等角度来衡量经济城镇化发展水平。

(3) 空间城镇化。城镇化建设离不开对空间土地的开发利用。本研究用城市人均拥有道路面积、城市人均公共绿地面积、森林覆盖率等指标衡量空间城镇化发展水平。

(4) 就业城镇化。城镇化与农村化的区别之一就是产业就业的不同。本研究选取非农就业人口比重、第三产业就业人员比重两个指标衡量就业城镇化发展水平。

(5) 社会城镇化。城镇化的发展会影响各项社会事业的发展，如居民生活质量、城镇医疗和卫生发展状况。因此，本研究将选取固定资产投资、每万人拥有卫生技术人员数、每万人拥有在校大学生数、电视覆盖率来衡量社会城镇化发展水平。

三、测度方法的确定

协调发展水平的测度方法主要有综合指标法和单一指标法，其中综合指标法能够更加全面地反映系统协调发展水平。因此，本研究将采用综合指标法对陕甘宁革命老区旅游业与新型城镇化协调发展水平进行测度。测度的基本公式为：

$$U = \sum_{j=1}^{n} X_{ij} \cdot \omega_{ij}, \quad \sum_{j=1}^{n} \omega_j = 1$$

其中，U 为综合水平测度指数；ω 为第 j 指标的权重；X_{ij} 为 i 样本 j 指标的无纲量化数值。

具体步骤如下：

①搜集原始数据。

②X_{ij} 无纲量化处理。根据指标的正负数值，对原始数据进行处理。具体公式如下：

$$X_{ij} = \begin{cases} \dfrac{x_{ij} - \min(x_{ij})}{\max(x_{ij}) - \min(x_{ij})} & j \text{ 为正向指标} \\ \dfrac{\max(x_{ij}) - x_{ij}}{\max(x_{ij}) - \min(x_{ij})} & j \text{ 为负向指标} \end{cases}$$

③运用熵值法确定 ω_j 的权重。
④运用公式计算综合水平测度指数 U。

第二节 综合发展水平测算

一、数据来源与处理

(一) 数据来源

根据《陕甘宁革命老区振兴规划》，陕甘宁革命老区以陕北、陇东、宁东南三大组团为对象，推动城市组团发展，形成具有地域特色的城镇体系。其中，陕北组团以延安为中心，北至榆林，南经铜川，至渭南的富平和咸阳的三原、泾阳，总面积 8.7 万平方千米，是陕甘宁革命老区中面积最大、人口最多的组团地区；陇东组团以庆阳为中心，包括平凉市、彬州市、白银市的会宁县和咸阳市的长武县、旬邑县、淳化县，占地面积 4.9 万平方千米，在三大组团中面积最小；宁东南组团包括吴忠、固原、中卫及灵武三市一县（县级市），总面积 5.6 万平方千米，人口相对较少。基于数据可得性，研究区域涵盖三省（区）67 个地级市、县区。综上所述，本书对 2012—2020 年陕甘宁革命老区 67 个地级市、县、区旅游业与新型城镇化发展综合水平进行比较、分析与测度。所使用数据来源于 2012—2020 年陕甘宁革命老区相关省市县的年鉴、城市年鉴、行业年鉴，并以陕甘宁革命老区各省（区）国民经济和社会发展统计公报相关年份数据为必要补充。所有数据力求统一统计路径，个别缺失数据通过插补、平均值等方法推算。

(二) 指标标准化处理

由于各指标具有不同的量纲，其变异程度也差距较大。为了消除量纲和指标自身变异及数值大小的影响，需对收集的各个指标进行标准化处理。本书利用极差法对指标进行标准化，其中正向指标和负向指标的具体计算公式如下：

正向标准化公式：

$$X'_{ij} = \frac{X_j - X_{\min}}{X_{\max} - X_{\min}} \tag{6-1}$$

负向标准化公式：

$$X'_{ij} = \frac{X_{\max} - X_j}{X_{\max} - X_{\min}} \tag{6-2}$$

上述公式中，X'_{ij} 是标准化后的数据，X'_{ij}（$i=1, 2, \cdots\cdots n$；$j=1, 2, \cdots\cdots m$）为第 i 个地区第 j 个指标值，n 和 m 分别表示地区和指标；$X_{\max}$ 和 $X_{\min}$ 表示第 j 个指标的最大值和最小值。

运用上述公式对陕甘宁革命老区旅游业13项指标和新型城镇化发展15项指标进行标准化处理，使标准化指标满足 $0 \leqslant X'_{ij} \leqslant 1$，且使正向指标和负向指标均转化为正向指标，最高值为1，最低值为0。

（三）指标权重计算

1. 基于熵值法的指标权重确定方法

各项指标的权重是其在整个指标体系中重要性的直接反映。目前学术界主流的指标权重确定方法包括专家注分法、层次分析法等主观赋权法和因子分析法、熵值法等客观赋权法两大类。其中，主观赋权法是测评者根据自己掌握的知识、信息和经验，从主观上对各个指标进行权重赋值，顾名思义，具有较强的主观性，对赋值者有较高的技术要求。因子分析法、熵值法等客观赋权法，是在对各项指标进行充分定量分析的基础上，运用数理计算并得出各项指标权重的方法。与主观赋权法相比，可以有效地规避因主观偏好、技术水平等因素造成的误差。

对照实际情况，本研究选取的指标较多，若选用主观赋权法，则可能使主观缺陷无限放大，在结论准确性上会存在较为明显的误差。因此，本研究运用客观赋权法进行权重计算。又因因子分析法需要的数据多、数量大，故本研究最终选用客观赋权法中的熵值法对各项指标进行权重计算。

2. 指标权重的确定

运用熵值法确定指标权重，计算步骤如下：

①在第 j 项指标下，年份 i 的指标占该指标的比重（P_{ij}）：

$$P_{ij} = Z_{ij} / \sum_{i=1}^{n} Z_{ij} \quad (i=1, 2, \cdots, n; j=1, 2, \cdots, m)$$

其中，n 为样本年份，m 为指标个数。

②第 j 项指标的熵值（e_j）：

$$e_j = -k \sum_{i=1}^{n} p_{ij} \ln(P_{ij})$$

其中，$k = 1/\ln(n)$，$e_j \geq 0$。

③第 j 项指标的差异系数（g_j）：

$$g_j = 1 - e_j$$

④将差异系数进行归一处理，计算出第 j 项指标的权重（W_j）：

$$W_j = g_j / \sum_{j=1}^{m} g_j \quad (j=1, 2, \cdots, m)$$

搜集一手数据，根据以上过程，计算各项指标的权重，最终确定陕甘宁革命老区旅游业综合发展水平的相关指标权重（表6-3）。

表6-3 旅游业综合发展水平指标权重

目标层	准则层	指标层
旅游业发展水平	旅游经济发展水平 0.2709	国内旅游收入（亿元）0.0683
		国际旅游收入（亿美元）0.0681
		国内旅游接待人次（万人）0.0628
		国际旅游接待人次（万人）0.0717
	旅游发展潜力 0.2108	旅游总收入占GDP比重（%）0.0738
		旅游总收入增长率（%）0.062
		旅游接待人次增长率（%）0.075
	旅游基础体系 0.5183	5A级景点数（个）0.1483
		A级旅游区数量（个）0.0689
		旅游四星级及以上饭店数（个）0.0861
		旅行社数（个）0.0756
		公路通车里程数（km）0.0658
		旅游业从业人员数（人）0.0736

搜集一手数据，根据以上过程，计算各指标权重，最终确定陕甘宁革命老区新型城镇化综合发展水平的相关指标权重（表6-4）。

表 6-4 新型城镇化综合发展水平指标权重

目标层	准则层	指标层
城镇化子系统	人口城镇化 0.1371	城镇人口比重（%）0.0703
		城镇人口密度（人/km²）0.0668
	经济城镇化 0.2432	人均GDP（元）0.0602
		第二产业占GDP的比重（%）0.0670
		第三产业占GDP的比重（%）0.0664
		城镇居民人均可支配收入（元）0.0496
	空间城镇化 0.1964	城市人均拥有道路面积（m²/人）0.0762
		城市人均公共绿地面积（m²/人）0.0434
		森林覆盖率（%）0.0768
	就业城镇化 0.1376	非农就业人口比重（%）0.0705
		第三产业就业人员比重（%）0.0671
	社会城镇化 0.2857	固定资产投资（元）0.0746
		每万人拥有卫生技术人员数（人）0.0722
		每万人拥有在校大学生数（人）0.0723
		电视覆盖率（%）0.0666

二、实证评估

（一）陕甘宁革命老区旅游业综合发展水平

1. 省域视角下陕甘宁革命老区旅游业综合发展水平分析

将 2012—2020 年陕甘宁革命老区各省（区）旅游业相关数据代入上述公式，计算得出老区各省（区）旅游业综合发展水平（表 6-5，图 6-1）。

表 6-5 2012—2020 年陕甘宁革命老区各省（区）旅游业综合发展水平

年份	2012	2013	2014	2015	2016	2017	2018	2019	2020
陕西	0.29	0.3376	0.4305	0.4967	0.5774	0.652	0.7105	0.8796	0.5624
甘肃	0.0532	0.1065	0.1625	0.2182	0.2731	0.3494	0.4083	0.4602	0.227
宁夏	0.0764	0.1263	0.1621	0.207	0.2544	0.3003	0.3422	0.3895	0.2288

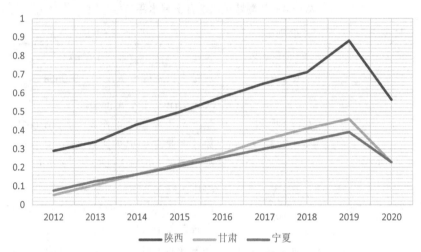

图 6-1　2012—2020 年陕甘宁革命老区旅游业综合发展水平走势图

根据以上计算结果，可以发现，虽然陕甘宁革命老区各省（区）旅游业综合发展水平均呈现逐年提升的趋势，但各省旅游业综合发展水平不一，存在较大差距。其中，陕西省旅游业综合发展水平一直居于领先地位，这是因为陕西省旅游资源更加丰富，相关旅游基础设施建设更加完善，且经济基础与甘肃、宁夏回族自治区相比更好。甘肃、宁夏回族自治区经济虽也保持较好的增长态势，但在旅游基础条件建设方面较为落后，前期对旅游资源开发的重视程度不够，同时受当地经济发展水平的制约，旅游业综合发展水平较低，一直低于区域旅游业综合发展水平。可以发现，陕甘宁革命老区各省（区）旅游业综合发展水平在 2020 年均呈现一定幅度的下跌，这是受疫情影响，是旅游业脆弱性特征的充分体现。

为了明晰三省（区）旅游业综合发展水平的空间演变，本研究将 2012—2020 年陕甘宁革命老区旅游业综合发展水平分为 5 个等级，即低水平旅游业（0~0.2）、较低水平旅游业（0.2~0.4）、中水平旅游业（0.4~0.6）、较高水平旅游业（0.6~0.8）和高水平旅游业（0.8~1）。可以看出，三省（区）旅游业发展总体呈梯级分布。其中，陕西省旅游业由 2012 年的较低水平发展到 2019 年的较高水平，发展较为迅猛。甘肃省旅游业由 2012 年的低水平发展到 2019 年的中水平，说明其对旅游业的重视程度不断提高，旅游业发展也较为迅速。宁夏回族自治区旅游业由 2012 年的低水平发展到2019年的较低水平,说明其发展态势良好,但增速与陕甘两省相比较为缓慢。2020年受疫情影响,三省(区)旅游业的发展都呈现一定程度的倒退。

旅游业综合发展水平是由旅游经济发展水平、旅游发展潜力、旅游基础体系构成的综合体,通过对这3个子系统时空演变特征的研究,对陕甘宁革命老区旅游业综合发展水平进行进一步刻画与阐释。

通过各指标权重转化,可以得到旅游经济发展水平、旅游发展潜力、旅游基础体系的得分等级分布情况(表6-6)。

表6-6 旅游业子系统等级分布情况

子系统	低水平	较低水平	中水平	较高水平	高水平
旅游经济发展水平	0~0.0542	0.0542~0.1083	0.1083~0.1625	0.1625~0.2166	0.2166~0.2708
旅游发展潜力	0~0.0718	0.0718~0.1437	0.1437~0.2155	0.2155~0.2873	0.2873~0.3592
旅游基础体系	0~0.0740	0.0740~0.1480	0.1480~0.2220	0.2220~0.2960	0.2960~0.3700

通过对2012—2020年陕甘宁革命老区旅游经济发展水平的可视化表达,可以发现,除2020年外,陕甘宁革命老区三省(区)旅游经济均呈现持续增长的态势。但陕甘宁革命老区旅游经济整体发展较为落后,区域发展不平衡。陕西省旅游经济发展水平一直处于低水平以上,并逐年提高,2019年达到高水平;甘肃省旅游经济逐渐由低水平迈向中水平,2019年达到中水平;宁夏回族自治区的旅游经济则由低水平发展至较低水平。(表6-7,图6-2)

表6-7 2012—2020年陕甘宁革命老区各省(区)旅游经济发展水平情况

年份	2012	2013	2014	2015	2016	2017	2018	2019	2020
陕西	0.0758	0.0961	0.1173	0.1301	0.1496	0.1704	0.1906	0.2215	0.1122
甘肃	0.0198	0.0363	0.0515	0.0692	0.0876	0.1172	0.136	0.1519	0.0776
宁夏	0.0011	0.0177	0.0259	0.0363	0.0513	0.0657	0.0809	0.0954	0.0464

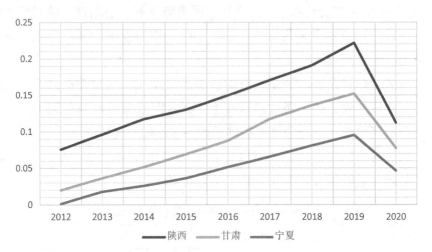

图 6-2　2012—2020 年陕甘宁革命老区各省（区）旅游经济发展水平走势图

通过 2012—2020 年陕甘宁革命老区旅游发展潜力的可视化表达，可以发现，2012—2020 年，陕甘宁革命老区三省（区）的旅游发展潜力呈现整体提升的趋势。除 2020 年外，2012—2019 年，陕西省由较低水平发展为较高水平；甘肃省的旅游基础体系建设逐步完善，但受诸多因素影响，其整体旅游发展潜力一直不高，2017 年达到较低水平后继续缓慢发展；宁夏回族自治区由较低水平发展至中水平。由此可见，陕甘宁革命老区三省（区）旅游发展潜力仍待发掘，且呈现区域不平衡状态。（表 6-8，图 6-3）

表 6-8　2012—2020 年陕甘宁革命老区各省（区）旅游发展潜力情况

年份	2012	2013	2014	2015	2016	2017	2018	2019	2020
陕西	0.1221	0.1327	0.1589	0.177	0.2044	0.2215	0.238	0.3335	0.2549
甘肃	0.012	0.0259	0.0395	0.0533	0.0667	0.0843	0.1004	0.1108	0.0552
宁夏	0.0747	0.088	0.0978	0.1122	0.1264	0.1369	0.1475	0.1594	0.1156

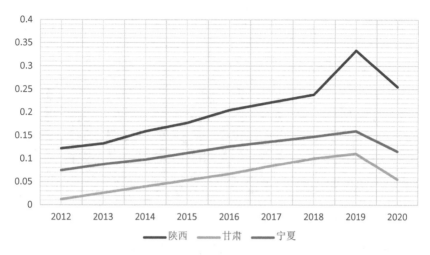

图 6-3　2012—2020 年陕甘宁革命老区各省（区）旅游发展潜力走势图

通过 2012—2020 年陕甘宁革命老区旅游基础情况的可视化表达，可以发现，2012—2020 年，除 2020 年外，陕甘宁革命老区三省（区）的旅游基础整体呈现增长趋势。陕西省由 2012 年的较低水平向高水平持续增长，2020 年回落到中水平；甘肃省旅游基础建设可分为四个阶段，2012—2014 年处于低水平，2015—2017 年处于较低水平，2018—2019 年达到中水平，2020 年回落到较低水平；宁夏回族自治区主要处于低水平与较低水平。（表 6-9，图 6-4）

表 6-9　2012—2020 年陕甘宁革命老区各省（区）旅游基础得分

年份	2012	2013	2014	2015	2016	2017	2018	2019	2020
陕西	0.0922	0.1088	0.1542	0.1896	0.2234	0.2601	0.2819	0.3247	0.1952
甘肃	0.0214	0.0443	0.0715	0.0957	0.1188	0.1479	0.172	0.1975	0.0942
宁夏	0.0007	0.0206	0.0383	0.0585	0.0768	0.0977	0.1138	0.1348	0.0668

分别对陕甘宁革命老区旅游业发展水平等级及其子系统水平等级进行分析，可以得出结论：2012—2020 年，陕甘宁革命老区旅游业发展的空间结构呈现由无序化向有序化的转变。

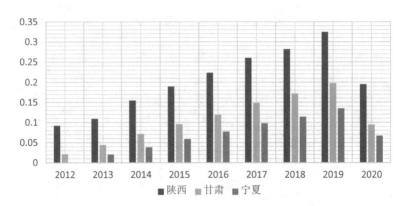

图 6-4 2012—2020 年陕甘宁革命老区各省（区）旅游基础得分柱状图

2. 县域视角下陕甘宁革命老区旅游业综合发展水平测度

县域经济是我国国民经济中的基层单元。对县域视角下旅游业综合发展水平进行研究，有利于为县级相关部门制定地方性政策提供思路与参考。

为明确陕甘宁革命老区 67 个县级地区旅游业综合发展水平的空间演变，本研究将 2012—2020 年陕甘宁革命老区旅游业综合发展水平分为 5 个等级，即低水平旅游业、较低水平旅游业、中水平旅游业、较高水平旅游业和高水平旅游业。

2012 年，陕甘宁革命老区 67 个区县的旅游业综合发展整体处于低水平，其中子长市、宝塔区等区县已接近较低水平，而正宁县、利通区、红寺堡区是发展较为滞后的区县。从整体上看，陕甘宁革命老区旅游业综合发展水平还有较大的提升空间（图 6-5）。

到 2015 年，得益于红色旅游的推动作用，陕甘宁革命老区各区县旅游业得到较大发展，在 67 个区县中，有 42 个区县步入较低及以上水平（图 6-6）。其中，宝塔区率先达到中水平。从区域分布来看，陕西省的旅游业发展速度明显快于甘肃省和宁夏回族自治区。

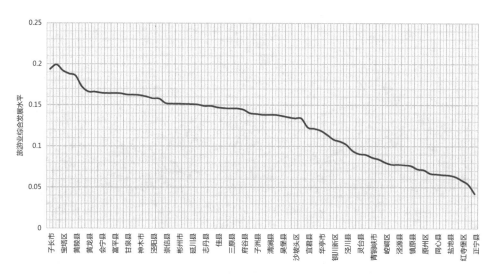

图 6-5　2012 年陕甘宁革命老区各区县旅游业综合发展水平图

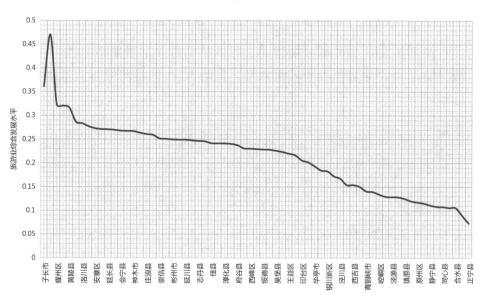

图 6-6　2015 年陕甘宁革命老区各区县旅游业综合发展水平图

到 2018 年，在 67 个区县中，仅同心县、利通区、盐池县和红寺堡区 4 个区县仍处于低水平，其余 63 个区县均为较低及以上水平（图 6-7）。其中，宝塔区旅游业水平指数达 0.8447，进入高水平；子长市为 0.6553，达到较高水平。

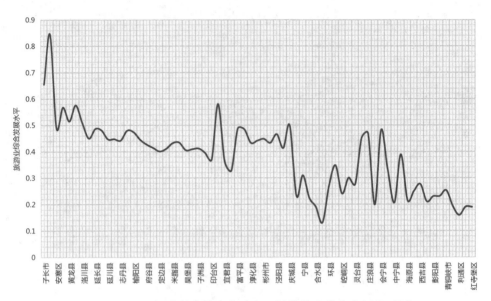

图 6-7　2018 年陕甘宁革命老区各区县旅游业综合发展水平图

到 2020 年，受外部环境影响，各区县旅游业水平较 2018 年有明显下滑，仅有 17 个区县仍处于较低水平，其余 50 个区县均回落至低水平（图 6-8）。

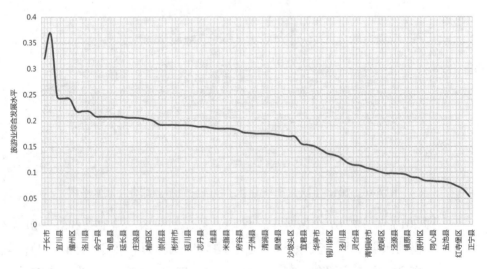

图 6-8　2020 年陕甘宁革命老区各区县旅游业综合发展水平图

进一步对 67 个区县旅游三个子系统的时空演变特征进行分析，对陕甘宁革命老区县域视角下旅游业发展水平进行进一步刻画与阐释。

通过对 2012—2020 年陕甘宁革命老区各区县旅游经济发展水平的可视化表达，可以发现，自 2012 年起，陕甘宁革命老区各区县旅游经济发展水平持续提高。其中，陕西省除靖边外，均已脱离低水平旅游经济发展阶段，是陕甘宁革命老区旅游业发展最快的地区。

通过对 2012—2020 年陕甘宁革命老区各区县旅游经济发展水平的可视化表达，可以发现，自 2012 年起陕甘宁革命老区各区县的旅游经济发展水平整体呈现增长趋势。2012 年仅有 1 个区县为较低水平，其余区县均为低水平；到 2015 年，达到较低水平的区县增长至 7 个；2018 年，有 2 个区县突破到中水平，较低水平的区县也达 43 个，仅剩 22 个区县仍处于低水平；2020 年，67 个区县的旅游经济发展水平整体回落至低水平和较低水平，整体水平与 2012 年接近。（图 6-9）

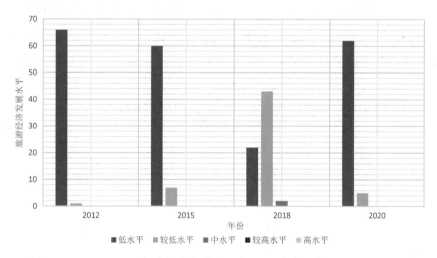

图 6-9　2012—2020 年陕甘宁革命老区各区县旅游经济发展水平柱状图

通过 2012—2020 年陕甘宁革命老区各区县旅游发展潜力水平可视化表达，可以发现，陕甘宁革命老区的旅游发展潜力较大，能容纳相当数量的就业人口，并逐步开始推动旅游业高质量发展。2012 年，67 个区县均处于低水平；到 2015 年，3 个区县达到较低水平；2018 年，有 2 个区县突破至中水平，较低水平的区县数量为 41 个，仅有 24 个区县仍处于低水平；2020

年，整体回落至低水平和较低水平。（图6-10）陕甘宁革命老区各区域旅游发展潜力不一是制约其旅游业发展的主要原因。

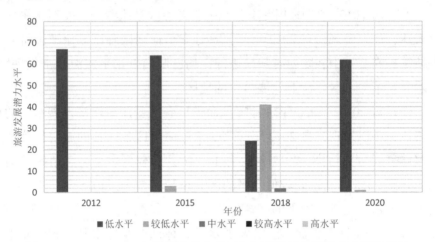

图6-10　2012—2020年陕甘宁革命老区各区县旅游发展潜力水平柱状图

通过对2012—2020年陕甘宁革命老区各区县旅游基础发展水平的可视化表达，可以发现，自2012年起，陕甘宁革命老区各区县的旅游基础发展水平持续提高，旅游基础体系建设不断完善。从地域分布上看，陕西省是三省（区）中旅游业发展最快的地区。从时间演变上看，2018年，陕甘宁革命老区各区县旅游基础发展水平达到最高（图6-11）。

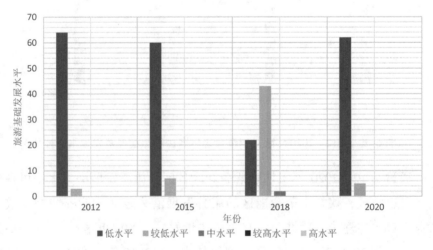

图6-11　2012—2020年陕甘宁革命老区各区县旅游基础发展水平柱状图

分别对陕甘宁革命老区旅游业发展水平等级及其子系统水平等级进行分析,可以得出结论:2012—2020年陕甘宁革命老区旅游业发展的空间结构呈现出由无序化向有序化的转变。

(二) 陕甘宁革命老区新型城镇化综合发展水平

将2012—2020年陕甘宁革命老区各省(区)新型城镇化相关数据代入上述公式,计算得出陕甘宁革命老区各省(区)新型城镇化综合发展水平(表6-10)。

表6-10　2012—2020年陕甘宁革命老区各省(区)新型城镇化综合发展水平

年份	2012	2013	2014	2015	2016	2017	2018	2019	2020
陕西	0.233	0.2988	0.4044	0.4786	0.5479	0.6081	0.6758	0.7285	0.805
甘肃	0.0787	0.1397	0.1983	0.2556	0.2736	0.3256	0.3901	0.474	0.538
宁夏	0.0043	0.0633	0.1085	0.1572	0.1982	0.2193	0.2671	0.3165	0.3692

根据以上结果,可以发现,虽然陕甘宁革命老区各省(区)新型城镇化综合发展水平均呈现逐年提升的趋势,但各省(区)新型城镇化综合发展水平不一,存在较大差距。其中,陕西省新型城镇化综合发展水平一直居于领先地位,这是因为西安都市圈对周边的带动作用明显,极大地推动了相关旅游基础设施建设,二是因为该地区的经济基础与甘肃、宁夏回族自治区相比要好一些。

为明确三省(区)旅游业综合发展水平的空间演变,本研究将2012年以来陕甘宁革命老区新型城镇化综合发展水平分为5个等级,即低水平城镇化(0~0.2)、较低水平城镇化(0.2~0.4)、中水平城镇化(0.4~0.6)、较高水平城镇化(0.6~0.8)和高水平城镇化(0.8~1),并用ArcGIS10.3对2012年、2015年、2018年、2020年陕甘宁革命老区城镇化综合发展水平进行可视化表达。可以看出,三省(区)新型城镇化综合发展水平总体呈梯级分布。其中,陕西省由2012年的较低水平城镇化发展为2020年的较高水平城镇化,城镇化速度较快;甘肃省对城镇化重视程度不断提高,由2012年的低水平城镇化发展为2020年的中水平城镇化,发展较为明显。宁夏回族自治区由2012年的低水平城镇化发展为2020年的较低水平城镇化,城镇化的整体进程较为缓慢。

运用算术平均法与标准差公式，得到全域视角下陕甘宁革命老区新型城镇化及其子系统水平的评价值和新型城镇化水平的标准差，并从时空层面进行详细分析。

2012—2020年，陕甘宁革命老区新型城镇化水平综合评价值持续提高，但增长速度较为缓慢，年平均增速为4.61%。2020年，陕甘宁革命老区全域新型城镇化综合评价值仅为5.9414，新型城镇化水平依然很低。从五大系统的角度看，经济城镇化的综合评价值提升最快，其次是人口城镇化，基础设施与公共服务、城乡统筹两个子系统的综合评价值呈先降低后升高的"U"型发展趋势。

2012—2020年，陕甘宁革命老区内部新型城镇化综合评价值的差距先扩大后缩小。其中，人口城镇化和城乡统筹先大后小，基础设施与公共服务先小后大，而经济城镇化的差距逐年扩大，生态城镇化的差距逐年缩小。

2012—2020年，陕甘宁革命老区新型城镇化水平综合评价值逐年提升，但总体而言升速较为缓慢。从平均值看，各省（区）从高到低的排名依次是陕西省、甘肃省、宁夏回族自治区。陕西省综合评价平均值高于0.5，甘肃省和宁夏回族自治区均位于0.3~0.4，三省（区）最高为0.6066，最低为0.2386，由此可见，8年来陕甘宁革命老区各省（区）新型城镇化发展水平差异显著。从平均增速来看，新型城镇化水平综合评价值增速最快的是陕西省，平均增速为6.81%。2020年，陕甘宁革命老区新型城镇化综合发展水平从高到低的排名依次是陕西省、甘肃省、宁夏回族自治区。

为了明确三省（区）新型城镇化水平综合评价值的空间演变，本研究将2012—2020年陕甘宁革命老区新型城镇化水平综合评价值分为5个等级，即新型城镇化水平高（0.5121~0.6781）、较高（0.4191~0.5120）、中（0.3379~0.4190）、较低（0.2600~0.3378）、低（0.1036~0.2599），并用ArcGIS10.3对2012—2020年陕甘宁革命老区新型城镇化水平进行可视化表达。可以看出，8年来陕甘宁革命老区新型城镇化综合评价趋势逐渐由低水平分散变成梯级分布。2012年，老区三省（区）新型城镇化综合评价值的级别均为"低"。经过5年发展，各省（区）新型城镇化水平均有提升，其中陕西省率先跨入较高水平阶段，其余两省均为较低水平，出现"中等"断层，说明各地新型城镇化水平差异呈扩大趋势，梯级分布格局初步显现。到2020年，梯级分布格局更加明显，陕西省的新型城镇化水平明显高于甘肃、宁夏回族自治区。

（三）新型城镇化各子系统发展水平分析

新型城镇化是一个系统过程，每个子系统的发展都对新型城镇化整体具有重要影响。本研究将新型城镇化系统分为人口城镇化、经济城镇化、空间城镇化、就业城镇化和社会城镇化5个子系统。下面分别对5个子系统的发展水平、特征与时空演变进行分析。

1. 人口城镇化

人口城镇化是衡量城镇化最传统也是最直接的指标，是新型城镇化发展的基础。运用等分法将2012—2020年陕甘宁革命老区三省（区）人口城镇化评价值分为低（0.0000～0.0274）、较低（0.0274～0.0548）、中（0.0548～0.0823）、较高（0.0823～0.1097）、高（0.1097～0.1371）5个等级，并使用ArcGIS10.3进行可视化表达。结果表明：2012—2020年陕甘宁革命老区三省（区）人口城镇化水平逐渐提升，呈现明显的梯级分布格局。2012年，陕甘宁革命老区人口城镇化水平整体较低，陕西省为较低水平，甘肃、宁夏回族自治区均为低水平。2017年，陕西省率先迈入较高等级。2020年，陕西省城镇化水平进一步提升，但仍为较高水平。甘肃省2012—2014年一直为低水平，2015年进入较低水平，2018年正式步入中水平。相较而言，宁夏回族自治区增速较慢，2012—2017年一直处于低水平，2018年才步入较低水平。（图6-12）由此可见，陕甘宁革命老区各省（区）人口城镇化水平差异显著，整体上呈现"东高西低"的空间分布特征。

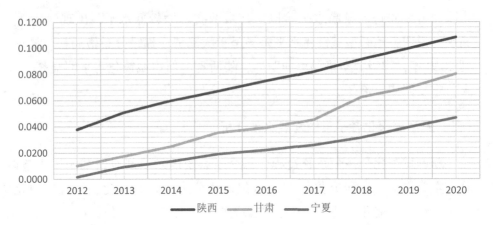

图 6-12　2012—2020 年陕甘宁革命老区三省（区）人口城镇化水平走势图

2. 经济城镇化

经济发展是新型城镇化发展的直接动力，也是新型城镇化发展成果的体现。运用等分法将陕甘宁革命老区三省（区）2012—2020 年的经济城镇化评价值分为低（0~0.0486）、较低（0.0486~0.0973）、中（0.0973~0.1459）、较高（0.1459~0.1946）、高（0.1946~0.2432）5 个等级。结果表明，2012—2020 年，陕甘宁革命老区三省（区）经济城镇化水平明显提升。8 年间，陕西省依靠相对开放的地理区位、发达的金融体系及雄厚的财力，实现了由 2012 年较低水平到 2020 年较高水平的三级跨越。甘肃省 2015 年步入较低水平，2018 年步入中水平。宁夏回族自治区在经济城镇化方面底子较为薄弱，2017 年才步入较低水平。（图 6-13）

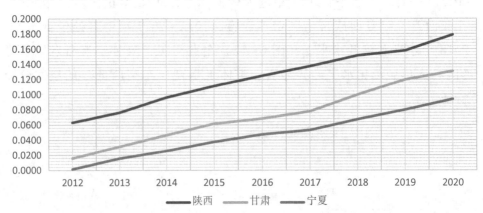

图 6-13　2012—2020 年陕甘宁革命老区三省（区）经济城镇化水平走势图

3. 空间城镇化

空间城镇化是新型城镇化发展质量的重要标尺之一。运用等分法将陕甘宁革命老区三省（区）2012—2020年空间城镇化水平评价值分为低（0~0.0393）、较低（0.0393~0.0786）、中（0.0786~0.1179）、较高（0.1179~0.1572）、高（0.1572~0.1964）5个等级。结果表明：2012—2020年，陕甘宁革命老区三省（区）空间城镇化水平持续提升。陕西省由较低水平发展到高水平，成为陕甘宁革命老区空间城镇化发展的"高地"，说明其在空间城镇化方向上建设力度较大。甘肃省由低水平提升至较低水平用了3年，到2019年提升至中水平。宁夏回族自治区由低水平提升至较低水平，于2017年前后出现停滞。三省（区）的空间城镇化发展呈梯级分布格局（图6-14）。

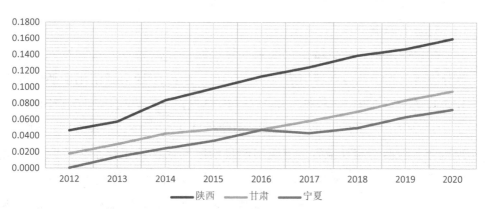

图6-14 2012—2020年陕甘宁革命老区三省（区）空间城镇化水平走势图

4. 就业城镇化

就业城镇化是新型城镇化区别于传统城镇化的一个重要特征。运用等分法将陕甘宁革命老区三省（区）2012—2020年就业城镇化水平评价值分为低（0~0.0275）、较低（0.0275~0.0550）、中（0.0550~0.0826）、较高（0.0826~0.1101）、高（0.1101~0.1376）5个等级。结果表明：2012—2020年，陕西省实现由较低水平到高水平的四级跨越；甘肃省则是由低水平到中水平的三级跳；宁夏回族自治区的就业城镇化推进较为缓慢，仅实现由低水平到较低水平的提升。从整体上看，三省（区）梯级分布格局初显，呈现"东高西低"的空间特征（图6-15）。

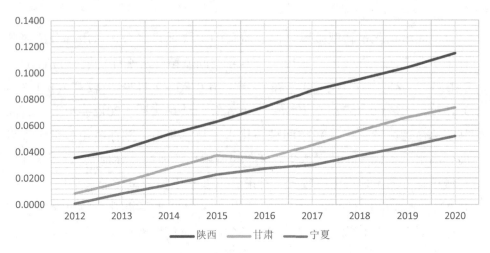

图6-15 2012—2020年陕甘宁革命老区三省（区）就业城镇化水平走势图

5. 社会城镇化

社会城镇化是新型城镇化区别于传统城镇化的另一个重要标志。利用等分法将陕甘宁革命老区三省（区）2012—2020年社会城镇化水平评价值分为低（0~0.0571）、较低（0.0571~0.1143）、中（0.1143~0.1714）、较高（0.1714~0.2285）、高（0.2285~0.2857）5个等级。结果表明：2012—2020年，陕西省与甘肃省、宁夏回族自治区的社会城镇化水平差距逐年拉大，城乡融合发展成效明显；甘肃省与宁夏回族自治区的差距在2018年后有所加大（图6-16）。从空间分布来看，宁夏回族自治区社会城镇化整体水平较低，说明其经济发展在城乡地区存在极值，是一种难以持续的城镇化状态，未来应该更加努力地推进乡村振兴战略，使其城乡发展更加均衡。

从县域视角看，为明确陕甘宁革命老区67个县级地区新型城镇化综合发展水平的空间演变，将2012—2020年陕甘宁革命老区新型城镇化综合发展水平分为5个等级，即低水平（0~0.2）、较低水平（0.2~0.4）、中水平（0.4~0.6）、较高水平（0.6~0.8）和高水平（0.8~1），并用ArcGIS10.3分别对2012年、2015年、2018年、2020年陕甘宁革命老区各区县的新型城镇化综合发展水平进行可视化表达。可以发现，陕甘宁革命老区各区县的新型城镇化综合发展形势总体呈点状分布，仅宝塔区于2020年提升至高水平。

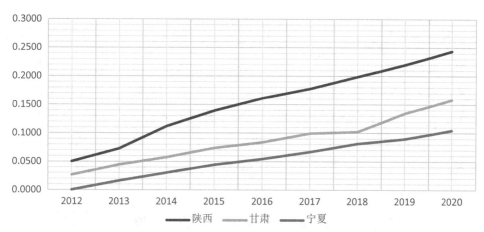

图 6-16　2012—2020 年陕甘宁革命老区三省（区）社会城镇化水平走势图

2012 年，在陕甘宁革命老区的 67 个区县中，耀州区为较低水平，宝塔区、黄陵县、宜川县等区县已接近较低水平；而正宁县、利通区、红寺堡区排名较靠后。从整体上看，陕甘宁革命老区的新型城镇化综合发展水平均有较大提升空间。

2015 年，陕甘宁革命老区各区县的新型城镇化水平得到较大提升，在 67 个区县中，有 44 个区县步入较低水平及以上阶段，宝塔区率先进入中水平。从区域分布来看，陕西省的新型城镇化综合发展速度整体高于甘肃省和宁夏回族自治区。

2018 年，67 个区县中仅有正宁县、合水县、利通区、盐池县和红寺堡区 5 个区县仍处于低水平，其余 62 个区县均在较低水平以上，有 40 个区县在中水平及以上阶段。其中，子长市的综合发展指数为 0.6802，耀州区为 0.6018，进入较高水平；而宝塔区的综合发展指数更是达到 0.8161，进入高水平发展阶段。

2020 年，宝塔区（0.9435）和子长市（0.8057）的新型城镇化为高水平，而正宁县和利通区仍处于低水平，67 个区县的差距波动较大，但整体仍为增长趋势。

从各子系统发展视角看，自 2012 年起，陕甘宁革命老区各区县的人口城镇化发展水平整体呈增长趋势。2012 年，仅有 1 个区县达到较低水平，其余均处于低水平；到 2015 年，达到较低水平的区县增长至 7 个；2018

年，有 2 个区县突破到中水平，较低水平的有 43 个，有 22 个区县仍处于低水平阶段；到 2020 年，人口城镇化水平进一步提高。各区县的经济城镇化水平波动较大。2012 年，67 个区县均处于低水平；2015 年，3 个区县达到较低水平；2018 年，有 2 个区县突破到中水平，较低水平的区县数量为 41 个，有 24 个区县仍处于低水平；2020 年整体水平进一步提升。从区县分布上看，陕西省是三省（区）中空间城镇化推进最快的地区。从时间演变上看，陕甘宁革命老区各区县的空间城镇化一直处在有序发展之中。

第三节 旅游业与新型城镇化协调水平分析

一、模型构建

（一）相关模型梳理

构建协调发展评价模型是本研究的核心内容。对前期研究的相关成果进行梳理，可以发现，由于研究领域和研究视角的差异，学者建立的协调度模型也各具特色。这为本研究提供了坚实的学术基础和丰富的资料。协调度测算方法模型可大致分为以下几类：

1. 距离型协调度

距离型协调度也称变异系数协调度或离散系数协调度，指运用系统间的特定距离来衡量系统间的协调程度。代表人物是杨士弘，他在开展广州城市环境与经济协调发展研究时，提出协调度公式：

$$C = \left\{ \frac{f(x) \cdot g(y)}{\left[\frac{\alpha f(x) + \beta g(y)}{2} \right]^2} \right\}^k$$

式中 C 为协调度；x 为描述城市环境特征的指标，$f(x)$ 为城市综合环境效益函数（或综合环境函数）；$g(y)$ 为城市综合经济效益函数（或综合经济函数）；k 为调节系数，$k \geq 2$；α、β 为权重。

距离型协调模型的基本思路是以系统现实状态和理想状态之间的欧氏距离进行测度，从而反映系统协调程度。在具体的测算过程中，首先要进行无量纲化处理，然后才开始计算各个子系统的发展度。发展度等于子系统所有指标的加权平均值。

距离型协调模型主要运用灰色关联度分析法来计算不同子系统之间的拉动因子。灰色关联分析法是通过两因素的发展趋势来衡量两者关联程度的方法，其基本思路是通过序列曲线的几何相似度来判断其联系的紧密程度，两条曲线越接近，表明两者关联度越大，反之关联度越小。

2. 模糊隶属函数协调度

模糊隶属函数协调度是以复合系统协同理论为基础，运用 Bossel 定向指标框架、评分标准与系统综合指数评价法建立起来的以模糊隶属协调系数来反映水资源、社会经济、环境协调发展的协调模型。宋松柏等人利用这一指标进行了实际案例研究和仿真运算。陈长杰等人基于可持续发展的 PREEST ［人口（Population）、资源（Resource）、经济（Economy）、环境（Environment）、科技（Science & Technology）］系统模型，在评估中国经济资源系统综合发展状况的基础上，通过回归拟合和协调指数计算，对中国经济资源系统发展的协调状况进行定量分析，并给出若干建议。

3. 灰色关联协调度

基于当前所研究的经济、资源、环境等系统具有高度开放性，系统内部及系统之间的关系错综复杂，呈现非线性关系，可认为它们之间存在灰色关系。为此，越来越多的研究者根据灰色系统理论中的灰色关联分析原理，将系统看成灰色系统，根据系统中序参量实际值与阈值之间的关联程度或吻合程度，用灰色理论定理描述序参量的有序度。序参量实际值与阈值之间的关联度越高，序参量的有序度越高，序参量对系统有序度（协调度）的贡献越大。

在实证研究方面，畅建霞等人依据协同学理论，指出水资源系统要维持有序，就要实现经济、社会、生态子系统相互协调，系统序参量之间相互协调。据此，运用耗散结构理论和灰色系统理论，将灰色关联度与熵结合，以序参量为基础，建立基于灰色关联熵的水资源系统演化方向判别模型，为水资源系统分析提供了新方法。刘艳清则利用灰色系统理论建模方法，构建区域人口、资源、环境、经济系统发展协调度模型，测算出一个可反映一个时期区域经济可持续发展水平的综合度量，可为区域经济可持续发展状况的时空对比和未来趋势监测预警提供科学依据。陈静等人则针对产业水系统的特性，利用灰色关联原理建立有序度函数，从而构建适用性更强的水系统分析灰色协调度模型，并对产业用水系统进行实证研究。

灰色关联分析模型是灰色理论系统的重要组成部分，是对多组数据的关联性进行统计、分析的方法。主要分析原理是根据数据曲线变化形态的相似度来判定每组数据之间的关联程度。多组数据曲线的变化趋势各不相同，运用灰色关联分析法，结合数学几何原理，描述各数据序列之间的相似程度，通过一系列数据运算，量化每个数据序列关联大小和次序。

4. 哈肯模型协调度

在一个远离平衡态的开放系统中，当外参量的变化使系统达到某个临界点时，系统原来的状态或结构就会失衡，慢变量役使快变量，成为整个系统中起支配作用的序参量，即描述系统宏观有序度或宏观模式的参量，它决定着系统的演化方向和路径。哈肯对系统参量做了数学处理，并且提出绝热消去法，即构建演化方程后，判断方程各项参数是否满足绝热近似假设，进而求解势函数。

哈肯模型能在两个参量中识别出系统序参量，进而判断系统所处状态。在分析我国区域协调发展状况时，亦可借助该研究思路，分析我国区域协调发展的影响因素，确定主要作用参量，即 RCA（区域比较优势）、RER（区域经济联系）和 RID（区域产业分工）。在此基础上，将传统哈肯模型的指标数量由两个扩展至三个，构造两两间的运动方程，求解，推导我国区域协调发展的序参量，并根据序参量及势函数，评估我国区域经济协调发展水平。分阶段的实证分析方法有助于动态把握我国区域协调发展的序参量转变，进而探索区域协调发展驱动机制。

5. 复合系统协调度模型

复合系统协调度模型具有良好的适用性，是协同学相关应用理论中最常见的研究模型，可对协同对象的协同效果做出很好的度量，从而据其做出更好的发展决策。近年来，复合系统协调度模型在不同领域都有着丰富应用，很多学者将复合系统协调度模型运用于创新领域。王宏起、徐玉莲将科技创新和科技金融视为两个子系统，研究其整体协调发展关系。董豪、曾剑秋、沈孟如以电子信息产业为例，研究产业创新复合系统的整体协度。还有学者利用该模型研究不同行业的协调度,以揭示各行业的发展关系。

6. DEA 协调发展评价模型

数据包络分析法(DEA)是一种非参数方法,通过比较具有多个投入指标和产出指标的同类型决策单元的相对效率,对评价对象进行综合评价。

DEA 的优点是可避免模型依赖,在处理多投入多产出问题时无须考虑指标权重,规避主观经验的影响。

DEA 的缺点是:根据投入和产出指标的数量,决策单元数量只有足够多才能保证评价结果的有效性;若决策单元数量不足,则可能导致大量决策单元均有效,降低模型的判断能力。

7. 耦合协调度模型

耦合度只能从数值上反映两者耦合程度如何,而很难清晰地判别两者相互作用的协同关系。为此需构建耦合协调度模型,进一步阐释两者发展的协调程度。耦合协调度是描述两者之间相对水平的,与耦合度模型相比,更具实用性和稳定性。耦合协调度的分值越高,代表两者协调发展效应越好,反之越差。

(二) 复合系统协调度模型

结合其他学者对旅游业与新型城镇化之间协调度的研究,本研究在综合以上模型成果的基础上,主要采用复合系统协调度模型,将旅游业与新型城镇化分别看成复合系统中的两个子系统,以此来构建旅游业与新型城镇化复合系统协调度模型。

1. 子系统有序度模型

在两者的复合系统中,能影响系统,使其由一种相变状态转化为另一种相变状态行为的参量,称作序参量。以本研究所构建的指标体系作为旅游业与新型城镇化协调度评价的复合系统序参量变量。

(1) 新型城镇化系统有序度模型。

假设新型城镇化系统中的序参量变量为 $e_1 = (e_{11}, e_{12}, \cdots\cdots e_{1n})$,其中 $n \geq 1$,$\beta_{1i} \leq e_{1i} \leq o_{1i}$,$i \in [1, n]$。新型城镇化子系统的序参量变量为该系统的评价指标。

不失一般性，假定 e_{11}，e_{12}……e_{1j} 为慢变量，数值越大，研究对象系统的有序度越高；相反，数值越小，研究对象系统的有序度越低。$e_{1j}+1$，$e_{1j}+2$……e_{1n} 为快变量，与慢变量相反，数值越大，整个研究对象系统的有序度越低；数值越小，研究对象系统的有序度越高。因此可做以下定义：

定义1 下式用于测算新型城镇化系统序参量变量 e_{1i} 的系统有序度。

$$U_1(e_{1i}) = \begin{cases} \dfrac{e_{1i}-\beta_{1i}}{\alpha_{1i}-\beta_{1i}} & i \in [1, j] \\[2mm] \dfrac{\alpha_{1i}-e_{1i}}{\alpha_{1i}-\beta_{1i}} & i \in [j+1, n] \end{cases}$$

其中，α_{1i} 的取值为所在序列最大值，β_{1i} 的取值为所在序列最小值。

由以上定义得出 $U_1(e_{1i}) \in [0, 1]$，其数值越大，对新型城镇化子系统有序度的贡献越大。在实际情况中，e_{1i} 最适宜的状态是集中在某些特定数值周围，而非过大或过小。可调整 e_{1i} 的取值区间，使其满足上述定义公式。

从整体性的产业有序程度来看，序参量变量 e_{1i} 对新型城镇化系统有序程度的贡献可通过 $U(e_{1i})$ 的集成来实现。本研究采用线性加权法对数据进行处理，w_j 为指标对应权重，即：

$$U_1(e_{1i}) = \sum_{j=1}^{n} w_j \cdot U_1(e_{1i}) \quad (w_j \geq 0 \text{ 且} \sum_{j=1}^{n} w_j = 1)$$

定义2 上式用于测算新型城镇化系统的有序度。

由定义2得出 $U_1(e_{1i}) \in [0, 1]$，$U(e_{1i})$ 越大，e_1 对新型城镇化系统有序的贡献越大，系统有序程度就越高；反之，$U_1(e_1)$ 越小，系统有序程度就越低。

（2）旅游业系统有序度模型。

由上述新型城镇化系统有序度模型的建立，同理得出定义3。

定义3 下式用于测算旅游业系统序参量变量 e_{2i} 的系统有序度。

$$U_2(e_{2i}) = \begin{cases} \dfrac{e_{2i}-\beta_{2i}}{\alpha_{2i}-\beta_{2i}} & i \in [1, j] \\[2mm] \dfrac{\alpha_{2i}-e_{2i}}{\alpha_{2i}-\beta_{2i}} & i \in [j+1, n] \end{cases}$$

其中，α_{1i} 取值为所在序列最大值，β_{1i} 取值为所在序列最小值。

定义4 下式用于测算旅游业系统的有序度。w_j 为指标对应权重,即:

$$U_2(e_{1i}) = \sum_{j=1}^{n} w_j \cdot U_1(e_{1i}) \quad (w_j \geq 0 \text{ 且 } \sum_{j=1}^{n} w_j = 1)$$

2. 旅游业与新型城镇化复合系统协调度模型

复合系统协调度是指旅游业系统与新型城镇化系统在各自的发展演变和两者不断相互影响的过程中,逐渐达到和谐、统一的状态。复合系统的协调度决定着旅游业与新型城镇化整体由无序走向有序的趋势和程度。

选取特定时段的初始时刻 t_0,如果新型城镇化子系统的有序度为 $U_{10}(e_1)$,则旅游业子系统的有序度为 $U_{20}(e_2)$。在整个复杂系统演变过程中的某时刻 t_1,如果新型城镇化子系统的有序度为 $U_{11}(e_1)$,则旅游业子系统的有序度为 $U_{21}(e_2)$。

定义5 下式用于测算旅游业与新型城镇化两个子系统的协调度:

$$C = \lambda \cdot \sqrt{|U_1^1(e_1) - U_1^0(e_1)| \times |U_2^1(e_2) - U_2^0(e_2)|}$$

其中,

$$\lambda = \begin{cases} 1, & [U_1^1(e_1) - U_1^0(e_1)] \times [U_2^1(e_2) - U_2^0(e_2)] > 0 \\ -1, & [U_1^1(e_1) - U_1^0(e_1)] \times [U_2^1(e_2) - U_2^0(e_2)] \leq 0 \end{cases}$$

$C \in [-1, 1]$,其数值越大,旅游业与新型城镇化复合系统的协调发展程度越高,反之越低。

参数 λ 的意义在于判断新型城镇化子系统和旅游业子系统之间的协调方向。当 $[U_1^1(e_1) - U_1^0(e_1)] \times [U_2^1(e_2) - U_2^0(e_2)] > 0$ 时,协调度 C 表现为两个子系统处于同向协调发展之中,且 C 的取值越大,两者的协同程度越高;相反,当 $[U_1^1(e_1) - U_1^0(e_1)] \times [U_2^1(e_2) - U_2^0(e_2)] \leq 0$ 时,协调度 C 表现为两个子系统处于相反方向的发展,或者处于完全不协调的状态,且 C 的取值越大,两者的协同程度越低。

定义5的数理运算结果反映的是复合系统的整体协同情况。如果两个子系统在有序度的变化上出入较大,则说明整个旅游业与新型城镇化复合系统未处于较好的协调状态。这是在对子系统有序度变化的把控下对整体系统的动态分析。

(三) 类型划分

对陕甘宁革命老区旅游业与新型城镇化的协调度进行合理分类,有助于定性分析陕甘宁革命老区旅游业系统与新型城镇化系统的协调发展水平。本研究拟从协调度等级与系统差异类型两方面划分陕甘宁革命老区旅游业与新型城镇化的协调度类型。

1. 旅游业与新型城镇化协调度等级划分

目前国内关于协调度等级的研究成果较为丰富,在充分考虑研究样区的数据特征、借鉴已有研究成果的基础之上,将协调度划分为10个等级(表6-11),用以判断旅游业与新型城镇化的耦合协调状况。

表6-11 协调度等级划分

协调度	0~0.099	0.100~0.199	0.200~0.299	0.300~0.399	0.400~0.499
协调等级	极度失调	严重失调	中度失调	轻度失调	濒临失调
协调度	0.500~0.599	0.600~0.699	0.700~0.799	0.800~0.899	0.900~1
协调等级	勉强协调	初步协调	中度协调	良好协调	优质协调

2. 旅游业与新型城镇化系统差异类型划分

陕甘宁革命老区旅游业与新型城镇化协调度由旅游业系统、新型城镇化系统及两者的互动关系共同决定,因此研究旅游业系统与新型城镇化系统的发展水平差异对进一步认识区域协同关系、找寻发展短板具有重要作用。以往研究主要通过比较两个系统评价值的方式来揭示其发展差异,采用熵值法计算陕甘宁革命老区旅游业与新型城镇化水平,所得出的值是一个相对值,只能进行系统内部的比较,无法进行跨系统的比较。因此本研究将旅游业与新型城镇化综合评价值的等级进行对比,其分类标准如表6-12。

表 6-12　系统差异类型划分

系统差异类型划分	M_1 与 M_2 的关系	系统差异类型特征
旅游业损益型	$M_1-M_2=2$	对象区域的旅游业发展水平落后于新型城镇化水平，已损害两者的耦合协调关系
旅游业滞后型	$M_1-M_2=1$	与陕甘宁革命老区其他研究样区相比，对象区域的旅游业滞后于新型城镇化
平衡型	$M_1-M_2=0$	对象区域的旅游业与新型城镇化发展水平在陕甘宁革命老区之中相对均衡
新型城镇化滞后型	$M_1-M_2=-1$	相较于陕甘宁革命老区的其他研究样区，对象区域的新型城镇化水平在区域中的地位滞后于旅游业
新型城镇化损益型	$M_1-M_2=-2$	对象区域的新型城镇化落后于旅游业发展水平，已损害两者的耦合协调关系

表中的 M_1、M_2 分别是对 2012 年和 2020 年旅游业与新型城镇化综合评价值的等级赋分。等级为"高等"的赋值 5 分，"较高等"的赋值 4 分，以此类推，用 M_1 与 M_2 的差值表示两者之间的关系。该方法的优点是克服了熵值法所得评价值在跨系统中无意义的弊端，使旅游业系统与新型城镇化系统能够直接进行对比。所得之值为正，代表陕甘宁革命老区在 2012—2020 年的 8 年间，某省与其他省或其他年份相比，新型城镇化水平相对落后；所得之值为负，则代表旅游业相对落后；所得之值为 0，则代表二者发展较为均衡。

二、全域视角下陕甘宁革命老区旅游业与新型城镇化协调特征

分析 2012—2020 年陕甘宁革命老区三省（区）旅游业与新型城镇化耦合协调度类型，结果显示，陕甘宁革命老区三省（区）旅游业与新型城镇化协调度为 0.1~0.8，处于拮抗与磨合阶段（表 6-13）。这说明陕甘宁革命老区旅游业与新型城镇化已进入快速发展阶段。各地旅游业与新型城镇化协调度差距较小，各地协调度水平相差不大，区域内部协调度较为均衡，有利于区域之间统筹协调。从协调度数值来看，将陕甘宁革命老区旅游业与新型城镇化协调度的平均值由高到低进行排序，结果为陕西省、甘肃省、

宁夏回族自治区。旅游业与新型城镇化协调度提升最快的是陕西省，其次是甘肃省和宁夏回族自治区。

表 6-13 2012—2020 年陕甘宁革命老区三省（区）旅游业与新型城镇化耦合协调度得分

年份	2012	2013	2014	2015	2016	2017	2018	2019	2020
陕西	0.4287	0.4739	0.5432	0.5872	0.6306	0.6673	0.7000	0.7524	0.6898
甘肃	0.2139	0.2937	0.3563	0.4086	0.4396	0.4884	0.5312	0.5747	0.4971
宁夏	0.1132	0.2519	0.3062	0.3571	0.3985	0.4260	0.4624	0.4983	0.4533

分析 2012—2020 年陕甘宁革命老区三省（区）旅游业与新型城镇化耦合协调度变化折线图（图 6-17），可以发现，陕西省旅游业与新型城镇化耦合协调度由 2012 年最开始的濒临失调发展到 2019 年的中度协调；甘肃省旅游业与新型城镇化耦合协调度由 2012 年的中度失调发展到 2019 年勉强协调；宁夏回族自治区旅游业与新型城镇化耦合协调度由 2012 年的严重失调发展到 2020 年的濒临失调。从宏观来看，2012—2020 年，除 2020 年因外部环境影响而有短暂曲折外，陕甘宁革命老区旅游业与新型城镇化耦合协调度一直处于逐年优化中。

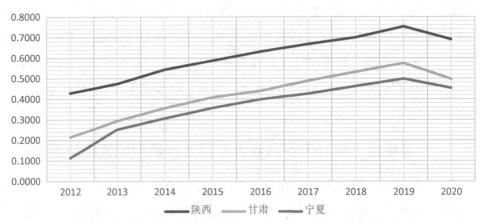

图 6-17 陕甘宁革命老区三省（区）旅游业与新型城镇化耦合协调度曲线

接下来简要分析陕甘宁革命老区三省（区）旅游业与新型城镇化协调度的时序演变、类型演变和空间演化特征。

1. 全域旅游业与新型城镇化协调度时序演变特征

2012—2020 年，陕甘宁革命老区三省（区）旅游业与新型城镇化协调度不断提升，但省际差异明显。从平均值看，2012—2020 年，陕甘宁革命老区三省（区）旅游业与新型城镇化协调水平由高到低分别是陕西省（0.6081）、甘肃省（0.4226）、宁夏回族自治区（0.3630）。旅游业与新型城镇化协调度排名与旅游业发展水平排名一致，表明旅游业发展对旅游业与新型城镇化协调发展尤为重要。从平均增速看，陕甘宁革命老区三省（区）协调度的平均增速由高到低依次是甘肃省（3.60%）、陕西省（3.19%）、宁夏回族自治区（2.59%）。甘肃省是陕甘宁革命老区中增速最快的省份，排名从 2012 年的第 3 位上升至 2019 年的第 2 位。

2. 全域旅游业与新型城镇化协调度类型演变特征

2012—2020 年，陕甘宁革命老区三省（区）旅游业与新型城镇化的协调等级为损益型 20 次，滞后型 75 次，平衡型 81 次。区域旅游业发展水平等级与新型城镇化发展水平等级一致。三省（区）中，系统差距类型最多的是滞后型，其次为平衡型与损益型。这是因为在早期，陕甘宁革命老区旅游业发展水平与新型城镇化发展水平均较低，等级差别不大；之后，三省（区）针对旅游业发展与新型城镇化建设采取不同措施，二者差异逐渐扩大，同时省际间存在较大差异。其中甘肃省和宁夏回族自治区的旅游业系统等级低于新型城镇化系统等级，多为损益型和滞后型，而陕西省处于平衡型的年份较多。从发展趋势看，2012—2020 年，陕甘宁革命老区旅游业与新型城镇化协同等级稳步提升，新型城镇化系统与旅游业系统逐渐由失调走向协调，但区域旅游业与新型城镇化协调等级普遍不高。

3. 全域旅游业与新型城镇化协调度空间演化特征

2012 年，陕甘宁革命老区三省（区）旅游业与新型城镇化协调类型均为失调型，但差距仍然明显，在空间上呈梯级分布。2012—2020 年，三省（区）旅游业与新型城镇化协调等级均有所提升。2014 年，陕西省进入协调发展阶段。2018 年，甘肃省进入勉强协调阶段。从 2017 年开始，宁夏回族自治区在濒临失调阶段波动。三省（区）在空间上形成连绵区。

第四节　陕甘宁革命老区旅游业与新型城镇化协调发展存在的问题及其原因分析

根据前几节的分析，陕甘宁革命老区旅游业与新型城镇化协调发展虽在整体上稳步推进，但仍然存在一些问题。

一、旅游业与新型城镇化协调发展水平整体偏低

2012—2020年，陕甘宁革命老区旅游业与新型城镇化协调发展水平整体偏低。对照协调发展等级划分标准，从横向发展情况来看，虽然陕甘宁革命老区整体旅游业与新型城镇化综合发展水平在不断提升，但多数地区旅游业与新型城镇化的协调水平仍然偏低，仅有少数地区处于协调发展阶段。首先，老区旅游业综合发展水平不高。根据计算结果，陕甘宁革命老区旅游业协调发展虽有亮点、有成效，但在整体上仍处于较低水平与中等发展水平之间。其次，老区新型城镇化综合发展水平偏低。从新型城镇化发展水平综合指标评价体系来看，陕甘宁革命老区新型城镇化发展水平与老区人民的现实需求之间仍存在较大差距，旅游业与新型城镇化的发展严重失衡，出现新型城镇化滞后于旅游业发展或旅游业发展滞后于新型城镇化的现象，从而形成旅游业与新型城镇化协调发展水平偏低的局面。

二、各地旅游业与新型城镇化协调发展水平失衡

2012—2020年，陕甘宁革命老区各地旅游业与新型城镇化协调发展水平失衡较为严重，两者发展水平差距较大。

首先，各地经济发展程度不同，这是协调发展水平失衡的根本原因。陕甘宁革命老区经济发展水平最高的地区为榆林市，其市区内各种硬件设施和服务体系建设完善；而老区经济发展水平较低的地区，硬件设施和服务体系相对欠缺。可见，经济发展水平极大地影响了旅游业与新型城镇化协调发展水平。

其次，各地旅游资源禀赋差异较大。陕甘宁革命老区内各地区虽然地

缘相近，文化同源，但在历史长河中形成了自然、人文方面的特色，这使得各地的旅游资源禀赋各不相同。由此可见，旅游资源禀赋越高，旅游业与新型城镇化协调发展水平越高，反之则低。

最后，各地旅游配套设施和服务体系建设水平不同。在旅游基础配套设施和服务体系健全的地区，旅游业发展和新型城镇化建设拥有更多的硬件支撑，两者协调发展的水平就越高，反之则低。

三、协调发展水平较低的地区，新型城镇化和旅游业之间相互支撑作用较弱

2012—2020年，陕甘宁革命老区旅游业与新型城镇化协调发展水平较低的主要原因是旅游业与新型城镇化的相互支撑作用较弱。

区域旅游业对新型城镇化的支撑作用不足，部分区域旅游设施建设和配套服务体系不完善。同时，由于旅游资源吸引力不足，区域国内外旅游收入、四星级以上酒店、旅行社数量不足，地区旅游业基础设施条件较差，发展水平较低，且发展潜力不足。旅游业对当地经济、社会和生态城镇化的带动作用较弱，新型城镇化支撑动力不足。

区域新型城镇化对旅游业的支撑作用也不足。新型城镇化作为旅游业发展的外部环境，本应为旅游业提供更多生产要素、公共服务等环境和产品支持，但由于区域经济发展水平较低，城镇人口比重、人均GDP、居民可支配收入、二三产业占比、城市绿化覆盖率较低，区域人口、经济、社会和生态城镇化水平低下，难以为旅游业发展提供更多支持。新型城镇化和旅游业之间的相互支撑作用较弱，地区协调发展水平较低。

第七章 战略定位与路径机制

第一节 陕甘宁革命老区旅游业与新型城镇化协调发展的战略定位

一、陕甘宁革命老区的战略定位

要确定陕甘宁革命老区旅游业与新型城镇化协调发展的任务目标,必须明确其在国家整体战略中的定位。陕甘宁革命老区既是我国革命发展历程中的一面旗帜,引领着人民反压迫、反侵略、反剥削,又是新时代中国经济发展的重要支点。在万里长征中,陕甘宁革命老区是党和工农红军的落脚点;在抗日战争时期,八路军、新四军及其他敌后抗日武装又将其作为反侵略战争的大本营;在新民主主义革命时期,陕甘宁革命老区又承担了革命试验田的重任;自改革开放和西部大开发战略实施以来,陕甘宁革命老区又成为西气东输、西电东送的主战场。

2012年,国家发展改革委印发《陕甘宁革命老区振兴规划》,对陕甘宁革命老区提出五大要求:以黄土高原生态文明示范区建设为目标,树立绿色、低碳发展意识,加强生态建设和环境保护,大力发展循环经济,加大节能减排力度,努力建设生态环境与经济社会发展协调统一、人与自然和谐相处的资源节约型、环境友好型社会;以国家重要能源化工基地为方向,立足能源资源优势,按照科学开发、高效循环利用的原则,突出工业强区,着力打造大型能源化工基地和重要的西煤东运、西电东送、西气东输基地,培育西部地区新的经济增长极;以国家重点红色旅游区为抓手,发挥红色文化、历史文化、民族文化的独特优势,进一步加强爱国主义教育、革命传统教育和延安精神教育基地建设,以红色文化为主体,充分发挥自然、历史、民俗等资源优势，促进文化繁荣、经济发展、人民富裕；以现代旱作农业示范区为思路，按照高产、优质、高效、生态、安全要求，打造集农业新品种培育、新技术引进、产业化经营、休闲观光以及生态家园于一体的西北地区旱作农业高效发展新路径；建设基本公共服务均等化试点区，加快推进社会事业进步，健全覆盖城乡全体居民的服务保障体系，不断提高公共服务能力和水平，维护社会公平正义，使老区广大群众更好地共享改革与发展成果。

2021年，在充分吸收党的十八大以来革命老区振兴发展先进经验的基础上，国务院印发《关于新时代支持革命老区振兴发展的意见》，针对新阶段革命老区下一步振兴发展工作，分别从巩固拓展脱贫攻坚成果、促进实体经济发展、补齐公共服务短板、健全政策体系和长效机制等方面提出要求：一是巩固拓展脱贫攻坚成果，因地制宜推进振兴发展，包括推动实现巩固拓展脱贫攻坚成果同乡村振兴有效衔接，促进大中小城市协调发展，对接国家重大区域发展战略；二是促进实体经济发展，增强革命老区发展活力，包括完善基础设施网络，培育壮大特色产业，提升创新驱动发展能力；三是补齐公共服务短板，增进革命老区人民福祉，包括提升公共服务质量，弘扬传承红色文化，促进绿色转型发展；四是健全政策体系和长效机制，包括加强党的全面领导，加大财政金融支持力度，优化土地资源配置，强化组织实施。

总之，陕甘宁革命老区的经济社会可持续发展在整个西北地区乃至全国占有重要地位，其旅游业与新型城镇化协调发展的战略定位势必要与国家总体定位保持一致。

二、旅游业与新型城镇化协调发展战略定位依据

（一）陕甘宁革命老区旅游业与新型城镇化所处发展阶段

准确判断陕甘宁革命老区旅游业与新型城镇化协调发展水平，是确定其战略定位的基础和前提。只有充分了解陕甘宁革命老区旅游业与新型城镇化目前所处的发展阶段，才能提出符合其实际水平的发展战略。要充分结合陕甘宁革命老区的发展现状与实际水平（见本书第五章和第六章），以

此为基础，确定其旅游业与新型城镇化协调发展的战略定位。

（二）陕甘宁革命老区发展的现实条件

陕甘宁革命老区地域辽阔，各地的环境条件、自然资源、历史沿革、经济基础、文化习俗既有差异，又有相似之处。陕甘宁革命老区地处西北，能源资源丰富，地域文化独特，生态环境脆弱，经济社会欠发达。在确定区域旅游业与新型城镇化协调发展战略定位时，要充分发挥区域能源与文化优势，弥补生态与经济发展等方面的不足，加强基础设施与生态建设。

（三）在革命老区中的地位

对陕甘宁、川陕、左右江、大别山、赣闽粤五大重点革命老区进行综合比较，明确陕甘宁革命老区的优势和与其他老区的差异，找准发展方向和重点，对确定其发展战略定位具有较大的借鉴意义。陕甘宁革命老区在我党历史上具有重要而特殊的地位。在确定陕甘宁革命老区旅游业与新型城镇化协调发展的战略定位时，要明晰其与其他革命老区，如地理位置、资源环境较为相似的晋察冀、晋豫边革命老区的差异，突出自身特色，找准发展方向。

（四）区域主体功能

主体功能是根据某区域的旅游资源承载能力、现有开发密度和发展潜力而确定的，需统筹考虑未来人口分布、经济布局、国土利用和城镇化格局等综合因素，对该区域旅游业与新型城镇化的发展方向和开发重点、强度、程序等有明确要求。确定陕甘宁革命老区旅游业与新型城镇化协调发展的战略定位时，必须与区域主体功能相契合，这是构筑人口、经济、资源、环境相协调的空间开发格局，推进主体功能区形成，提高区域可持续发展能力的必然选择。

三、确定旅游业与新型城镇化协调发展战略定位需要处理好的关系

（一）保护第一与合理开发

陕甘宁革命老区地处黄河流域腹地，生态环境脆弱，在旅游业与新型城镇化协调发展过程中，要以生态保护为第一原则，严守生态红线，摒弃粗放的高污染、高能耗发展模式，着力发展绿色低碳循环经济，改善生态环境。提高资源利用率，推进生产要素集约节约利用和产业集群集聚发展，大力发展生态与经济效益兼具型产业，努力实现生态建设、环境保护与经济发展同步推进的良性发展格局。

（二）统筹协调与抓住重点

实现陕甘宁革命老区的全面复兴和高质量发展是一项系统工程，涉及经济社会建设、生态环境治理、脱贫攻坚成果巩固与乡村振兴等方方面面。在旅游业与新型城镇化协调发展过程中，要着力解决"三农"问题、民生问题与区域经济发展的矛盾，全面统筹人口、资源、环境，推进共同发展。针对老区的突出问题，一是从区域协调发展的角度出发，抓住重点问题；二是从城乡统筹发展角度出发，合理配置区域生产要素，实现老区的整体振兴。

（三）国家扶持与自力更生

对革命老区发展的支持长期以来以"输血式"扶持为主。经过多年发展，陕甘宁革命老区在经济社会、城镇统筹等领域取得长足进步。在错综复杂的形势下，既要充分考虑陕甘宁革命老区发展面临的困难，从资金扶持、基础设施建设和对口支援等方面加大支持力度；又要充分调动、发挥地方的积极性、主动性、创造性，不断增强自身的造血能力，加快推进老区高质量发展和全面振兴。

第二节　陕甘宁革命老区旅游业与新型城镇化协调发展的实现路径

一、陕甘宁革命老区实现旅游业与新型城镇化协调发展的必然性

（一）可持续发展的必然选择

党的十八大报告指出："更加自觉地把以人为本作为深入贯彻落实科学发展观的核心立场，更加自觉地把全面协调可持续作为深入贯彻落实科学发展观的基本要求，更加自觉地把统筹兼顾作为深入贯彻落实科学发展观的根本方法。"2014年，《国家新型城镇化规划（2014—2020年）》提出，应根据不同地区的自然历史文化禀赋，发展有历史记忆、文化脉络、地域风貌、民族特点的美丽城镇。一方面，旅游业具有产业关联性强、经济带动力强、就业容纳能力强、生态环境友好等特征，这决定了旅游业是推动新型城镇化建设的重要力量。旅游业与新型城镇化之间存在着相互依存、相互促进的关系。发展旅游业可使信息流、资金流、技术流、资源流集中，强化产业聚集，带动劳动就业，改善公共服务设施条件，加快新型城镇化建设。另一方面，新型城镇化是旅游业发展的基础，为旅游业提供保障。新型城镇化可以不断提高旅游业"吃、住、行、游、购、娱"六大要素的质量。由此可见，推动旅游业与新型城镇化协调发展是带动地区经济增长的新引擎，也是现阶段实现可持续发展的必然选择。

（二）黄河流域高质量发展的现实选择

中国特色社会主义进入新时代，我国社会主要矛盾已经转化为人民日益增长的美好生活需要和不平衡不充分的发展之间的矛盾。因此高质量发展是适应我国社会主要矛盾变化的必然要求。陕甘宁革命老区地处黄河中上游，在黄河流域经济社会建设和生态环境保护方面的作用举足轻重。随着黄河流域生态保护和高质量发展上升为国家战略，当地生态环境保护的必然要求与原有经济发展模式之间的矛盾也愈发突出。如何更好地满足人

民日益增长的美好生活需要，解决水土流失、沙漠化、地表采矿塌陷、水资源短缺等诸多生态资源难题和发展整体滞后、区域差距大、产业低端、贫困区面广量大程度深等经济社会发展问题，是目前区域高质量发展亟须解决的重中之重。自然风光、人文历史和红色文化等资源基础使旅游业已成为陕甘宁革命老区生活性服务业的重要组成部分和推动区域新型城镇化建设的重要力量。旅游业发展在人口流动管理、城镇综合承载力、就业岗位结构等方面不断为老区整体滞后的新型城镇化建设带来冲击；而新型城镇化在产业布局发展方向、公共设施建设重点、内生动力就业需求等领域又对旅游业的发展提出新要求。二者之间的无序、失调状态对区域土地利用结构、行业就业比例、社区管理模式等造成不同程度的影响，制约了区域经济健康、快速转型。推动黄河流域高质量发展，陕甘宁革命老区是重中之重；而推动陕甘宁革命老区高质量发展，旅游业与新型城镇化协调发展又是重中之重。

（三）弘扬革命传统的重要依托

陕甘宁革命老区是延安精神的发源地，也是毛泽东思想的重要形成地，拥有丰富的革命历史遗存，具有类型齐全、数量众多、序列完整、等级较高、内涵丰富等特点。陕甘宁革命老区又是我国红色历史的重要见证和红色精神传承的主要阵地，实现陕甘宁革命老区旅游业与新型城镇化协调发展对构建红色未来，充分发挥红色旅游的政治教育、文化传承、凝聚民心、经济发展功能有着重要意义。因此，支持陕甘宁革命老区旅游业与新型城镇化协调发展，是践行党的初心和使命的必然要求，是增强敢于斗争、善于斗争本领的必然要求。

（四）区域协调发展机制的深入探索

实施区域协调发展战略是新时代国家重大战略之一。党的十八大以来，推出深化京津冀协同发展、粤港澳大湾区建设、四大板块协调发展等一系列区域协调发展重大战略，以推动区域协调发展。党的十九大报告明确提出"推动形成全面开放新格局"，要求优化区域开放布局，加大西部开放力度，着力推动形成点、圈、线、块。党的二十大报告指出"深入实施区域协调发展战略、区域重大战略、主体功能区战略、新型城镇化战略，优化重大生产力布局，构建优势互补、高质量发展的区域经济布局和国土空间体系"。随着经济社会的不断发展，区域协调发展态势呈现许多新特点。在旅游业与新型城镇化协调发展方面，表现为区域旅游业与新型城镇化系统内部各要素之间由相互作用而产生的共生、互补和整体效应。为使此类效应最大化，构建有利于区域旅游业与新型城镇化协调可持续发展的机制和模式，整合和凝练区域旅游业与新型城镇化协调发展的要素，成为区域旅游理论研究的热点和焦点。从资源利用的综合效益来看，陕甘宁革命老区各地丰富的文化资源既为旅游业的发展打下牢固基础，又为区域旅游的可持续发展提供了不竭动力。因此，从旅游业与新型城镇化协调发展的视角构建区域旅游可持续发展的机制与模式，通过文化因素优化区域旅游的空间关系，是现代旅游地理学需要研究的一个重要命题。

二、陕甘宁革命老区实现旅游业与新型城镇化协调发展的主要路径

(一) 调整经济结构，推动产业协调可持续发展

1. 积极调整陕甘宁革命老区的经济结构，大力发展特色农业、清洁能源工业和文化旅游业，着力推进县域经济转型发展

农业方面，积极推行立体农业、循环农业发展模式，加速延伸特色农业产业链条，促进农业朝优质、高效、生态、绿色方向发展。工业方面，要加速工业低碳化发展，利用节能环保技术和现代生产技术推动工业提质增效，避免因盲目扩张而导致工业项目和产能过剩，同时要努力发展低碳新兴产业。旅游业方面，要统筹考虑当地的环境承载能力，因地制宜，发展红色旅游、乡村旅游、休闲旅游，着力打好陕甘宁革命老区"民俗牌""红色牌"，延伸旅游产业链条，培育更多经济增长点。生态环境方面，应充分发挥品牌优势，全面开展节能节水、清洁能源、环保建材、绿色出行等与可持续发展主题相关的活动，将生态文明理念融入经济、政治、文化、社会生活的方方面面，走出一条生产发展、生活富裕、生态良好的发展道路。

2. 发展壮大特色产业

稳固提升粮食和重要农产品的供给保障能力，聚力打造"3+X"农业

特色产业，大力发展以苹果为代表的果业、以奶山羊为代表的畜牧业、以棚室栽培为代表的设施农业，做优做强食用菌、中药材、红枣、小杂粮和有机、富硒、林特系列产品。支持革命老区推出绿色食品、有机农产品、地理标志农产品，打造区域公共品牌。大力发展休闲农业、订单农业，推进革命老区农村产业融合示范园和现代农业产业园建设。

（二）推动县域经济发展，促进产城融合

1. 以新型城镇化为引擎，促进产城融合发展

大力发展以人为本的新型城镇化，加快农村、农业劳动力向第二、三产业转移，提高农村土地利用率，推进农村有限土地集中耕种，提高土地的规模经营和集约化程度，推动农业高质量发展。随着旅游人数的增加，在为就业、基础设施建设带来发展机遇的同时，也对新型城镇化提出新的要求。旅游业与新型城镇化协调发展，在加快革命老区新型城镇化进程的同时，进一步提升旅游业发展水平。

2. 将推进老区县域城镇化作为促进经济发展的重要抓手

陕甘宁革命老区与国内其他发达地区的主要差距之一，就是县域城镇人口化率过低，人口相对分散。在城乡二元结构的影响下，农民转变成市民的难度较大，特别是"退一""进二""进三"制约条件较多，就业门路少，城镇聚集人口的能力差，这使得县域内县城和中心城镇的作用难以发挥，统筹城乡发展、瓦解城乡二元结构的难度加大。新型城镇化是县域经济的主要增长点，必须稳步推进，以此促进地区经济发展。

3. 将加快县域城镇化步伐作为推动移民扶贫工作的新方法

陕甘宁革命老区面积较大，不少县区地处黄土高寒区和干旱荒漠区，交通条件较为落后。改善山区农民的居住条件，保护区域生态，是陕甘宁革命老区实现绿色低碳发展，建设资源节约型、环境友好型社会的重要途径。坚持在做好规划的前提下，把城镇移民与扶贫开发结合起来，通过产业帮扶、职业培训、强化保障机制等举措，为老区县市，特别是一些偏远地区的居民向城镇人口转化创造有利条件。

4. 将建设好旅游城镇作为加速县域经济工作的重要依托

以城带乡，以旅促农，发挥旅游业吸纳劳动力的作用，通过建设富有

特色的旅游城镇，发挥旅游带动作用，为传统城镇产业转型升级打好基础。办好旅游促农业、农业促旅游，加速县域农业农村现代化，把特色农业做大做强，为乡镇和县域农产品加工业提供原料，为城乡居民增加收入开辟新的路径。

5. 扎实推进县域城镇化补短板强弱项，支持革命老区县开展省级县城建设示范县和国家城乡融合发展试验区建设

全面开展生态修复、城市修补，加快城镇绿色生态网络建设。积极推进新型智慧城市建设和城市环境综合整治，推广"三改一通一落地"经验，加快城镇老旧小区改造和棚户区改造回迁安置步伐，做好城市排水防涝，提高城市管理的精细化水平。健全城乡融合发展体制机制，推动经济发达城镇行政管理体制改革。推动城市群和都市圈高质量发展，加快庆阳、固原等区域中心城市建设，高水平打造延安国家陆港型物流枢纽承载城市和榆林全国综合性交通物流枢纽城市，积极推进富阎一体化，促进中小城市协调发展。

（三）提升公共服务质量，推动区域公共服务一体化

完善基础设施网络，支持将革命老区公路、铁路、机场和能源、水利、应急等重大基础设施项目列入国家和省级相关规划，具备条件后尽快启动建设。支持革命老区高速公路规划建设和国省道干线改造，优化高速公路出入口布局，便捷连接重点城镇和重点红色文化纪念地。支持靖边、府谷等革命老区支线机场和通用机场规划建设。加快推进相关水利工程建设，完善水资源配置骨干网络。持续推进大中型灌区续建配套与现代化改造、中小河流治理、病险水库除险加固和山洪灾害防治等工程。有序规划建设支撑性清洁煤电项目，建设煤运通道和煤炭储备基地，加快能源富集区至湖北特高压直流输电工程等跨区域输电工程建设进度。推动石油、天然气管道和配套项目建设，保障革命老区能源稳定供应。

支持革命老区依据国家基本公共服务标准，建立健全本地区基本公共服务体系，保障群众的基本生活。支持革命老区持续改善义务教育办学条件，推进普通高中达标创建示范工程，建设国家产教融合试点城市，推进县域学前教育普及普惠，创建义务教育优质均衡县区。提升革命老区公共

卫生防控救治能力，支持市县级综合医院、传染病医院和卫生应急监测预警体系建设，开展医联体、紧密型县域医共体和中医优势专科建设。支持革命老区基层综合性文化服务中心、新时代文明实践中心建设，建立国家公共文化服务体系示范区（项目）和省级公共文化服务高质量发展示范县（区）。支持市县乡村四级建设退役军人服务中心（站）等设施，为广大退役军人及其他优抚对象提供优质服务。提升公共文化和公共体育设施建设及运营水平，优化广播电视公共服务供给，构建基层公共文化服务网络，建设一批体育公园，鼓励革命老区承办全国性、区域性文化交流和体育赛事活动。

在促进陕甘宁革命老区省际、市际、县际协调联动、合作开发、共同发展的实践中，必须关注公共服务问题和区域公共服务业一体化问题，否则老区县域经济发展成果会由于公共服务水平不匹配而很难做到惠及民生，县域经济发展也将难以持续。陕甘宁革命老区要努力打破行政界限，建立区域内及本区域与周边区域城乡公共服务一体化协调机制，统筹教育、卫生、文化、就业与社会保障等公共服务领域的规划建设，方便群众跨行政区就近就学、就医和就业。完善针对农村进城务工人员的相关政策和配套措施，帮助他们解决就医、住房、社会保障和子女入学等公共服务方面的问题。加强区域性救灾应急保障体系建设，建立并完善重大传染性疾病、突发公共卫生事件联防联控机制和相互支援机制。

开展农村公路改造提升工作，深化"四好农村路"示范创建，有序推进较大人口规模自然村（组）通硬化路建设，加快建设农村产业路、资源路、旅游路。大力推进乡村电气化提升工程，加快农村电网建设与改造，持续提升农村供电质量和电气化水平。加大通信基础设施建设力度，推动农村千兆光网、移动物联网与城市同步规划建设，不断扩大网络覆盖面。实施数字乡村建设行动，支持有条件的地方建设5G网络试点。大力实施农村供水保障工程，大力开展农村人居环境整治提升。预计到2025年，90%的自然村生活垃圾可得到有效处理，农村自来水普及率达92%以上，2035年底前确保农村改厕任务高质量全面完成。

(四) 深挖开发红色资源、延长旅游产业链

大力发展红色培训产业，加强旅游资源整合和旅游产业区域合作，构建旅游开发协作网络，传承红色基因。以集培训、参与、体验为一体的红色培训"陕甘宁模式"为引领，充分利用当地的红色资源和周边优美的自然风光，发挥延安干部学院、延安爱国主义教育基地等机构的作用，让陕甘宁革命老区成为红色文化传承创新先行示范区、党性教育活动教学实践地。以"发扬传统、锤炼党性"为核心培训理念，吸引全国各地、各行业、各阶层的党员干部、军人、企事业单位职工前来接受红色教育。注重采用独特的培训方式，创新培训方法，强化培训效果，将红色旅游与革命传统教育紧密结合起来。

壮大红色文化产业，推进文化和旅游紧密融合，提升延安精神影响力。陕甘宁革命老区拥有丰富的红色资源，如宝塔山、枣园革命旧址、杨家岭革命旧址、盐池革命烈士纪念园、王进喜故居、红军会宁会师旧址等，陕甘宁革命老区的发展离不开这些红色资源。要深度挖掘陕甘宁革命老区红色文化的内涵和优势，不断进行文化体制机制创新，创作一批红色题材的优秀作品，做大做强一批歌舞、影视、戏剧文化品牌（如《延安保育院》实景演出）。依托镇北堡西部影城，鼓励红色影视基地建设，吸引更多电视、电影媒体前往陕甘宁革命老区进行实地拍摄，提升当地知名度。推进红色文化整理、保护和传播工作。

丰富旅游特色产品，拓展旅游商品市场。依托枸杞、大枣、硒砂瓜、牛肉干、小米、马铃薯等当地知名特产，建设旅游工艺品、文化用品、旅游食品、旅游纪念品生产基地。做好、做细、做精传统商品，精准打造特色产品定位，整合产品，形成陕甘宁革命老区旅游品牌。加强休闲购物街区、购物商店的开发建设，鼓励有实力的旅游商品生产企业建立品牌专营店，方便旅游者购物。要特别注意特色产品的质量，使其具有较强的实用、收藏、馈赠价值，在开发工艺上下功夫，精心设计，精美包装，深度加工，制成便于携带、外形美观、有文化内涵的系列旅游食品和礼品，以满足消费者的多样化需求，进一步提高旅游产品的附加值。

改变单一的门票旅游模式，激活更多旅游要素。加大传统文化资源、

红色资源开发力度，充分利用中国红色旅游博览会、中国红歌会、黄帝陵祭典等平台，加强红色旅游品牌的宣传，打造精品旅游线路，推出徒步游、自驾游等新产品。联动第一、第二、第三产业，推动红色旅游与传统观光旅游、生态旅游、民俗旅游、乡村旅游、休闲度假旅游、都市旅游等项目融合发展，延长游客停留时间，在"吃、住、行、游、购、娱"六大旅游要素方面创造旅游价值。

保护好、管理好、运用好革命文物，实施革命文物保护利用工程，加快推进陕西延安革命文物国家文物保护利用示范区建设，强化革命文物价值研究和展示利用，加大对杨家岭等革命旧址的保护、修缮力度。加强烈士纪念设施的修缮、管理、保护工作，完善设施设备，优化陈列布局。加快长城、长征、黄河国家文化公园建设。推动红色旅游高质量发展，支持革命老区积极申报国家级红色经典景区、全国爱国主义教育示范基地、省级红色旅游教育基地，创建国家和省级全域旅游示范区，支持各类媒体通过新闻报道、公益广告等多种方式宣传、推广红色旅游。

构建陕甘宁革命老区红色旅游协作区。以延安为中心，推进榆林、铜川、庆阳、平凉、固原、中卫、吴忠等地级市以及富平、旬邑、淳化、彬州、长武、三原、泾阳、会宁、灵武等县旅游产业统筹规划与协调发展，构建陕甘宁革命老区红色旅游协作区。着力开发区域周边的独特风光和历史人文景观，从而将资源优势转化为经济优势。

（五）以信息化为契机，提升县域经济综合竞争力

当今时代，信息技术飞速发展，对各类资源的优化配置和发展模式创新产生深刻影响。近年来，陕甘宁革命老区各地信息化发展水平有了不同程度的提升，有力地促进了当地经济的发展。但总体来看，老区信息基础设施硬件条件与发达地区差距较大，且这种差距呈现扩大趋势，信息技术对当地经济社会的支撑引领作用十分有限。陕甘宁革命老区要抢抓信息化发展的重要机遇，加速布局现代信息基础设施，强化信息技术对经济社会发展的支撑和引领作用，促进信息化与区域经济的深度融合和互动发展。整合老区信息资源，加强信息基础设施建设。

陕甘宁革命老区的信息基础设施、硬件条件整体较为薄弱，发展层次

参差不齐，信息基础设施体系化程度偏低。针对硬件不"硬"的问题，陕甘宁革命老区应建立共享共用机制，加强资源整合，争取国家和各省区信息基础建设的优惠和支持，加速布局覆盖全地区的现代信息基础网络。具体而言，要紧随信息化发展趋势，合力推进城乡宽带、固定通信、移动通信、下一代广播电视网络和互联网等信息基础设施建设，加速互通互联、共建共享，加快落实行政村宽带普遍服务，完善对自然村、交通沿线和旅游景区的信号覆盖，促进多种网络无缝衔接，提高网络传输能力，提高覆盖率，进一步满足陕甘宁革命老区经济社会发展的信息化需求，提高信息化对区域经济的支撑和引领能力。

大力普及培训工作，缩小城乡"数字鸿沟"。陕甘宁革命老区信息化起步较晚，信息化发展意识薄弱，重视程度不足，特别是老区内部城乡信息化发展严重不平衡，信息化对农村农业的支撑作用十分有限，部分偏远地区仍处于"信息孤岛"。针对这一系列问题，必须进一步强化革命老区信息化发展理念，大力推进信息化设施建设，普及信息化知识与技能，挖掘、释放农村农业的信息化发展潜力。具体而言，陕甘宁革命老区应加强交流合作，统一开展面向全社会的信息化应用普及、培训、传播工作，各级财政应加大对信息技术应用培训等公益性活动的支持力度，加强乡村地区中小学信息技术、信息安全相关教育。此外，要整合涉农资源和社会力量，优先支持农村及其他欠发达地区信息基础设施的建设和改造，推进信息网络覆盖边远地区，推动电子政务、电子商务服务进入乡（镇）和村庄，逐步化解城乡"数字鸿沟"。

信息技术有助于优化各类资源配置。陕甘宁革命老区特色农业、生态旅游、红色文化资源都十分丰富，但信息惠民缺口较大。加快推进信息技术与上述领域的深度融合发展，能有效开拓新的发展空间，培育新的发展模式和发展优势。具体而言，陕甘宁革命老区应从地域特色出发，以农业信息化、文化旅游现代化为重点，借助信息化手段，采用农村电子商务、信息化旅游模式，不断挖掘特色农产品、农业休闲旅游、历史文化旅游和红色旅游等项目的潜力和优势，释放老区发展活力，形成新的经济增长点。物联网是新一代信息技术的高度集合和综合运用，推动物联网的应用和发展对提高陕甘宁革命老区经济社会生活信息化水平具有深远的意义。老区应抢抓后发优势,围绕经济社会发展的实际需求,有序推进物联网持续健康发展。具体而言,一方面,重点利用物联网技术改造传统产业,围绕农业生产、商贸流通、物流配送等业务,推广物联网技术的集成应用,为促进区域经济可持续发展作出积极贡献。另一方面,在社会保障、医疗卫生、民生服务、城镇化建设等领域超前布局,推进物联网典型应用示范,构建更加便捷、高效、安全可靠的智能化社会管理和公共服务体系,实现社会管理和公共服务全面信息化,为老区发展注入现代化元素。

(六) 完善组织机构,推进区域协调

陕甘宁革命老区地理位置的特殊性和资源分布的差异性导致各地在推动区域协调发展的过程中常常处于责任和权力不对称、义务与条件不匹配的尴尬处境。如在连片开发扶贫、支持老区建设等方面,所涉及的部分区县受自身财力、物力、人力所限,在落实革命老区振兴政策的过程中只能充当"传声筒"或"协调人"。此类问题的根源在于由资源配置权力纵向化与社会管理责任横向化所导致的二元治理结构不平衡。要想解决类似问题,必须加大行政体制改革力度,围绕建设服务型政府,转变政府职能,提升服务质量和水平,促进区域融合协调发展。

改革政绩考核机制,把保护自然资源、维护生态安全、推动绿色发展等指标和实绩作为重要考核内容,建立体现生态文明要求的绿色政绩考核制度。严格落实节能减排目标责任制、"一票否决"制和区域限批制,在大力发展区域经济的同时,做好节能减排工作。同时,加快建立资源有偿使用制度,完善对重点生态功能区的生态补偿机制。

当地政府应着力配合,加强陕甘宁革命老区社会管理,联合成立老区管理委员会,积极转变政府职能,做好区域条块分割"减法",做好整个老区的承接产业转移,完善交通设施,实现旅游业与生态环境保护一体化发展。学习城市社区管理的先进经验,在区域经济大发展时代管理好老区。网格化管理是近年来城市依托数字化城市综合管理、社会面立体防控和城市应急管理体系,提高城市管理水平的一种较为有效的方法。老区可尝试打破"条块分割""属地管理"格局,根据完整性、便利性、差异性原则,引入网格化管理经验,把区域划分成若干网格单元,实施动态的全方位管

理。面对纷繁复杂的社会管理要素和不断出现的新情况、新问题，注意做好条块分割与属地管理两种管理机制的对接优化工作，围绕户籍人口与流动人口融合、民间融资与金融风险协调等新问题，创造新设计、新理念、新举措。如延安市应以做强做优做大红色旅游为出发点，完善基础设施及旅游接待硬件，提高景区旅游接待软实力，优化服务，增加旅游接待量。同时联合其他市、区、县，努力构建陕甘宁红色文化旅游协作区，推广大旅游、大流动、"一票通"等区域联合发展模式。

三、陕甘宁革命老区实现旅游业与新型城镇化协调发展的机制构建

推进陕甘宁革命老区旅游业与新型城镇化协调发展有很多办法，其中最关键、最有效的办法是构建协调发展机制。在陕甘宁革命老区整体发展的大系统中，旅游业与新型城镇化之间客观上存在一种协同发展的作用机制。可以通过对老区大系统的适度调控，建立多因子协同作用机制，使老区旅游业与新型城镇化协调发展。

陕甘宁革命老区旅游业与新型城镇化协调发展机制应满足两个条件：一是能够调动老区相关行为人的积极性，取得"多赢"效果；二是机制运行成本较低，易于实施。

（一）机制构建的意义

在任何一个系统中，机制都起着基础性作用。在理想状态下，良好的机制甚至可以使一个社会经济系统接近一个自适应系统，在外部条件发生不确定性变化时，能自动且迅速做出反应，调整原有策略和措施，优化目标。从协同理论来看，在社会生态经济大系统中，经济发展与生态改善之间，客观上存在着一种协同发展的作用机制。通过对社会大系统的适度调控，能够形成实现生态系统和经济系统良性循环的动力机制。旅游业与新型城镇化之所以能够协调发展，就是因为二者的关系本质上并非完全对立，而是可以和谐统一的。

机制设计理论所提供的方法和观点，有助于我们分析陕甘宁革命老区旅游业与新型城镇化协调发展建设中可能出现的问题，并预测这些问题可能带来什么后果。依据科学理论设计的陕甘宁革命老区旅游业与新型城镇

化协调发展机制，也有助于促进老区全面协调可持续发展。

（二）构建协调发展机制

促进老区旅游业与新型城镇化协调发展，必须构建一个符合社会主义市场经济发展需要、能够实现共赢的机制。这种机制既要充分发挥市场机制在资源配置中的基础性作用，实现利益共享和利益补偿，又要有效发挥政府规划和政策的积极引导和调控作用，还能使社会经济活动的主体（居民、企业、农户、地方政府）积极参与老区旅游业与新型城镇化的协同推进，实现互利互惠。老区旅游业与新型城镇化协同推进机制是复杂多样的，主要包括激励与约束机制、支援机制、法律保障机制等。

1. 陕甘宁革命老区旅游业与新型城镇化协调发展的激励与约束机制

激励机制也称激励制度，是通过一套理性化制度来反映激励主体与激励客体相互作用的方式。仅有激励、没有约束是不行的，约束与激励相辅相成。约束机制的功能表现为对主体的责任约束，是管理者依据法律法规、价值取向、文化环境等，对管理对象的行为从物质、精神方面进行制约和束缚，使其行为收敛或改变的机制。推进陕甘宁革命老区旅游业与新型城镇化协调发展，必须针对地方政府、企业和农户，建立行之有效的激励与约束机制，以调动各主体的积极性，同时规范各主体行为，使其行动朝着"多赢"方向前进。

完善考核评价机制。考核评价是引导干部思想和行动的"风向标"和"指挥棒"，能有效解决干部特别是主要领导干部"为谁干、干什么、怎么干、干得怎么样"的问题。干部能否树立科学发展观和正确政绩观，很大程度上取决于有无严格的考评机制。以往在对各级干部的考核中，过分地注重新型城镇化方面的考核，忽视了对旅游业发展等领域的考核，或反之而行，这容易造成干部在工作中只重视某一方面的发展，忽视另一方面，导致旅游业与新型城镇化"一条腿长、一条腿短"。考核评价要从偏重某一方面向重视旅游业与新型城镇化全面协调发展转变。要以考核评价结果为"硬依据"，充分发挥其"风向标""指挥棒"作用。通过考评机制，有效推动老区高质量发展，切实转变发展方式，实现旅游业与新型城镇化协同推进、协调发展。

树立科学的发展观和政绩观，为陕甘宁革命老区旅游业与新型城镇化协同推进考核机制的建立指明方向。近年来，我国部分地区已经开始这方面的探索，并取得一定成效。陕甘宁革命老区属于欠发达地区，基础设施力量薄弱，地方财政和居民收入水平总体较低，所面临的经济发展任务十分艰巨。同时，陕甘宁革命老区又是黄河流域重要的生态屏障和我国水资源战略储备库，担负着重要的生态职责。由于老区整体经济发展水平较低，各区县重经济发展、轻生态建设和环境保护的观念比较普遍。过去一些区县在考核指标体系的引导下，片面追求经济发展速度，不顾自身生态环境的承受能力，降低"门槛"引进污染企业，走上"先污染后治理"的老路，使老区本已十分脆弱的生态环境日趋恶化。要确保老区旅游业与新型城镇化协同推进，必须确立新的目标指标体系，建立科学考评机制，并把考核结果作为领导干部综合考核评价的重要内容和干部选拔任用、管理监督的重要依据。

"考核要什么数，干部迈什么步。"在旅游业与新型城镇化协调发展的新目标下，建立科学的考核评价指标，是完善干部考核评价机制的前提条件。要真正把以人为本，全面、协调、可持续发展指标作为政绩考评标准和重要内容。必须改革经济社会发展指标考核体系，建立老区旅游业与新型城镇化双向考核机制。借鉴国内旅游业与新型城镇化建设先进地区的指标体系，设计老区各区县旅游业与新型城镇化协同推进工作考核评分表。

制定科学的考核办法和奖惩措施。对陕甘宁革命老区干部的考核，应根据主体功能区的要求进行。根据各地不同的主体功能定位，把主体功能区建设主要目标的完成情况纳入对地方党政领导班子和干部的综合考核评价指标，作为地方党政领导班子调整和干部选拔任用、培训教育、奖励惩戒的重要依据。区县级为一级考核对象，街镇级为二级考核对象。考核结果纳入目标管理体系，由组织人事部门负责具体实施。考核办法实行"一票否决制"，即如果被考核对象辖区内发生过重大事故，其当年所有的评优资格全部取消。实绩考核结果面向社会公布，并作为干部政绩、公务员年度考评、评选先进等工作的重要依据，与干部政绩考核及升降任用挂钩。考核较差的，当年不能评为优秀或推选为先进个人；连续两年考核较差的，由分管组织与其诫勉谈话，不得提拔使用；对连续三年考核较差的，降职使用或调离"一把手"岗位。

2. 陕甘宁革命老区旅游业与新型城镇化协调发展的支援机制

支援机制是一项极富特色的区域支持和援助制度。《中华人民共和国民族区域自治法（修正）》第六十四条规定："上级国家机关应当组织、支持和鼓励经济发达地区与民族自治地方开展经济、技术协作和多层次、多方面的对口支援，帮助和促进民族自治地方经济、教育、科学技术、文化、卫生、体育事业的发展。"21世纪初，在国务院出台的一系列推进西部大开发战略的相关政策中，对口支援也是重要内容之一。区域支援机制的建立，对于促进我国老少边穷地区、老区、灾区等特殊地区的发展和稳定起到了重要的推动作用。

支援机制分为不同类型。从支援内容看，包括资金支援、政策支援和知识支援。其中，资金支援包括转移支付和直接投资，政策支援包括专项政策和例外政策两项，知识支援包括信息传播、科学研究和人力资本。从支援主体来看，包括国家支援、对口支援和自我支援。资金支援是支援机制中的重要内容，政策支援和知识支援提供外部条件和能力建设支持。

（1）完善支援机制的必要性。

完善支援机制是促进陕甘宁革命老区可持续发展的重要举措。革命老区为中国革命的胜利作出了巨大贡献，但因一系列条件所限，基础设施建设严重滞后，生态环境脆弱，产业支撑力不强，城镇化进程缓慢，人民生活水平较低。建立和完善对陕甘宁革命老区的支援机制，是促进陕甘宁革命老区可持续发展的重要举措。

陕甘宁革命老区旅游业与新型城镇化协调发展还处于起步阶段，发展任务十分艰巨，只依靠老区自身很难达到目标，需要各方的大力支持。

（2）支援主体。

中央及有关部委的对口支援。建立对口支援长效机制和帮扶队伍。将中央部委及部分中央企业列入老区对口支援单位，借助其资金优势推动老区产业发展。对口支援方式以支持老区产业发展为主，引导发达地区的劳动密集型和资源加工型产业向老区梯度转移，在对口支援省市建立劳务输出基地，扩大移民务工就业门路。

陕甘宁三省（区）的相互扶持和援助。以互派干部挂职，接收移民就业,培训管理人员、移民及其子女,引进项目,筹措资金,援建社会事业等为重点内容,落实陕甘宁部分较发达市、区、县结对帮扶老区各区县,建立结对帮扶市区县在产业发展、建设用地征用、劳动力转移、财税分成、生态环境保护等方面的协作共赢发展模式。

(3) 支援重点。

①人力资源开发。强化劳动力培训,提高人口素质。发挥老区劳动力资源丰富的优势,增强可持续发展能力。推动劳动力转移就业,缓解老区环境压力。

②社会事业发展。解决老区教育落后、医疗卫生条件差、文化设施基础薄弱和科技水平低等问题,提高基本公共服务水平,推动老区经济社会协调发展,使移民得到稳定安置。

③基础设施建设。在支持交通、水利、电力等大中型基础设施建设的同时,着力搞好关系到老区群众切身利益的小型基础设施建设,改善老区农民的基本生产生活条件。

④特色优势产业发展。重点发展劳动密集型农产品、绿色食品加工等特色优势产业和旅游等服务业,增加就业岗位,确保移民安稳致富。

⑤财政资金支援。财政转移支付是指各级政府对财政资金进行再分配,以实现各地公共服务水平的均等化,包括中央财政与地方财政之间的转移支付和地方财政之间的转移支付。中央财政对地方财政的转移支付称为国家支援,地方财政之间的转移支付称为对口支援。老区的基础设施建设、经济发展、生态环境保护、旅游业发展等事业都需要有财政资金支持,但老区各区县财政力量薄弱,入不敷出的现象较为普遍。许多区县"吃饭财政",缺乏财力用于旅游业与新型城镇化建设。财政转移支付作为一种重要的援助手段,对老区发展经济、改善生态环境、推进旅游业与新型城镇化协调发展具有十分重要的作用。

一般而言,转移给老区的财政资金是由老区区县自主安排的。要保证转移支付的资金真正用于老区旅游业与新型城镇化协调推进事业,落实有条件转移支付。有条件转移支付是指政府对转移支付资金的使用给予条件限制,限制条件体现政府的要求。有条件转移支付是财政转移支付的主要类型,主要用于能源开发、教育卫生、地区发展和环境保护。老区财政转移支付是有条件的,主要用于老区旅游业与新型城镇化协调推进。

3. 陕甘宁革命老区旅游业与新型城镇化协调发展的法律保障机制

完善法律法规制度。要促进陕甘宁革命老区旅游业与新型城镇化协调发展,必须加强法制建设,构建法律保障机制。陕甘宁革命老区旅游业与新型城镇化协调发展的法律保障机制既要保障旅游业发展,又要保障新型城镇化健康有序推进,目标是实现二者的良性互动和协调可持续发展。

当前构建陕甘宁革命老区旅游业与新型城镇化协同推进的法律保障机制,应修改那些与二者协调发展不相适宜的法规条例,及时补充协调度、匹配度较高的法律法规,使之做到有法可依。由于旅游业与新型城镇化协调发展具有明显的地区性和复杂性特征,因此陕甘宁革命老区政府应结合本地实际情况,制定和颁布具体的地方性法规,以协调发展为原则,形成完整、富有成效的旅游业与新型城镇化协调发展的法律保障机制。

发展循环经济是解决陕甘宁革命老区旅游业与新型城镇化矛盾的有效手段,有助于全面落实可持续发展战略。中央、省市、区县应结合陕甘宁革命老区特点制定有利于循环经济发展的政策法规。按照《中华人民共和国立法法》的规定,地方根据本行政区域的具体情况和实际需要,在不同宪法、法律、行政法规和本省、自治区的地方法规相抵触的前提下,可以针对城乡建设、环境保护、历史文化保护等方面的事项制定地方性法规,为循环经济发展提供制度保障,逐步建立完善的发展机制。

建立、完善法律责任追究机制。建立并完善法律责任追究机制,加强对陕甘宁革命老区旅游业与新型城镇化协调发展的保障力度。完善对相关管理部门的生态保护落实情况的责任追究机制,对怠于行使、不恰当行使职责的,行政管理部门应给予相应处罚,并追究其负责人不作为或违法作为的法律责任,对直接责任人按相关法律规定予以处罚。

建立陕甘宁革命老区地方政府的纵向、横向协商机制,形成老区内部整体监管协调的多边机构。建立行之有效的监管模式,根据各区县的实际情况,建立配套的监管制度。加强执法力度,理顺各执法部门之间的关系,明确各部门的责任和权限,做到执法必严、违法必究。注重刑事、民事、行政责任的全面运用,建立健全公益诉讼制度,形成民事责任、行政责任、刑事责任"三责并举"追责机制。

第三节　多视角下陕甘宁革命老区旅游业与新型城镇化协调发展对策

一、省域视角下旅游业与新型城镇化协调发展对策

(一) 陕西省

1. 以产业结构转型升级为突破口，加快陕西省资源型经济转型

陕西省得益于特殊的资源禀赋与地理条件，煤铁产业现已成为全省的支柱产业。然而过分依赖煤铁产业又造成产业结构单一、生态环境恶化。因此，陕西省旅游业与新型城镇化的关键在于产业结构调整、转型与升级。只有改变目前"一煤独大"的格局，才能从根本上解决高能耗、高污染问题，从而为旅游业发展提供良好的生态环境。

2. 推进城乡基础设施均等化建设，进一步缩小陕西省城乡差距

从新型城镇化的子指标来看，近年来，陕西省在城镇化基本进程、经济效益、民生改善方面有所发展，但相较于国内其他先进地区仍较为缓慢。推进陕西省城乡一体化建设可从以下几个方面着手：第一，把基础设施建设投资的重点由城市转向村镇，教育、医疗服务均等化应成为重点发展方向；第二，根据乡村振兴战略要求，从乡镇地域特色出发，发展特色产业，提高农民收入，达到强村富民的目标；第三，提高农民地位，保障农民权益，加强基层党建，扩大基层民主，保障农民依法维护自身权益。

3. 坚持经济转型与生态环境相协调发展

作为资源大省，陕西省在发展过程中不可避免地为生态环境带来巨大压力，进而影响旅游业与新型城镇化的协调程度。未来可在以下方面加强管控：首先，通过整改"三高企业"、鼓励传统工业转型升级等措施，控制主要污染物的排放量；其次，制定相关环保政策，进一步完善环境影响评估体系，"倒逼"工业企业走绿色化发展道路；最后，加大生态环境治理的投入，改善生态环境状态，进而提升旅游业与新型城镇化的协调水平。

(二) 甘肃省

1. 推进城乡一体化建设，重点提升人民生活质量

目前甘肃省的新型城镇化水平较低，城乡二元结构问题较为突出，公共服务与人民生活质量亟待改善。因此，要进一步加大农村基础设施投入，完善城乡基本服务均等化体制，进一步提高城乡保险覆盖率。同时，进一步完善城市公共服务体系，提高医疗水平，大力发展教育事业。大力发展高等教育，支持"双一流大学"建设，逐步扩大高等教育录取比例，从而提高城市文明程度。提高对环境保护的重视程度，注重宣传，从而改变人们的日常行为习惯。

2. 坚持走"五化"协调发展道路，进一步提高环境质量

甘肃省经过多年的发展，探索出"两不三新"的发展道路，明显减少了城镇化进程中的环境压力，但其整体发展水平仍低于陕西省。为了进一步促进旅游业与新型城镇化协调发展，必须建立并严格落实环境保护政策法规，加大对环境破坏行为的处罚力度，还要大力宣传"绿水青山就是金山银山"的生态环境观，推广现代城市绿色生活方式。

(三) 宁夏回族自治区

一方面因地制宜，整合相关产业，优化地区分工协作，确保各地在产业发展上发挥各自优势；另一方面，以内陆开放型经济试验区建设为主要突破口，选择重点行业进行重点培育，优先发展、打造区域副中心城市，完善城市体系，促进区域健康、有序发展。

将"生态优先、绿色发展"理念贯彻落实到社会经济发展的各个方面。推进黄河生态保护治理，深入贯彻"黄河流域生态保护和高质量发展"精神，对沿河高能耗、高污染企业进行整改。持续推进节能减排，在工业、建筑、农业、商贸服务等领域开展清洁生产示范和节能减排技术改造工程。推动资源集约循环利用，抓好国家级循环经济示范试点建设机遇，加快推进资源枯竭城市转型。

巩固绿色生态优势，打造美丽宜居环境，加大环境保护力度。以黄河流域、城乡环境为治理重点，借助生态优势走绿色经济道路，进一步改善

城乡生态环境，让绿色成为发展底色，提升宁夏回族自治区整体实力。

二、分区视角下旅游业与新型城镇化协调发展对策

(一) 限制高协调度—城镇化超前城市的过度发展

高协调度—城镇化超前的城市大多为区域中心城市，这些地区在城镇化推进过程中，由于投入过多，在城镇化取得快速发展的同时，旅游业发展缓慢，生态环境破坏较为严重。对于这些城市，应进一步完善生态补偿机制，对破坏生态环境的行为予以分级分类处理，如针对企业废水、废气排放制定统一标准，对高污染企业加大其费用征收，同时鼓励支持环保产业发展和技术推广，引领产业向高效、绿色、生态方向发展。针对社会上的其他破坏生态环境的行为，也应予以高度重视，并进行严格管制。要按照绿色生态城市的建设标准，加大基础设施建设投入，对垃圾废物进行无害化分类处理，以确保居民能拥有优质的生活环境。大力支持公共交通出行，强化城市交通基础设施建设，方便全民绿色出行，减少交通拥堵及私家车对空气造成的污染。要合理控制城市人口，逐步扩大城市规模，注重城镇化质量的提升，改善当地医疗卫生、教育、公共服务水平，从而改善人民生活。改变产业发展模式，以科技创新为动力，加快产业升级，调整优化产业结构。明确城市间分工协作，中心城市应主动发挥交通区位优势，聚焦总部经济，重点发展金融保险、电子商务和现代服务等产业。

(二) 促进高协调度—城镇化滞后城市健康发展

这一部分城市在旅游业方面表现较好，而在新型城镇化建设方面表现稍弱。因此，要充分利用旅游业动能，借助自身较为完善的基础设施和配套服务，加大在旅游业上的投入，打造地区旅游品牌，积极构建与旅游业配套的产业链条，进而提升服务业产值比重。政府要强化科学规划引领意识，充分考虑当地的自然、人文、历史、产业特点，遵循整体发展与个别发展定位相结合的原则，科学合理地规划城市发展空间，形成各具特色的区域风貌。同时坚持多规融合、多规合一，不断优化城市体系、城市产业布局和生态布局，努力解决交通拥堵、资源紧张、环境破坏等问题。提高

城镇就业吸纳能力，根据区域生态环境承载力和区位比较优势，明确城市和小城镇分工体系，建立特色鲜明、分工合理、优势突出的城镇产业体系，支持农民就近务工，提高城镇化水平。

（三）加快低协调度—城镇化超前城市转型发展

这一部分城市多为资源型城市或传统工业型城市，凭借自身的资源、工业优势，在一定历史时期内经济发展迅速，但高投入、高消耗、高污染的发展模式也使当地的生态环境遭到严重破坏。这类城市迫切需要改变现有经济发展模式，加快产业转型升级。要摒弃传统的唯GDP增长的发展目标，首先，要整改那些对生态环境破坏较严重的高投入、低效率企业。同时加大招商引资力度，尊重市场规律，"倒逼"那些低效率企业转变发展模式。其次，积极响应国家号召，制定严格的地区环保条例，对污染源"零容忍"，加大对环境破坏行为的处罚力度。再次，不断提高民众的环保意识，扩大环保宣传，把生态文明建设融入城市建设，以家庭教育、学校教育为突破点，积极倡导和谐共生、可持续发展的城市生态文化。最后，尝试更新城市原有风貌，改变人们对城市的固有印象。一般来讲，传统的资源型城市会给人们一种老旧、缺少活力、现代化程度低的印象，这些城市在未来发展中应该运用好政策"组合拳"，依托城市文化底蕴，传承城市历史记忆，以保护、优化、改造为主，拆除、新建为辅，注重改善市容市貌，构建新兴文旅产业体系，推动文商旅体融合发展。在财政支持方面，设立专项资金，用于补偿、安置住房小区建设等城中村改造工作，以及相关配套基础设施建设。注意减轻企业资金负担，采取分期缴付等措施，降低社会资金进入旧改建设的门槛，吸引更多社会机构参与，实现城市功能、形态、品质的全方位提升，促进区域经济协调发展，高质量推进新型城镇化。

第八章 结论与展望

第一节 主要结论

本书立足于革命老区振兴发展的时代背景和旅游业不断融入国家脱贫攻坚、乡村振兴、文化自信战略建设及新型城镇化成为推动区域协调发展的现实需求,聚焦新时代陕甘宁革命老区协调发展的路径选择、动态评估、驱动机制及模式发展,围绕"陕甘宁革命老区旅游业与新型城镇化协调发展"这一论题,展开探索性的理论分析与实证研究。在理论分析方面,系统梳理了旅游业与新型城镇化协调发展的复合、耦合、共生、协同理论,阐述了旅游业与新型城镇化协调演进的基础条件、演变过程、动力与作用机制。通过研究两者的序参量变化,建立了旅游业与新型城镇化协调发展评价指标体系;基于哈肯模型,构建了旅游业与新型城镇化协调发展的理论分析框架。在实证研究方面,深入分析了国内外旅游业与城镇化协调发展的模式选择;运用动态分析、比较分析等方法,论证了陕甘宁革命老区旅游业与新型城镇化协调发展的现实基础;基于复合系统理论和协同理论,估算了陕甘宁革命老区旅游业与新型城镇化发展的综合水平;运用修正后的哈肯模型,从时间维度和空间维度两个方面对陕甘宁革命老区旅游业与新型城镇化的协调度进行了测算,深度剖析了陕甘宁革命老区旅游业与新型城镇化协调发展的过程和瓶颈,总结出适合陕甘宁革命老区旅游业与新型城镇化协调演进的路径;基于革命老区振兴发展的实际和多层次政策分析,从协调发展的视角提出促进陕甘宁革命老区旅游业与新型城镇化协调发展的对策建议。具体结论如下:

旅游业与新型城镇化协调发展的理论分析表明,旅游业与新型城镇化协调发展的实质是针对同一区域旅游业与新型城镇化各要素之间的协同共生，是共同推动两者由无序至有序、从初级到高级的动态发展、演变过程，由旅游业与新型城镇化两个相互独立又紧密联系的复杂系统构成。其中旅游业综合发展水平的评价指标体系包括旅游经济发展水平、旅游发展潜力、旅游基础体系3个维度、12个具体指标。新型城镇化综合发展水平的评价指标体系包括人口城镇化、经济城镇化、空间城镇化、就业城镇化和社会城镇化5个部分、15个指标。从宏观层面来看，旅游业与新型城镇化的协调发展既是解决革命老区区域协调发展的内生动力，又是旅游业与新型城镇化发展到一定阶段的必然结果。加强对革命老区旅游业与新型城镇化协调发展相关理论的研究，对新时代革命老区的振兴发展具有重要意义。

对旅游业与新型城镇化协调发展模式选择的研究表明，当旅游资源禀赋优越、旅游市场达到一定体量与规模、旅游市场虹吸作用明显时，可选择旅游资源禀赋模式；对于大中型城市，旅游本身就是城市功能的一种，它既是旅游目的地，又是旅游客源地，也是旅游集散地，此时可以选择城市旅游化模式；对于正处在旅游业发展初始阶段，自身旅游资源稀缺，但可通过城市发展、市场推力、资本投资冲动以及当地居民的旅游休闲需求，进行资源重新配置或资源迁移的区域，可选择市场驱动模式；对于自身文化资源优势突出，可将文化资源转化为旅游资源的，可以选择文化依托模式；对于历史文化名城，可利用其最显著的优势，即历史遗址、遗迹资源，这些资源多具有不可再生、不可复制、不可移动、不可替代的特点，在这些资源的开发利用上存在较为明显的保护与开发矛盾，应选择大遗址保护发展利用模式。

对陕甘宁革命老区旅游业与新型城镇化协调发展现实基础的分析表明，陕甘宁革命老区地缘条件接近、文化资源丰富、区位条件优越、交通地位重要、经济基础相对较好，在旅游业与新型城镇化协调发展的今天，受传统工业的影响，面临着产业结构单一的问题，也面临着产业转型升级与生态环境治理的双重挑战。旅游业与新型城镇化协调发展成为老区人民的共同诉求。

对陕甘宁革命老区旅游业与新型城镇化协调发展空间的分析显示，陕甘宁革命老区各地旅游业与新型城镇化发展不平衡现象较为严重。应依据区域内各地旅游业发展的实际情况、资源优势和新型城镇化综合发展水平，提出有实际意义和可操作性的实践发展对策。

对陕甘宁革命老区旅游业与新型城镇化协调发展动态的分析表明：陕甘宁革命老区旅游业与新型城镇化协调发展整体处于初、中级水平，呈现持续发展趋势。其中陕北组团协调发展水平较高，宁东南组团协调发展水平相对较低。近年来，陕北组团、陇东组团、宁东南组团的旅游业与新型城镇化协调发展水平的差距有缩小之势。

对陕甘宁革命老区旅游业与新型城镇化协调发展路径机制的研究表明：在二者协调发展过程中亟须完善激励与约束机制、支援机制、法律保障机制，应针对旅游业与新型城镇化协调发展的不同阶段与状态，构建差异化路径机制。

第二节 主要突破点

第一，研究框架的创新。深入剖析旅游业与新型城镇化协调发展的相关理论，运用协同学等相关学科理论构建旅游业与新型城镇化协调发展的评价指标体系，通过探究二者协调发展的具体模式及特点，为不同发展阶段与状态提供差异化路径机制选择，健全、完善旅游业与新型城镇化协调发展理论研究框架。

第二，研究视角的创新。现有研究成果受研究对象静态性视角及综合性指标缺失的限制，对旅游业与新型城镇化关系认知的客观性与真实性也产生影响。本书从二者协调发展的动态研究视角出发，尝试从不同空间尺度、不同时间尺度对陕甘宁革命老区自党的十八大以来旅游业与新型城镇化协调发展的状况及驱动因素进行探究，弥补了现有研究的不足。

第三，研究方法的创新。本书通过对物理学领域哈肯模型的修正，将其跨学科特征运用于旅游业与新型城镇化协调发展领域研究，在研究方法上进行了创新。

第四，模式选择的创新。基于对现有旅游业与新型城镇化协调发展模式的理论基础、基本条件、实施途径及实施策略的归纳整理，根据研究对象的实际情况，创造性地提出差异化主导运行机制。

第五，路径机制的创新。本书尝试从旅游业与新型城镇化协调发展的动力机制、作用机制出发，对陕甘宁革命老区旅游业与新型城镇化协调发展状态进行深入探究，并运用图解分析法展开对二者协调发展的动态评估和空间分异分析，从而有针对性地提出革命老区旅游业与新型城镇化协调演化的路径机制。

第三节 研究局限与展望

旅游业与新型城镇化协调发展作为区域协调发展战略的重要抓手，是学术界研究的热点。尽管本书在"旅游业与新型城镇化协调发展"的理论基础和实证分析层面进行了大量探索性研究，试图弥补现有研究在研究范围和研究方法层面的不足与缺陷，完善旅游业与新型城镇化协调发展的理论研究框架，但相关研究仍处于起步阶段，研究成果十分有限，以下观点或论题有待进一步深入探究。

本书基于协同学理论，尝试通过分析旅游业与新型城镇化协调发展的序参量变化，构建陕甘宁革命老区旅游业与新型城镇化协调发展的评价指标体系。但由于数据获取的限制，在指标选择的科学性和数据收集的操作性方面仍有待进一步优化。

本书从人文地理视角出发，选取陕甘宁革命老区8市9县区为样本单元，进行旅游业与新型城镇化协调发展的动态评估及空间分异探析，在具体研究尺度上，不仅从行政区划的省、市层面进行了量化分析，还创新性地从区域组团层面进行了时空差异分析，但在县域经济层面的研究仍显不足。县域经济作为我国国民经济的基本组成单元，对我国整体经济社会发展起着十分重要的作用。因此，加强县域经济尺度的旅游业与新型城镇化协调发展研究会成为未来本研究的重要方向之一。

参考文献

[1] 易大东. 科学发展观视域下党的区域经济战略思想的新发展 [D]. 湘潭大学, 2012.

[2] 李南羲. 长江经济带旅游业与新型城镇化协调发展研究 [D]. 西南大学, 2020.

[3] 谢浩进. 改革开放以来革命老区振兴发展的历程与经验研究：以赣南革命老区为例 [D]. 江西理工大学, 2020.

[4] 中华人民共和国国民经济和社会发展第十四个五年规划和2035年远景目标纲要 [N]. 人民日报, 2021-03-13.

[5] 第十三届全国人民代表大会第四次会议关于国民经济和社会发展第十四个五年规划和2035年远景目标纲要的决议 [N]. 中华人民共和国全国人民代表大会常务委员会公报, 2021-04-15.

[6] 张同升. 中国城镇化发展的现状、问题与对策 [J]. 城市问题, 2009, (8): 23-26.

[7] 韩广富, 刘心蕊. 改革开放以来革命老区扶贫脱贫的历史进程及经验启示 [J]. 当代中国史研究, 2019 (1): 101-115, 159.

[8] 高婷婷. 乡村振兴背景下晋绥革命老区振兴发展研究：以山西省吕梁市×县为例 [D]. 山西财经大学, 2021.

[9] 凌步机. 中央苏区区域范围考察 [J]. 中国井冈山干部学院学报, 2012 (3): 46-51.

[10] 张佑林, 王凡. 政治文化背景下的扶贫建设：来自革命老区的证据 [J]. 商学研究, 2019 (6): 80-93.

[11] 陈欣德. 广西老区知多少 [J]. 当代广西, 2009 (23): 20-21.

[12] 甘乐平. 革命老区县域经济可持续发展研究：以江西省莲花县为例 [D]. 江西农业大学, 2011.

［13］崔哲．推动文化和旅游融合发展［N］．中国旅游报，2021-03-15．

［14］刘爱婷．唐山市火石营镇乡村旅游发展中政府管理问题研究［D］．燕山大学，2020．

［15］陆亚一．徐州红色旅游发展的SWOT分析及发展对策研究［J］．江苏商论，2012（6）：118-121．

［16］姚文琦．西北苏区研究的几个问题［J］．军事历史研究，2013（4）：87-92．

［17］胡祖才．完善新型城镇化战略提升城镇化发展质量［J］．宏观经济管理，2021（11）：1-3，14．

［18］王春阳．论红色旅游的公共服务属性与供给体系构建［J］．红色文化资源研究，2019（2）：152-157，185．

［19］王丹．延安红色旅游区游客满意度与忠诚度研究［D］．西南交通大学，2010．

［20］石岳林．延安红色文化建设及管理研究［D］．长安大学，2013．

［21］张欣．旅游人类学视域下体验式红色旅游研究：基于内蒙古鄂托克前旗红色教学旅游基地的田野调查［J］．南宁师范大学学报（哲学社会科学版），2020（6）：57-67．

［22］唐燕．我国城市更新制度建设的关键维度与策略解析［J］．国际城市规划，2022（1）：1-8．

［23］丁增煜，魏昕伊．我国旅游业发展对农民生活水平影响研究［J］．生产力研究，2022（2）：76-82．

［24］狄国忠，辛芳．中国共产党领导的贫困治理创新对人类反贫困的贡献［J］．中共银川市委党校学报，2021（1）：62-68．

［25］熊杰．中国红色旅游景区的时空分布特征研究［D］．南京大学，2018．

［26］张丽娜．河北省新型城镇化高质量发展水平评价及动力因素研究［D］．河北工程大学，2021．

［27］张成君．淮海战役烈士纪念塔景区红色旅游发展探析［D］．广西师范大学，2016．

［28］阎友兵，方世敏，尚斌．湖南红色旅游发展的战略思考［J］．经

济地理，2007（5）：867-872.

［29］文玉春. 新型工业化与新型城镇化的关系研究［J］. 工业经济论坛，2015（2）：1-8.

［30］张梦露. 习近平总书记城市规划建设相关论述研究［D］. 北京交通大学，2020.

［31］官长春，罗金华，李想. 乡村振兴战略下红色旅游精准扶贫利益联结机制优化与具体路径研究：以西柏坡为例［J］. 山东农业工程学院学报，2020（3）：20-32.

［32］陈满依. 大数据环境下如何防范旅游企业审计风险［J］. 海南广播电视大学学报，2018（1）：50-53.

［33］杨柳，邹斌. 四川省工业化与城镇化互动发展中的金融支持对策研究［J］. 西南金融，2012（5）：25-27.

［34］任瀚. 论中国旅游经济战略定位理论与驱动力的演变［J］. 河南财政税务高等专科学校学报，2007（3）：56-57.

［35］李静. 区域旅游协调发展评价研究［D］. 湖北大学，2013.

［36］贺雪阳. 环长株潭城市群新型城镇化对旅游业发展响应与对策研究［D］. 湘潭大学，2016.

［37］谢春山. 旅游产业的区域效应研究［D］. 东北师范大学，2009.

［38］周玲利. 区域间旅游溢出效应与经济增长研究［D］. 福建师范大学，2013.

［39］陈劲鸿. 沿海地区旅游业与经济增长关系研究［D］. 浙江大学，2014.

［40］李浩楷. 左右江革命老区县域经济发展差异及影响因素分析［D］. 广西师范大学，2020.

［41］王刚. 西南山区农业产业扶贫效率测度与影响因素研究［D］. 西南大学，2019.

［42］刘伟. 来安县旅游业对当地经济发展的影响研究［D］. 浙江农林大学，2013.

［43］高锡林. 企业参与社会救助的模式研究［D］. 吉林大学，2018.

［44］俞继鸣. 中国革命老区新闻报道研究［D］. 湖南大学，2012.

[45] 蔡翼飞,赵新一.中央扶持革命老区发展政策研究[J].经济研究导刊,2010(12):112-114.

[46] 甘乐平.鄱阳湖生态经济区环湖区人口经济发展与劳动力转移[J].中国井冈山干部学院学报,2011(1):119-123.

[47] 魏后凯,蔡翼飞.我国老区扶持政策及其调整方向[J].中国延安干部学院学报,2011(1):93-100,92.

[48] 曹晖.老区需要的是一个承诺[J].中国老区建设,2014(12):7-9.

[49] 兰文武.老区政策进行时[J].中国老区建设,2014(12):10.

[50] 孔柠檬,刘桂莉.赣南苏区发展的滞后性及发展振兴政策建议[J].苏区研究,2016(6):114-123.

[51] 李志萌,张宜红.革命老区产业扶贫模式、存在问题及破解路径:以赣南老区为例[J].江西社会科学,2016(7):61-67.

[52] 邢成举.精准扶贫:背景、要义及其结构性困境:基于甘肃个案的调研[J].云南行政学院学报,2017(3):7-13.

[53] 王浩.金融精准扶贫模式[J].中国金融,2016(22):25-26.

[54] 陈秋华,纪金雄.乡村旅游精准扶贫实现路径研究[J].福建论坛(人文社会科学版),2016(5):196-200.

[55] 王晓毅.易地搬迁与精准扶贫:宁夏生态移民再考察[J].新视野,2017(2):27-34.

[56] 边雯.迅速发展的世界旅游业[J].世界经济,1978(2):61-64.

[57] 尼尔·利.旅游管理(第三版)[M].上海:上海财经大学出版社,2007.

[58] 周四军,张墨格.中国旅游业发展与经济增长的统计分析[J].统计与信息论坛,2006(4):60-63,72.

[59] 陈友龙,刘沛林,许抄军.我国旅游业发展与经济增长的因果关系研究[J].衡阳师范学院学报,2006(1):93-97.

[60] 张帆,王雷震,李春光,耿世刚.旅游对区域经济发展贡献度研究:以秦皇岛为例[J].城市,2003(5):17-20.

[61] 杨俭波,乔纪纲.动因与机制:对旅游地社会文化环境变迁理论

的研究 [J]. 热带地理, 2003 (1): 75-79.

[62] 中国老区建设促进会. 中国革命老区 [M]. 北京: 中共党史出版社, 1997: 1-50.

[63] 田文玲. 老区需要什么样的政策 [J]. 中国老区建设, 2013 (8): 8-11.

[64] 李蕾蕾. 跨文化传播及其对旅游目的地地方文化认同的影响 [J]. 深圳大学学报 (人文社会科学版), 2000 (2): 95-100.

[65] 刘赵平. 旅游对目的地社会文化影响研究结构框架 [J]. 桂林旅游高等专科学校学报, 1999 (1): 29-34, 56.

[66] 李贞, 保继刚, 覃朝锋. 旅游开发对丹霞山植被的影响研究 [J]. 地理学报, 1998 (6): 76-83.

[67] 石强, 贺庆棠, 吴章文. 张家界国家森林公园大气污染物浓度变化及其评价 [J]. 北京林业大学学报, 2002 (4): 20-24.

[68] 巩劼, 晋秀龙, 南伟, 陆林. 黄山风景区旅游开发的声环境影响分析 [J]. 安徽师范大学学报 (自然科学版), 2008 (5): 493-497.

[69] 何江, 闫淑敏, 关娇. 中国新型城镇化: 十年研究全景图谱: 演进脉络、热点前沿与未来趋势 [J]. 经济地理, 2020 (9): 70-81.

[70] 李程骅. 科学发展观指导下的新型城镇化战略 [J]. 求是, 2012 (14): 35-37.

[71] 陈小坚. 中国城镇化背景下宝德地产营销战略研究 [D]. 天津大学, 2013.

[72] 陆大道. 中国区域发展的理论与实践 [M]. 北京: 科学出版社, 2003.

[73] 王瑜. 增长极理论与实践评析 [J]. 商业研究, 2011 (4): 33-37.

[74] 许学强, 朱剑如. 现代城市地理学 [M]. 北京: 中国建筑工业出版社, 1988.

[75] 陈凯瑶, 陈秉谱. 包容性视角下甘肃省新型城镇化发展水平评价 [J]. 中国林业经济, 2021 (1): 15-19.

[76] 吴友仁. 城市现代化与城市基础设施建设 [J]. 经济地理, 1987

（4）：269-272.

[77] 吴江，刘晓婕．西部小城镇转轨时期的困境：现代化要素在西部小城镇发展中的滞后［J］．社科纵横（新理论版），2007（1）：109-112.

[78] 彭红碧，杨峰．我国农业国内支持存在的问题及对策：基于历史考察的视角［J］．前沿，2010（15）：91-94.

[79] 王千，赵俊俊．城镇化理论的演进及新型城镇化的内涵［J］．洛阳师范学院学报，2013（6）：98-101.

[80] 周冲，吴玲．城乡统筹背景下中国经济欠发达地区新型城镇化路径研究［J］．当代世界与社会主义，2014（1）：200-202.

[81] 王新越，宋飏，宋斐红，于世远．山东省新型城镇化的测度与空间分异研究［J］．地理科学，2014（9）：1069-1076.

[82] 赵永平．新型城镇化发展水平测度及其时空差异分析［J］．西安电子科技大学学报（社会科学版），2016（5）：60-68.

[83] 胡际权．中国新型城镇化发展研究［D］．西南农业大学，2005.

[84] 卫言．四川省新型城镇化水平及指标体系构建研究［D］．四川师范大学，2012.

[85] 王发曾．从规划到实施的新型城镇化［J］．河南科学，2014（6）：919-924.

[86] 陆大道．中国工业布局的理论与实践［M］．北京：科学出版社，1990：122-126.

[87] 约翰·冯·杜能．孤立国同农业和国民经济之关系［M］．北京：学苑音像出版社，2005年．

[88] 克里斯泰勒．德国南部的中心地原理［M］．北京：商务印书馆，2010.

[89] 黄震方，陆林，苏勤，章锦河，孙九霞，万绪才，靳诚．新型城镇化背景下的乡村旅游发展：理论反思与困境突破［J］．地理研究，2015（8）：1409-1421.

[90] 王冬萍，阎顺．旅游城市化现象初探：以新疆吐鲁番市为例［J］．干旱区资源与环境，2003（5）：118-122.

[91] 陆林，葛敬炳．旅游城市化研究进展及启示［J］．地理研究，

2006（4）：741-750.

［92］王红，宋颖聪．旅游城镇化的分析［J］．经济问题，2009（10）：126，133.

［93］陈鹏．贫困地区旅游城镇化发展模式探索［J］．城市化杂志，2010（6）：36-38.

［94］曾博伟．旅游小城镇：城镇化新选择：旅游小城镇建设理论与实践［M］．北京：中国旅游出版社，2010.

［95］鲁勇，周正宇．新型城镇化与旅游发展：可持续的城市发展与北京旅游转型升级讨论［M］．北京：旅游教育出版社，2013.

［96］梁留科，王伟，李峰等．河南省城市化与旅游产业耦合协调度时空变化研究［J］．河南大学学报（自然科学版），2016（1）：1-8.

［97］黄小斌，林炳耀．西部小城镇建设初探［J］．城市规划汇刊，2001（2）：56-58，62-80.

［98］蒙睿，刘嘉纬，杨春宇．乡村旅游发展与西部城镇化的互动关系初探［J］．人文地理，2002（2）：47-50.

［99］邵琪伟．推动全国旅游小城镇健康发展：在全国旅游小城镇发展工作会议上的讲话［J］．小城镇建设，2006（7）：17-20.

［100］汪光焘．加强引导创新机制促进旅游与小城镇协调发展［J］．城乡建设，2006（7）：55-57.

［101］赵庆海．小城镇的旅游开发［J］．泰安教育学院学报岱宗学刊，2002（3）：86-87.

［102］李宗利．依托旅游带动新农村建设的调查与思考［J］．湖北行政学院学报，2007（2）：101-103.

［103］张振鹏．充分发挥城郊旅游产业对新型城镇化的带动作用［J］．经济纵横，2014（2）：78-82.

［104］辜胜阻，方浪，刘伟．促进中国城镇化与旅游业互动发展的战略思考［J］．河北学刊，2014（6）：89-94.

［105］钟家雨．旅游业与城镇化协调发展研究［D］．中南大学，2014.

［106］张莉萍．中原城市群产业集聚与城市化的耦合效应研究［J］．现代城市研究，2015（7）：52-57.

[107] 张慧粉. 基于泛旅游理念的新型城镇化建设研究 [J]. 农村经济与科技, 2015 (6): 48-49, 190.

[108] 张广海, 李晶晶. 城镇化与工业化、旅游业发展水平关系的空间差异研究 [J]. 统计与决策, 2016 (21): 118-121.

[109] 杨红, 黄森. 城镇化、人民生活水平与旅游业发展的空间机理研究 [J]. 西北人口, 2016 (2): 102-106.

[110] 唐睿, 冯学钢. 中国旅游经济与新型城镇化的动态关系研究 [J]. 农林经济管理学报, 2016 (1): 106-114.

[111] 唐鸿, 刘雨婧, 麻学锋. 旅游业与新型城镇化协调发展效应评价: 以张家界为例 [J]. 经济地理, 2017 (2): 216-223.

[112] 王新越, 刘二恋, 候娟娟. 山东省旅游城镇化响应的时空分异特征与类型研究 [J]. 地理科学, 2017 (7): 1087-1094.

[113] 袁静宜. 西南地区旅游发展与城镇化建设的互动发展研究 [D]. 重庆师范大学, 2016.

[114] 魏恒. 新平戛洒旅游小镇旅游业与新型城镇化互动发展研究 [D]. 云南财经大学, 2015.

[115] 王曙光, 王靖宇. 旅游业与新型城镇化发展的相关性分析: 以黑龙江省为例 [J]. 商业研究, 2015 (12): 164-170.

[116] 葛敏, 臧淑英, 马涛, 解瑞峰. 产业融合视角下城市旅游发展的双路径研究: 以苏州市为例 [J]. 森林工程, 2016 (2): 87-92.

[117] 杨建翠. 川西民族地区旅游业推进城镇化研究 [D]. 西南民族大学, 2012.

[118] 刘晓庆, 斯琴, 包奇志. 内蒙古旅游业与新型城镇化耦合协调发展分析 [J]. 内蒙古统计, 2017 (5): 32-35.

[119] 付云. 全域旅游视角下长沙沙坪小镇新型城镇化建设研究 [D]. 中南林业科技大学, 2014.

[120] 黄秋昊, 赵媛, 沈玲玲. 小城镇旅游业发展研究初探 [J]. 小城镇建设, 2002 (12): 84.

[121] 建设部调研组. 关于云南省旅游与小城镇相互促进协调发展情况的调研报告 [J]. 小城镇建设, 2006 (7): 26-29.

[122] 冯学钢，吴文智. 旅游综合体的规划理性与结构艺术 [J]. 旅游学刊，2013（9）：8-10.

[123] 李柏文，张志勇，卢烨陶. 旅游城镇：统一性与矛盾性的协同体 [J]. 旅游研究，2010（3）：39-43，60.

[124] 李柏文. 国内外城镇旅游研究综述 [J]. 旅游学刊，2010（6）：88-95.

[125] 马兴超. 欠发达地区旅游小城镇发展动力机制及演进路径研究：以浙东旅游资源大县天台县为例 [J]. 中共宁波市委党校学报，2015，37（3）：110-118.

[126] 苏振. 旅游业与城镇化互动发展机制及管理对策 [D]. 湘潭大学，2014.

[127] 王新越. 我国旅游化与城镇化互动协调发展研究 [D]. 中国海洋大学，2014.

[128] 周一星. 城市地理 [M]. 北京：商务印书馆，1988.

[129] 周毅. 以新型城镇化引领区域协调发展 [N]. 光明日报，2013-01-06.

[130] MULLINS P. Tourism urbanization [J]. International Journal of Urban and Regional Research, 1991 (3): 326-342.

[131] CAMPBELL C. Acknowledging Consumption: A Review of New Studies [M]. London: Routlege, 1995: 7-10.

[132] BAUMAN Z. Sociology and postmodernity [J]. International Journal of Politics Culture & Society, 2011 (4): 790-813.

[133] Chang T C, Milne S, Fallon D, et al. Urban heritage tourism: The Global-local Nexus [J]. Annals of Tourism Reasearch, 1996 (2): 284-305.

[134] Parlett G, Flecher J, Cooper C. The impact of tourism on the Old town of Edinburgh [J]. Tourism Management, 1995 (5): 355-360.

[135] Reichel A, Lowengart O, Milman A. Rural tourism in Israel: Service quality and orientation [J]. Tourism Managermen, 1999 (8): 58-62.

[136] Oigenblick L, Kirschenbaum A. Tourism and immigration: alternative approaches [J]. Annals of Tourism Research, 2000 (4): 1086-1100.

[137] Szivas E, Riley M. Tourism employment during economic transition [J]. Annals of Tourism Resarch, 2003 (1): 1086-1100.

[138] Truly D. Internatuonal retirement migration and tourism along the Lake Chapala Riviera: developing a matrix of retirement migration behaviour [J]. Tourism Geographies, 2002 (3): 899-918.

[139] Elyria Kemp, Carla Y. Childers, Kim H. Williams. Place branding: creating self-brand connections and brand advocacy [J]. Journal of Product & Brand Management, 2012 (7).

[140] John S. Akama, Damiannah Kieti. Tourism and Socio-economic Development in Developing Countries: A Case Study of Mombasa Resort in Kenya [J]. Journal of Sustainable Tourism, 2007 (6).

[141] Hein L, Metzger M J, Moreno. A. Potential Impacts of Climate Change on tourism: A Case Study for Spain [J]. Current Opinion in Environmental Sustainability, 2009 (2): 170-178.

[142] Melanie Kay Smith. Seeing a new side to seasides: culturally regenerating the English seaside town [J]. International Journal of Tourism Research, 2004 (1).

[143] Clare Murphy, Emily Boyle. Testing a Conceptual Model of Cultural Tourism Development in the Post-Industrial City: A Case Study of Glasgow [J]. Tourism and Hospitality Research, 2006 (2).

[144] Robert Madrigal. Residents' perceptions and the role of government [J]. Annals of Tourism Research, 1995 (1).

[145] A. V. Seaton. Book towns as tourism developments in peripheral areas [J]. International Journal of Tourism Research, 1999 (5).

[146] Baud-Bovy Manuel. New concepts in planning for tourism and recreation [J]. Tourism Management, 1982 (4).

[147] Carlos Costa. An emerging tourism planning paradigm? A comparative analysis between town and tourism planning [J]. International Journal of Tourism Research, 2001 (6).

[148] Tom Mordue. Tourism, Urban Governance and Public Space [J]. Leisure Studies, 2007 (4).